RIM POR RIM

Julio Ludemir

RIM POR RIM

EDITORA RECORD
RIO DE JANEIRO • SÃO PAULO
2008

CIP-Brasil. Catalogação-na-fonte
Sindicato Nacional dos Editores de Livros, RJ.

Ludemir, Julio, 1960-
L975r Rim por rim / Julio Ludemir. – Rio de Janeiro: Record, 2008.

ISBN 978-85-01-07820-9

1. Tráfico de órgãos, tecidos, etc. 2. Venda de órgãos, tecidos, etc. 3. Tráfico de órgãos, tecidos, etc. – Recife (PE). 4. Venda de órgãos, tecidos, etc. – Recife (PE). I. Título.

CDD – 174.29795
08-2961 CDU – 174:616-089.843

EDITORA RECORD LTDA.
Rua Argentina 171 – Rio de Janeiro, RJ – 20921-380 – Tel.: 2585-2000

Impresso no Brasil

ISBN 978-85-01-07820-9

PEDIDOS PELO REEMBOLSO POSTAL
Caixa Postal 23.052
Rio de Janeiro, RJ – 20922-970

Para

Renato Luiz de Castro Santos e Bernardo Ludemir
— que não puderam acompanhar o crescimento da
neta Juliana porque, dignos até morrer, não procuraram
o mercado negro de órgãos.

Mônica Maia
— que enfim aceitou este meu amor de cabelos brancos
e filhos criados.

Elizabeth Sussekind
— que acreditou no momento mais difícil.

Este livro foi escrito com uma bolsa de pesquisa do ILADH
(Instituto Latino-Americano de Direitos Humanos),
a primeira ONG brasileira a trabalhar com o conceito
de tráfico de seres humanos.

Sumário

Prefácio

Por Nancy Scheper-Hughes*

Numa cena forte do filme *Coisas belas e sujas*, da Miramax, que trata o tráfico de órgãos sob o ângulo da fragilidade e vulnerabilidade humanas no submundo sombrio dos imigrantes ilegais em Londres, Okwe, um médico nigeriano, perseguido político, trabalha à noite como recepcionista de um hotel elegante onde quase todos os empregados são imigrantes, muitos dos quais pessoas desesperadas em constante fuga, assim como ele. Morto de sono e amedrontado, dirige-se ao estacionamento subterrâneo onde é esperado por um sórdido receptador de órgãos e lhe entrega uma caixa de isopor em cujo interior se encontra um rim humano recém-extraído. "Como é que eu nunca o vi antes?", pergunta o homem a Okwe depois de receber cuidadosamente o pacote de conteúdo vital e de valor inestimável. Com dificuldade de esconder sua raiva, Okwe responde entre dentes e com seu carregado inglês-nigeriano: "É porque

*Professora de Antropologia da Universidade da Califórnia, Berkeley, diretora da Organs Watch.

somos as pessoas que vocês nunca vêem. Somos os seres invisíveis que limpam suas casas, que guiam seus táxis e que chupam seus paus." (E fica explícito mesmo sem ser dito: os que lhes fornecem peças sobressalentes dos nossos corpos.)

Steven Knight, o roteirista de *Coisas belas e sujas*, não podia imaginar quão perto do alvo a sua visão fantasiosa do submundo dos transplantes havia chegado. Mas, para a maioria das pessoas, o tráfico de órgãos lembra um gênero literário de ficção em estilo gótico, como no romance *Coma*, de Robin Cook, e *Não me abandone jamais*, de Kazuo Ishiguro, ou em filmes como *Central do Brasil* e *Jesus of Montreal*.

No final dos anos 1980, enquanto realizava uma pesquisa de campo em antropologia em Timbaúba, uma localidade no interior de Pernambuco, sobre o cuidado materno e a mortalidade infantil entre a população que vive em estado de extrema pobreza nos morros que circundam a cidade, ouvi pela primeira vez rumores sobre a estranha prática de roubo de órgãos.[1] Meus amigos e vizinhos do Alto do Cruzeiro disseram ter visto caminhonetes amarelas percorrendo o bairro à procura de pivetes e outros miseráveis abandonados pelas ruas cujos corpos jamais seriam reclamados. Os motoristas foram descritos como agentes americanos ou japoneses a serviço de grandes hospitais e centros médicos estrangeiros. Meus informantes disseram mais tarde que os corpos seqüestrados apareceriam ao longo dos acostamentos das estradas do interior, no meio dos canaviais ou nas lixeiras dos hospitais faltando pedaços, principalmente olhos, rins, corações e fígados. "Você pode pensar que isto não faz o

[1]Ver o capítulo 6 de *Death without Weeping: the Violence of Everyday Life in Brazil*. Berkeley: University of California Press, 1992.

menor sentido", disse Irene da Silva, minha assistente de total confiança, "mas já vimos coisas assim com nossos próprios olhos não só em hospitais como nos necrotérios da polícia. Por isso sabemos bem do que estamos falando." Beatrice, vizinha de Irene, concordou. "Nos dias de hoje, quando os ricos olham para os pobres, como nós, eles nos olham sofregamente como um depósito de peças sobressalentes." Edite, outra vizinha, acrescentou: "São tantos os transplantes e cirurgias plásticas que os ricos estão fazendo ultimamente que fica difícil saber com qual corpo estamos falando. Onde é que você pensa que eles conseguem todos aqueles pedaços de corpos?"

Os boatos cheios de floreios e de detalhes estranhos sobre roubos de órgãos tornaram-se desacreditados pelos profissionais de medicina como sendo histórias ingênuas inventadas por pessoas pobres e ignorantes que imaginavam que até mesmo seus órgãos reprodutores podiam ser roubados e transplantados nos ricos com problema de fertilidade. "É verdade!", insistiu Glória, uma lavadeira do local: "Minha patroa disse que sua irmã ganhou neném com um útero transplantado!" O povo do Alto do Cruzeiro achava que os órgãos e tecidos eram roubados dos corpos dos pobres mais saudáveis e bonitos do "Terceiro Mundo" para serem transplantados nos corpos dos ricos, velhos, doentes e feios do "Primeiro Mundo".

Era bastante fácil explicar por que os boatos sobre o roubo de corpos causavam tanto medo nas pessoas pobres: expostas, com freqüência, a experiências negativas nos hospitais e clínicas onde sempre se sentiram desrespeitadas, isso lhes dava margem para imaginar que alguma coisa ainda pior poderia lhes acontecer. Eram íntimos freqüentadores do Instituto Médico-Legal (IML) de Recife, onde, algumas vezes, viram autópsias em cadáveres "sem identificação" que degeneraram em dissecações generalizadas com órgãos e tecidos removidos. Certamente isto contribuía para alimentar os boatos. Durante o mesmo período (final dos anos 1980), havia um intenso tráfico internacional de bebês entre os agricultores da zona da mata de Pernambuco. Como muitos dos bebês apreendidos de maneira semilegal eram pequenos, fracos e desnutridos, tornava-se fácil para os ativistas dos direitos infantis de Timbaúba acreditar que os estrangeiros abastados queriam as crianças apenas como fornecedoras dos órgãos que seriam doados às suas próprias crianças doentes na Europa ou nos EUA. O boato sobre o uso de partes de corpos dos bebês não tinha fundamento, mas expressava uma verdade existencial. O comércio dos bebês obtidos por meio da coação das populações rurais mais pobres e sem capacidade para se defender dos estrangeiros poderosos e da corrupção das autoridades locais consistia em outra modalidade de roubo de corpos. Por substituição simbólica, se poderia perfeitamente dizer que eram os seus próprios órgãos que eles estavam roubando.

Uma década mais tarde, vivendo e trabalhando na Cidade do Cabo, na África do Sul, ouvi histórias semelhantes sobre roubo de órgãos na comunidade negra de Guguletu, a um passo do famoso hospital-escola Groote-Schurr, onde trabalhou o dr. Christian Barnard, pioneiro dos transplantes cardíacos. Sul-africanos da etnia xhosa contaram que falsos bombeiros, em caminhões vermelhos, invadiam casas e dopavam as pessoas para extrair-lhes o sangue e órgãos internos, os quais vendiam para os hospitais locais. Ao mesmo tempo, a idéia de tecidos e órgãos retirados de pessoas imediatamente após seu falecimento ou com morte cerebral, tinha uma semelhança estranha e de difícil explicação com práticas de bruxaria e magia negra (*muti)* em que os órgãos eram retirados dos mortos e usados por *sangomas* (curandeiros tradicionais) em rituais para dar poder, melhorar a saúde ou a fertilidade dos clientes que pagassem por estes serviços. Uma mulher xhosa em idade avançada respondeu-me com descrença quando lhe expliquei por alto o que era uma cirurgia de transplante: "Se o que diz é verdade, meu caro, que os médicos brancos podem tirar o coração ainda batendo de uma pessoa que está morta, mas não morta de todo, e colocá-lo dentro de outra pessoa para lhe dar força e vida, então estes médicos são tão bruxos quanto nós!" As pessoas mais jovens e mais cultas da etnia xhosa tinham outras reclamações contra os transplantes. Diziam: "Por que será que nunca ouvimos ou encontramos em nossa comunidade alguém que tenha recebido um coração novo ou uma córnea, ou um rim, enquanto muitos de nossos mortos são trocados por outros sem nosso conhecimento nos necrotérios dos hospitais e da polícia?"

Quando os boatos de roubo de corpos e órgãos contados pelos cortadores de cana e suas famílias no Nordeste do Brasil coincidiram com os dos povoados da África do Sul, percebi que atrás daquelas lendas urbanas escondia-se uma questão empírica: de quem eram os corpos que forneciam órgãos e tecidos necessários aos transplantes internacionais? Embarquei então num projeto de pesquisa de dez anos (financiado pelo misto de magnata bilionário e filantropo George Soros) que começou na África do Sul e no Brasil e seguiu para o Oriente Médio (Turquia, Israel e parte da Palestina), para a Europa Oriental (Moldávia e Romênia) e para o sudeste da Ásia (nas Filipinas), bem como para a Argentina, Cuba e Estados Unidos, antes de voltar ao Brasil e à África do Sul, onde havia começado minhas pesquisas. Seguindo os diversos rastros dos compradores de órgãos, dos vendedores itinerantes de rins, dos traficantes internacionais de órgãos, dos caçadores locais de rins, dos técnicos em hematologia, dos operadores de bancos de órgãos e tecidos, dos cirurgiões sem projeção alguma especialistas em transplantes e outros profissionais da medicina envolvidos no "turismo dos transplantes", acabei por encontrar circuitos muito ativos de comércio de tecidos e órgãos que reciclavam corpos humanos — no todo ou em partes, tanto vivos quanto mortos, por valores que variavam de irrisórios a sublimes.

Cada parte do corpo — córneas, tendões, válvulas cardíacas, ossos, artérias, pele — tinha um grau de utilidade e um valor de mercado. Os tecidos retirados amiúde de pessoas mortas sem autorização em hospitais e necrotérios da polícia na África do Sul ou de (Deus nos perdoe!) casas funerárias de Nova York[2] eram "preparados", acondicionados e vendidos internacionalmente. Os escândalos em torno da descoberta dos roubos de cadáveres provocaram uma reação em cadeia: processos criminais e leis mais severas capazes de coibir tais crimes. Os mortos, no fim das contas, sempre tiveram protetores. Por outro lado, os vivos que foram vítimas da ganância dos traficantes de órgãos e da necessidade desesperada dos pacientes por um transplante produziram os mais diferentes tipos de reação.

PROCURA-SE: Doador de rim saudável, branco, sexo masculino, de 25 a 40 anos, não fumante, tipo sanguíneo O positivo. O doador será recompensado adequadamente. Respostas para caixa 202 (Jerusalém, jornal israelense *Makor Rishon*).

---

[2]Ver Scheper-Hughes, Nancy. "Alistair Cooke's Bones: a Morality Tale". *Anthropology Today* (dezembro): 22(6): 3-8; "Biopiracy and the Global Quest for Humans Organs". (Nacla report on the Americas), 39(5): 14-22.

VENDE-SE: Eu, Manuel da Silva, 38 anos, trabalhador rural, pai de três meninos doentes disposto a vender qualquer órgão do qual tenha dois e cuja remoção não cause minha morte imediata (Recife, *Diário de Pernambuco*).

Se um designer de software israelense pode pagar US$ 6.000 a um pedreiro que mora num bairro de subúrbio de Recife por um rim "sobressalente", por que é que alguém deveria — a não ser a polícia ou os políticos — ser contra? Em outras palavras, *o que há de errado em se vender um rim*?

O aumento do "turismo de transplante" internacional tem sido defendido por muitos cirurgiões dessas especialidades, bioéticos, economistas e filósofos como uma resposta coerente e de proteção mercadológica à "escassez" global de órgãos humanos. Como a possibilidade dos transplantes se espalhou por todo o mundo, o desejo por eles cresceu na mesma proporção. Em algumas áreas mais prósperas do mundo — Japão, os países do Golfo e Israel — onde as restrições religiosas e culturais sobre diagnóstico e definição de morte cerebral dificultam a coleta de doadores, os órgãos para transplante têm que ser conseguidos em algum outro lugar. E este outro lugar acaba por ser qualquer um onde existam pessoas pobres e endividadas, ou apenas procurando ser — como Julio Ludemir flagrou de forma tão aguda no dilema de venda de rins em Recife ricas, reis ao menos uma vez em suas vidas, podendo ser facilmente convencidas a privar-se de uma pequena parte de suas entranhas.

O médico inglês dr. Joseph Chikelue Obi, catedrático da General Wellness Assembly (GWA), lançou uma provocação a favor da regulamentação da venda de órgãos ao indagar: "Não terá Deus sabiamente providenciado um depósito generoso de quatro bilhões de rins sobressalentes nos países em desenvolvimento como uma maneira ética de reposição da saúde global?" O turismo de transplantes começou em 1970 quando árabes, ricos e doentes, dos países do Golfo, começaram a viajar em busca de transplantes. Foram à Índia para comprar rins no Bazar de Órgãos de Bombaim mas voltaram para casa infectados por hepatite C e mais tarde pelo HIV. Então começaram a viajar para as Filipinas, onde hospitais particulares tinham equipes bem treinadas de cirurgiões americanos que garantiam rins recém-obtidos e "saudáveis". Aqueles que precisavam de corações, fígados e outros órgãos vitais foram à China, onde havia abundância deles, especialmente nas datas em que eram realizadas execuções públicas em massa. Na China e nas Filipinas, os sauditas encontraram grande número de turistas de transplantes japoneses e alguns norte-americanos do Canadá e dos Estados Unidos.

Antes da primeira guerra do Golfo, o Iraque estava oferecendo por módicos US$ 10.000 um pacote que incluía cirurgia, passagens aéreas, acomodações em hotéis de luxo para o período de recuperação e um rim recém-obtido e saudável de um trabalhador vindo da Jordânia ou de alguma minoria étnica do próprio Iraque. O doador recebia cerca de US$ 500 pela retirada do rim. Em Israel, os pacientes judeus, vendo o êxodo dos árabes israelenses em busca da cura enquanto eles permaneciam conectados a máquinas de hemodiálise, começaram a ficar irritados. Queriam também conseguir rins novos. O misto de cirurgião e empresário Zaki Shapira, do Hospital Bellinson, em Petah Tikva, perto de Tel-Aviv, começou a organizar viagens para transplantes à Turquia. Ele, seus intermediários e seus sócios turcos, incluindo o cirurgião de transplantes Yusuf Ercin Sonmez (conhecido entre os vendedores de rins como "dr. Urubu",[3] ofereciam aos pacientes e seus familiares por US$ 150.000 um pacote que incluía vôos de primeira classe, hospedagem em hotel de luxo, um passeio turístico por Istambul para os acompanhantes, e seu cirurgião particular, o próprio Zaki Shapira, para supervisionar e garantir a segurança da operação de transplante. Uma enfermeira israelense, formada em psicologia, acompanhava os grupos para dar assistência a qualquer paciente acometido de um ataque de ansiedade pré-operatória. Tal cuidado visava proteger o negócio da possível desistência de última hora de um dos turistas de transplantes. Menos atenção, no entanto, era dispensada aos infelizes que vendiam seus rins e que eram recrutados com facilidade entre as dúzias de vilarejos rurais na Moldávia ou na Romênia, onde as economias locais entraram em colapso depois da queda da União Soviética. Se os doadores de rim dessem para trás na véspera da operação, não eram visitados pela psicóloga israelense, mas por um brutamontes, que apontaria um revólver ao vendedor relutante e o ameaçaria dizendo que se quisesse voltar para casa e ver sua família novamente era melhor que se deitasse na mesa de operação, ou seu corpo seria encontrado "boiando em algum lugar do estreito de Bósforo".

A Organs Watch[4] contribuiu com um grito de alerta contra a venda de rins na Moldávia que, em seguida, foi condenada em Chisinau pelo primeiro-ministro como uma forma de bioterrorismo contra o povo faminto de uma nação pobre. Os traficantes israelenses, conseqüentemente, tinham que encontrar outra

---

[3]Ver Scheper-Hughes, Nancy. "Rotten Trade: Millennial Capitalism, Human Values, and Global Justice in Organs Trafficking". *Journal of Human Rights*, 2(2), p. 197-226, 2003.

[4]Organização não-governamental sediada na Universidade da Califórnia, em Berkeley, que rastreia o tráfico global de órgãos humanos. (*N. do T.*)

solução. Na época, muitas organizações de tráfico de órgãos humanos em atividade fora de Israel se colocaram à disposição dos judeus espalhados pelo mundo, inclusive na Europa e nos Estados Unidos. Em 2003, uma agenciadora bem-falante, de Tel-Aviv, que fechava os seus negócios apenas com um telefone e um fax na sala de estar de sua casa, ficou ansiosa em contar, durante minha visita naquele ano, que embora a Organs Watch tenha interrompido o negócio do turismo de transplantes na Turquia e no leste europeu, ela e seus colegas de "profissão" tinham encontrado um lugar novo e promissor para seus negócios.

"Shirley" lançou-me um sorriso falso e disse: "encontramos muitas pessoas ávidas por vender seus rins num lugar que você adora, Recife, Brasil." Fiquei chocado. "Não é possível", respondi. "Possível e fácil!", gabou-se a astuta corretora. "Temos bons contatos em Recife e o pessoal de lá está morto de vontade de ganhar dinheiro com a venda. Estão brigando entre si para ver quem será o primeiro escolhido"... (risos). "Podem até criar uma loteria, a loteria do rim." E o melhor de tudo, disse ela: "este novo projeto é mais barato. Eu sou uma empresária que opera com orçamentos baixos." Alguns agenciadores de Israel, assim como Shirley, decidiram trabalhar de forma independente, com um custo mais baixo e vantajoso, desligando-se dos cirurgiões e apresentando melhores oportunidades e promoções em comparação a outros mais caros. Quando ela me disse que as operações eram realizadas na África do Sul — "nos melhores hospitais da Cidade do Cabo, em Joanesburgo e em Durban" —, fiquei sem fala. Vi muitos estrangeiros nas unidades de transplantes na Cidade do Cabo e em Joanesburgo, alguns das Ilhas Maurício e de Madagascar, e outros, europeus-africanos, que não encontraram ajuda em seus países pós-coloniais onde não havia serviços de transplantes. Além disso, eu tinha feito palestras na Cidade do Cabo e em Joanesburgo para médicos e professores de medicina da faculdade de transplante explicando como funcionava o tráfico de órgãos, de modo que eles ficassem de sobreaviso. Em vez disso, talvez eu estivesse "ensinando" aos médicos inescrupulosos os detalhes da organização do turismo de transplantes.

Shirley forneceu os nomes de muitos israelenses que foram a Durban receber transplantes com rins comprados no exterior. Um deles, uma mulher jovem e corpulenta de seus trinta anos, cuja identidade será preservada, concordou em encontrar-se comigo. Ela me explicou como conseguiu seu transplante no Hospital St. Augustine no dia 2 de maio de 2003 com o rim de um homem pobre apenas identificado por "Cláudio". Quando perguntei por que ela tinha vindo de tão longe à África do Sul para receber o órgão de uma pessoa completamente estranha, em vez de pedir a um membro de sua própria família que fizesse a doação, ela respondeu:

> Pedir a alguém de sua própria família é muito difícil. É como se você ficasse devendo a ele a sua vida e isso pode se tornar um problema enorme, um peso a ser carregado para sempre. Se eu tivesse que ver meu doador todo dia, teria que ficar agradecendo sua ajuda o tempo todo, o que seria muito desconfortável. Nem quero ver a cara de quem me vendeu o rim, para que nunca precise pensar nele. Paguei pelo rim e ele aceitou. Está feito e acabou-se. Seu rim dentro de mim agora me pertence. Nada difere do rim de um doador que faleceu.

Quando Julio Ludemir contatou-me por *e-mail* sobre o projeto de seu livro, hesitei um pouco. Tinha meus próprios projetos, incluindo o manuscrito de meu livro *The Ends of the Body — the Global Traffic in Human Organs,* que já estava fora do prazo combinado com meu editor. Parte do meu livro cobre o mesmo território — a conexão Recife (Brasil)-África do Sul — que Julio aborda aqui sob uma ótica que destaca os participantes deste drama na cidade de Recife. Já fui duramente atacada por jornalistas antes, incluindo Mike Finkel, do *New York Times,* com quem viajei ao Oriente Médio, e depois por Larry Rohter, com quem realizei algumas entrevistas depois que a história dos rins estourou nos jornais brasileiros e a CPI de Pernambuco foi instaurada. Os jornalistas são cordiais com professores e antropólogos até o ponto que conseguem extrair de seus arquivos algum material útil. A reciprocidade não é o forte deles. Mas minha curiosidade foi maior que minha precaução. E fico feliz por causa disso. Tendo passado algumas semanas em Recife em companhia do autor, seguindo-o pelos bastidores do roubo de rins, consegui entender melhor o que era inocentemente chamado no meio antropológico de "o ponto de vista dos 'nativos'". Pude perceber as nuances do significado e das conseqüências da venda de rins dos homens em Recife e que, na maioria das vezes, defenderam ferozmente o direito natural de dispor das partes de seus corpos como melhor lhes conviesse. E penso ter ajudado o autor a compreender a magnitude da estrutura sociogeopolítica na qual se insere sua história tocante.

Embora Ludemir se mantenha protegido em sua narração na terceira pessoa completamente franca, clara e objetiva, citando apenas os fatos, o livro também é pessoal e animado por elementos de sua própria biografia. Julio Ludemir é de Olinda e tem fortes laços familiares em Caruaru, onde em 1995 morreram desnecessariamente 38 pacientes contaminados pela água que circulava nas máquinas de hemodiálise. O próprio pai de Julio morreu nesta clínica antes daquele desastre e da negligência se tornar pública. Dessa forma, ele é um apaixonado pelo assunto no que diz respeito a todos os envolvidos no dilema dos transplantes, incluindo aqueles que, como seu falecido pai, morreram na via-crúcis da máquina de hemodiálise.

Ludemir é um fantástico narrador de um drama social emocionante que se lê como um romance de suspense. O livro é recheado com retratos dos ingênuos vendedores de rins dos bairros sem infra-estrutura onde a classe trabalhadora fica espremida atrás dos apartamentos elegantes dos edifícios de luxo da Boa Viagem. Alguns deles acabam se tornando malandros o suficiente para recrutar, a sangue-frio, seus próprios parentes em troca de uma recompensa da cúpula do tráfico de órgãos. Pode-se dizer que passam de explorados a exploradores transcontinentais em apenas seis meses. Há também deliciosas descrições: uma amável prostituta, uma advogada de meia-idade mal-amada que perdeu tudo o que tinha por um homem que a expôs publicamente à vergonha e à infâmia; um hippie atraente, naturalista e intelectual, andarilho pelo mundo, que vendeu seu rim e poderá lhe convencer que se você fosse ele, também acabaria embarcando no expresso do rim; e um capitão da polícia militar corrupto que culpa a todos, menos a ele próprio, pelo fato de a cela onde está preso ser ao lado da cocheira dos brilhantes cavalos da polícia montada. Acima de todos, há o rei da gangue do tráfico de rins em Recife, um homem sedutor, bem apessoado, inteligente e carismático, um chefão sociopata, de seus 70 anos, capitão aposentado do exército israelense e especialista em venda internacional de armas, serviços de segurança e técnicas da SWAT, que tem uma história pessoal cheia de tiradas irônicas e surpresas. Ele é ou um homem "do contra" ou tem uma alma confusa e alienada. Provavelmente, um pouco dos dois. Por último, mas não menos importante, há a Lady Organs Watch, uma outra categoria de caçadora de rins, como Julio ironicamente aponta.

Ludemir conta a história como ela é, em prosa, nua e crua. Cada página virada pede a leitura de mais uma. Despido de ideologia e moralismo, ele deixa que seus leitores decidam por si próprios o que pensam sobre a venda de rins, se ela deve ou pode ser "regulamentada" ou se deve permanecer sendo crime, e, se assim for, se é um crime "sem vítimas" ou um crime que rouba muito mais do que o rim de um homem pobre.

Berkeley, Califórnia, 12 de outubro de 2006

Um Natal para os meninos

Rogério Bezerra da Silva tinha se operado há três dias e estava pensando nos US$ 6 mil prometidos pelo capitão Ivan Bonifácio da Silva. O dinheiro seria entregue tão logo desembarcasse no Aeroporto Internacional dos Guararapes, não muito distante do bairro de Areias, onde morava havia 14 anos. Montaria uma oficina mecânica com os dólares. Sempre sonhara com uma oficina.

Sentia a ferida que se iniciava na última costela à esquerda e se estendia por cerca de quarenta centímetros, até a metade das costas. Mas não doía quase nada, depois das sessões de anestesia ministradas pelas enfermeiras do Hospital St. Augustine. Elas eram diferentes das que enfrentara ao longo dos seus 31 anos, sempre muito atenciosas. Aplicavam uma injeção tão logo Rogério gritava "pain", uma das únicas palavras da língua inglesa que conhecia. Aprendera-a com o capitão Ivan, ainda no Recife.

A mulher, os dois filhos e os pais pensavam que viajara para pintar um painel na África do Sul, com o irmão Ricardo e o amigo José Paulo Marques de Lira. Talvez levassem uma bronca quando desembarcassem no Recife, mas no fim todos ficariam felizes.

Tanto ele quanto Ricardo esconderam o verdadeiro motivo da viagem para não deixar ninguém preocupado. Não faria diferença se viajassem tendo contado a verdade à família ou não. Diferença faria quando chegassem com os bolsos estufados de dinheiro e presentes na mala. Seria o primeiro Natal de verdade da sua família. Valeria a pena.

Quem disse que o capitão Ivan estava comprando rins foi José Paulo, um técnico da Telemar morador do mesmo terreno de sua família, na rua Sindicato dos Urbanitários do Conjunto Residencial Chico Mendes. O amigo o vira desesperado quando perdeu o emprego no ferro-velho. O dono do ferro-velho reconhecia o valor de Rogério, mas não podia demitir o enteado ou o sobrinho naquela hora de vacas magras. Sobrara para ele.

José Paulo havia sido abordado por João Cavalcante do Nascimento. Dono de uma marcenaria nas redondezas, João era um dos mais ativos aliciadores da quadrilha comandada pelo capitão Ivan. João havia viajado primeiro para Durban, cidade da África do Sul onde eram feitos os transplantes. Quando voltou para o Recife, começou a caçar fornecedores de rim nas imediações de sua casa, em Jardim São Paulo. Jardim São Paulo é um bairro vizinho a Areias, onde Rogério mora. João também conseguiu doadores no Barro e no Curado, que ficam na mesma região. Cada pessoa que ia ganhava US$ 6 mil. Pelo menos era isso que Rogério ia ganhar.

O exame de sangue feito na Clínica São Paulo, a poucos metros da linha do trem, tinha constatado que Rogério é um doador universal. Com o resultado na mão, foi até o apartamento do capitão Ivan, em Boa Viagem. Era um apartamento como Rogério nunca vira. Ficava logo depois do viaduto Tancredo Neves, na divisa entre os nobres e os pobres do Recife. Rogério foi conversar com o oficial reformado da Polícia Militar de Pernambuco em um dia diferente do amigo José Paulo, mas foi recebido da mesma forma cordial naquele mundo a um só tempo tão longe e tão perto. Sentiu-se em casa, como se estivesse sendo recebido pelo próprio pai. O capitão era gente fina. Nem parecia que era cheio da grana. José Paulo tinha a mesma opinião.

José Paulo era como se fosse da família, mas Rogério não sabia o que ele faria com o dinheiro. Esse não era o caso do irmão Ricardo, que ia trocar o rim pela peixaria onde venderia o pescado do futuro sogro. A mulher de Ricardo estava grávida e os dois iam casar tão logo voltasse da África do Sul com o dinheiro para abrir seu negócio com o sogro. Rogério sonhava com a oficina na qual colocaria em prática tudo o que aprendera com o pai, ele também pintor de carros. O pai não lhe dera estudo, mas ensinara um ofício.

O pai de Rogério e Ricardo havia trilhado uma vida errante depois de romper com o irmão, seu sócio na oficina do Pina. O Pina é uma praia na continuação de Boa Viagem, mas sempre foi um lugar de gente pobre. Só na virada do milênio é que começaram a construir uns prédios bacanas no Pina, muitos anos depois de o pai ter se embrenhado pelo sertão, morando em cidades como Floresta e Cabrobó, entre outras. Em todas elas, dera de comer aos filhos pintando carros. Rogério puxara a ele. Ricardo, não.

José Paulo não pôde fazer o transplante. Teve um problema lá, Rogério não sabe dizer qual. Rogério temia pelo destino do amigo, que no mínimo iria levar uma bronca do capitão Ivan. Rogério lembrava bem do dia em que se encontrara com o capitão.

Ele insistira em dois pontos. O primeiro deles era o cuidado a ser tomado com o dinheiro, muito bom para começar uma vida, mas que não duraria seis meses nas mãos de quem queria "raparigar". O capitão também não perdoava quem desistia da operação depois de comprada a passagem.

— Ninguém é obrigado a ir — dissera várias vezes. — Mas ninguém vai me fazer de palhaço — concluía, ameaçador.

Será que o capitão iria pensar que Paulo queria fazê-lo de palhaço, perguntou-se Rogério. Mas que culpa ele tinha? Se havia alguém culpado, esse alguém era o médico que avaliara os exames de José Paulo. Ou será que não havia nenhum médico para avaliar os exames feitos no Laboratório de Análises Clínicas Gilson Cidrim? Rogério achou estranho que um pessoal tão rico não tivesse nenhum médico lá no Recife, mas puxou pela memória e não lembrou de nenhum. Ou será que o capitão era médico e ele é que não sabia?

Culpa tinha Slomo Zohr. Esse, sim, desistira do transplante de sacanagem. Saiu correndo do hospital momentos antes de começar a cirurgia, quando a equipe médica já estava entrando na sala de operação. Quem ia receber o rim de Slomo Zohr era Agania Robel. Dizem até que levou o dinheiro do rim para Agania Robel. Agania Robel deve ter ficado arretado. Com toda a razão.

Agania Robel é o israelense que ficou com o rim de Rogério. Só o vira antes da cirurgia. Tiraram uma foto juntos. Fizera questão de tirá-la. Essa foto é a única lembrança do órgão vendido. Ficará guardada na sua carteira. Para sempre. Slomo Zohr era um agricultor também israelense. Não era só no Brasil que tinha "lascados" precisando vender rim. Rogério ouvira dizer que tinha até americano fazendo aquela viagem para Durban.

Quando Rogério acordara da anestesia, Agania Robel não estava mais no hospital. Mas não ficara sentido. Entendia a agonia do israelense. Como se não bastasse ter nascido doente, estava esperando um rim em Durban havia pelo menos um mês. Primeiro foi o fujão do Zohr e depois o problema de José Paulo. O cara não dava sorte mesmo. Que mais faltava acontecer?

José Paulo já tinha voltado para o Recife. E isso não era bom, pensou Rogério. O vizinho podia ser um grande amigo, mas ia terminar dando com a língua nos dentes. Estava triste, como ele próprio ficaria caso voltasse tão duro quanto partira. José Paulo corria o risco de ser demitido da Telemar. Podia inclusive levar uma justa causa, por abandono de emprego. No desespero, ia terminar enchendo a cara em uma birosca da favela. E ninguém pode confiar num homem amargurado e cheio de goró.

No lugar de José Paulo, havia chegado Orley José de Santana, que os meninos chamavam de Orli. Mas quando Orli chegou, Rogério já estava no hospital. A única coisa que sabia dele é que os meninos o chamavam de Orli. Os meninos eram Ricardo e Carlos Wesley da Silva Campelo, o Wesley. Pode ser que José Paulo também tenha chamado Orley de Orli, mas disso Rogério não tinha certeza. Sequer sabia se os dois haviam se encontrado em Durban.

Wesley também era um sonhador e ia abrir uma borracharia na sua cidade, São Lourenço da Mata. Como Rogério, Wesley já tinha até alugado um ponto para abrir o seu próprio negócio. O de Rogério seria na avenida Recife, uma das mais movimentadas da cidade. Tinha certeza de que "enricaria" com uma oficina de pintura ali, com uma placa bem na vista do povo. Com o dinheiro que ganharia na oficina, visitaria Wesley em São Lourenço da Mata. Queria ver a borracharia de Wesley. Wesley também queria "enricar".

Rogério não queria estar na pele de José Paulo. E isso não só porque ele tinha voltado duro para o Recife e podia perder o emprego. Rogério não queria estar na pele de José Paulo porque não teria cara para desmanchar o acordo feito com o dono da casa em que ia montar a oficina, antes de viajar. Não é de voltar atrás depois que dá a sua palavra. Foi por isso que teve vontade de rir quando Dalila, a intérprete portuguesa que trabalhava para a quadrilha em Durban, lhe disse que poderia desistir da operação.

— Você não me conhece — ele disse para a intérprete. — Se conhecesse, saberia que não mudaria de idéia por nada neste mundo — acrescentou.

Teve essa conversa com a intérprete na casa dela, durante um churrasco oferecido ao grupo de pernambucanos que vieram com Rogério. Ela tinha uma ótima casa, onde morava com duas filhas. As duas filhas participaram do churrasco. Rody também. Rody era um homenzarrão, que sempre andava com um gorro no cocuruto, coisas da religião dele. Rody era tão bacana quanto Dalila. Ele o pegara no aeroporto de Durban. Saíram direto para a clínica, no mercedes azul-claro de Rody.

Dalila era uma pessoa atenciosa, generosa e companheira. Mas não entendia que aquela era a chance da vida de Rogério. Esperara por ela com a mesma ansiedade com que aguardava Papai Noel no Natal. A diferença é que Papai Noel nunca chegava e a chance de mudar de vida enfim estava ali. Não ia jogá-la fora.

Uma batida na porta trouxe Rogério para a realidade. Estava em um dos quartos do hospital St. Augustine. Segundo lhe disseram, é um dos melhores do mundo. Tinha mais de cem anos. Se teve algum medo antes da operação, esse medo acabou quando viu aquele hospital. O hospital era coisa de rico. Enorme. Limpo. Nem parecia com os hospitais do Recife, aqueles chiqueiros.

— Pode entrar — disse.

Dalila entrou acompanhada de uma enfermeira. Estavam visivelmente nervosas.

— A gente vai ter que tirar você daqui — disse Dalila.

— Aconteceu alguma coisa? — perguntou Rogério.

— A polícia nos descobriu — ela disse.

A enfermeira abriu o curativo e apalpou seguidas vezes a cicatriz de Rogério. A dor foi insuportável, mas, como diz o velho ditado, pimenta na ferida dos outros é refresco.

— Pain — disse ele, com lágrimas nos olhos.

Levaram-no para o *flat* onde era aguardado pelo irmão Ricardo, pelo sonhador Wesley e pelo até então desconhecido Orlei, que os meninos chamavam de Orli. Dalila e a enfermeira estavam apressadas, mas antes de partir a intérprete portuguesa o chamou num canto. Meteu a mão na bolsa e tirou um maço de notas cheirosas, estalando de novas.

— O combinado era eu receber no Recife — disse Rogério, desconfiado.

— Gady mandou dar agora — disse Dalila. — Pode ser que a gente não tenha chance de entregar depois.

Gady era o homem do dinheiro. O capitão Ivan ligara para ele no dia em que Rogério o visitara no seu apartamento com o resultado dos exames comprovando o sangue O positivo. O capitão falara em inglês com Gady enquanto Rogério esperava, admirado com a inteligência do militar. Nunca vira uma pessoa falando inglês. Uma pessoa falando inglês é tão bonito quanto um avião decolando. Rogério vira muitos aviões decolando, pois mora nas proximidades do aeroporto. Mas jamais havia viajado de avião.

Quando o capitão desligou, já tinha a autorização para fazer exames mais aprofundados na clínica Gilson Cidrim. Esta clínica fica no Derby, um bairro próximo ao centro do Recife. Fica perto do Quartel-General da Polícia Militar.

— Se tudo der certo, você tira as fotos para o passaporte e o Gady tira a passagem para a África do Sul — dissera o capitão.

Rogério pensara em ligar para o capitão. Depois daquele dia em Boa Viagem, só voltara a ver o militar no dia do embarque. Ele havia ido ao aeroporto com a esposa, a dona Eldênia. Fora levar a passagem e conversar com uma das aeromoças do avião em que Rogério viajou. Essa aeromoça o levara até o portão de embarque para Joanesburgo, no aeroporto de São Paulo. O capitão também deixara o número do telefone.

— Qualquer problema, você pode me ligar a cobrar — o militar dissera antes do embarque.

Rogério temeu pelo pior. Será que a polícia sul-africana o deixaria sair do país com todo aquele dinheiro? Se deixasse, havia ainda o risco de um assalto no caminho do aeroporto para casa. Recife havia se tornado uma das cidades mais perigosas do Brasil. Ninguém em sã consciência andaria do aeroporto até Areias com US$ 6 mil na carteira. Não tinha aquela história do pedreiro José Carlos Conceição da Silva, que saiu para fazer hora enquanto aguardava o avião para Recife e foi assaltado num ônibus em São Paulo? Parece que foi depois disso que o pessoal do capitão decidiu acertar as contas no Recife.

Sem alternativa, escondeu o maço de notas embaixo do curativo e estendeu a mão para se despedir de Dalila.

— Espere — ela disse.

— Estou esperando — ele respondeu.

— Não tente enganar a polícia daqui — aconselhou. — Diga tudo o que sabe. O meu nome, o de Rody, o de Gady. Se vocês colaborarem, voltarão mais cedo para casa.

Aquela foi a última vez que viu Dalila. Sentiria muita falta dela nos próximos dias, talvez os mais duros de sua vida. Aquela portuguesa tinha sido como uma mãe para ele, que talvez por ser o mais velho assumiu o papel de líder e interlocutor do grupo. Ela conseguiu os celulares com que se comunicavam com a família. Ela ensinou a identificar os produtos nos supermercados nas compras feitas quase todos os dias, transformados em deliciosos pratos cozinhados em sistema de rodízio pelos quatro companheiros. Também foi a portuguesa que arrumou os dólares gastos nas farras na boate em frente ao *flat*, onde bebiam baldes de cerveja com os moçambicanos que haviam conhecido na praia.

Os melhores dias de sua vida foram proporcionados por Dalila, mas a quase imediata chegada da polícia não lhe deixou ter saudade da intérprete. Sentiria muito mais falta do dinheiro logo localizado e confiscado pelos investigadores sul-africanos, dentre os quais estavam um simpático freqüentador da boate de que tanto gostavam, a mais solícita das enfermeiras do hospital em que se operou e o gari que recolhia lixo em frente ao *flat*. Junto com o dinheiro, levaram o passaporte e a passagem de volta de todos.

— Vocês são uns ladrões — gritou em diversas ocasiões um estressado Rogério, contrariando sua índole pacífica na luta para reaver os lucros obtidos com a venda do rim.

Apesar dos protestos, o passaporte e a passagem só foram devolvidos depois de seis dias de peregrinação pelas repartições públicas de Durban. Jamais voltou a ver os dólares. Foram anexados ao processo movido contra os vinte médicos e paramédicos responsáveis pela conexão sul-africana de um crime transcontinental, com ramificações no Brasil, em Israel e em alguns países europeus.

O sentimento de perda levou Rogério a ignorar o período pós-operatório. Sob o escaldante sol africano, atravessou pelo menos quatro vezes os cerca de três quilômetros que separavam o *flat* do prédio da polícia sul-africana. Chegou a desistir do dinheiro e passou a lutar pelo direito de chorar a sua dor ao lado da mulher e dos dois filhos. Tinha a esperança de que o calor da família diminuísse pelo menos em parte o seu sofrimento.

Rogério não sabia o que doía mais: a falta de anestésicos desde a retirada às pressas do hospital ou a perda do único sonho que em sua humildade semi-analfabeta fora capaz de formular, cuja realização esteve literalmente na palma de sua mão.

— Era muito azar para um homem só — praguejava, sentindo-se como o animal ferido dos filmes de Tarzan tantas vezes vistos na infância.

Os dedos da mão pareciam insuficientes para contabilizar as frustrações. Elas começaram quando percebeu que não poderia se dar ao luxo de fazer o safári, onde tiraria as fotos prometidas aos dois filhos. Ele e os meninos adoravam a vida selvagem. Mesmo sem o confisco dos dólares, não ousaria pagar os R$ 3 mil por uma aventura na selva. Com R$ 3 mil, compraria uma casa perto da sua. Uma casa, não. Mas um terreno, sim.

Reservaria um dedo de frustração para a obra na casa construída nos fundos do terreno dos pais, com dois cômodos desde que se casara, havia 14 anos. Incluiria nesse rol a conta do celular, por causa da qual ficara com o nome sujo no SPC. Com o nome sujo na praça, não tinha crédito para nada. Nem para comprar uma televisão à prestação, nem para fazer o empréstimo no Banco do Povo para montar a oficina dos seus sonhos.

Mas o pior seria o Natal das crianças, que por muito pouco não teve nozes, avelãs e presentes comprados numa tarde de sábado inesquecível.

— A gente vai fazer uma tremenda farra no Shopping Recife — prometera aos dois filhos, enquanto se despedia.

Os companheiros de infortúnio também sentiam o gosto amargo da frustração e, como Rogério, se perguntavam o que iam fazer de suas vidas, agora que o sonho tinha acabado. Mas pelo menos ainda tinham os dois rins e não precisariam esconder aquela cicatriz sob a camisa. Também não estavam andando de lado. Quando tira um rim, a pessoa fica andando de lado.

Ligou diversas vezes para Recife.

— E agora, capitão? — perguntava, desesperado.

— Calma, Rogério — dizia o militar. — A dor dura no máximo quatro dias.

Do conforto do apartamento em Boa Viagem, o velho militar sugeria com sua voz sempre paternal que andasse, evitasse carregar peso e tomasse umas cervejinhas. Para o capitão, as cervejinhas eram um santo remédio para dor renal.

— Como é que vou tomar cerveja, capitão — Rogério explodiu —, se a gente só tem arroz branco na geladeira?

— Vou ligar pra Dalila — o capitão disse. — Preciso saber o que está acontecendo.

Percebeu então que o capitão estava duvidando da sua palavra, tratando-o como se fosse tão moleque quanto os meninos que gastaram todo o dinheiro na "raparigagem". Eles chantageavam o capitão. Davam a entender que o denunciariam se não desse um trocado. Rogério jamais faria isso. Nem ele nem Ricardo. Tiveram educação dos pais.

— Eu já disse o que aconteceu, capitão — disse Rogério, irritando-se.

Pensou que o capitão talvez estivesse preocupado com o próprio destino. Os ricos são egoístas, só se importam com o próprio umbigo. E antes da dor e da frustração de Rogério, o capitão se preocuparia com a comissão de US$ 2 mil por cada cabeça que mandava para o açougue africano. Alguns chamavam isso de lei de murici, cada um por si. Para Rogério, essa era a lei da selva. Melhor desligar e esquecer.

Os ares começaram a mudar quando uma vizinha bateu na porta do *flat*, reconhecendo neles o grupo de brasileiros onipresentes na mídia sul-africana.

— Vocês precisam de ajuda? — perguntou a vizinha, recorrendo à linguagem universal dos gestos para vencer a barreira da língua.

Falando o mesmo idioma, Rogério conseguiu fazer com que aquela santa criatura entendesse que estavam com fome e ele, com muita dor. Ambas as privações foram supridas.

Porém, ele só sentiu alívio quando foi procurado por um dos investigadores da polícia de Durban. O policial o procurou na condição de emissário de um jornalista sul-africano.

— Ele ofereceu 10 mil randies por uma entrevista — disse o policial por intermédio de um intérprete, cujo nome Rogério jamais perguntou.

Rogério era o objeto do desejo do jornalista, com sua incrível história de animal ferido na estepe africana. Mesmo assim, chamou o irmão, Orley e Wesley, que, como ele, era um sonhador com o nome sujo no SPC. Depois de duas trocas de moeda, deu metade dos R$ 5 mil para os companheiros e aliviado desembarcou no Recife. Não mudaria de vida, mas pelo menos as crianças teriam um Natal diferente. E isso não deixava de ser um consolo depois de um ano tão difícil.

Capítulo 1

É CRIME, DOUTORA?

A delegada Beatriz Gibson acabara de resolver um caso que em princípio parecia ser uma história da carochinha — o incrível grupo de extermínio comandado pelo travesti Raíssa Abravanel. Com o respaldo de alguns policiais militares, Raíssa controlava os melhores pontos de prostituição homossexual do Recife. Expulsava quem não pagasse o pedágio estipulado por ela. Ou, então, matava.

Apesar da intimidade com casos tidos como inverossímeis, a dra. Beatriz Gibson não viu maldade na pergunta de um casal freqüentador das reuniões do projeto de polícia comunitária, que ajudou a implantar no Ipsep. O Ipsep é um bairro da periferia recifense cuja delegacia ela posteriormente assumiu, acumulando então as duas funções. É um bairro tranqüilo, quando comparado com as estatísticas da violência de Pernambuco.

— Vender rim é crime, doutora? — perguntou aquele casal depois de uma das reuniões entre as autoridades responsáveis pelo Núcleo de Segurança Comunitária e os moradores do Ipsep e adjacências.

Até então, a delegada enquadrava o tráfico de órgãos humanos na categoria de lenda urbana, em uma rubrica semelhante à do Papa-figo, Perna Cabeluda e Mão Branca. Criados pela imaginação popular, esses personagens deixavam apavoradas as crianças de Olinda, onde a delegada foi criada. As mães tiravam partido desse medo para mantê-las sempre ao alcance dos seus olhos. Contavam inúmeras histórias sobre crianças seqüestradas e estripadas. A mãe de Beatriz não fugia à regra.

— Sim, é crime — disse ela. — Por quê?

— Por nada — o casal desconversou e saiu de sua sala.

Se houvesse algum fundamento nesse tipo de crime, a delegada já teria tomado conhecimento de pelo menos um caso desvendado. E até aquela noite de março de 2003 só havia denúncias infundadas, jamais provadas. A dra. Beatriz Gibson esqueceu o assunto até voltar a ser abordada pelo mesmo casal.

— Vender rim é crime, doutora? — perguntou mais uma vez aquele casal.

Na primeira vez que fizeram a pergunta, essa advogada formada em 1988 pela Faculdade de Direito do Recife respondeu com um certo enfado. Mas a insistência na abordagem deixou-a intrigada.

— O que é que vocês sabem sobre tráfico de órgãos? — perguntou.

Eles fecharam a porta da sala.

— A gente vai contar um segredo pra senhora — disseram. — Mas com uma condição.

— Que condição?

— Que a senhora não peça pra gente confirmar essa denúncia em lugar nenhum.

A relação de confiança entre autoridades e comunidade era um dos principais trunfos do Núcleo de Segurança Comunitária. A delegada não botaria a perder a mais importante conquista daquele projeto.

— Se a gente souber que a senhora contou essa história a alguém, seja PM, seja polícia civil, a gente vai negar — acrescentaram, reforçando a ameaça.

Os informantes começaram então um relato inacreditável. Segundo eles, estava se formando uma espécie de corrente do rim em Jardim São Paulo, bairro contíguo ao Ipsep. Os membros dessa corrente só podiam entrar se fossem indicados por pessoas que já tivessem vendido um de seus rins. Quem entrava nessa lista não podia sair. Só saía depois de se submeter a um transplante em Durban ou morto.

— Vocês têm certeza do que estão me dizendo? — perguntou a delegada, perplexa.

Beatriz Gibson lembrou do travesti Glacy. Até ser acolhido por ela, Glacy estava sendo alvo de chacota nas delegacias que procurou para denunciar as ameaças feitas por Raíssa Abravanel. Glacy só não morreu porque ela acreditou no seu relato e interveio no dia em que seria morto por Raíssa. A morte de Glacy estava marcada na agenda confiscada na casa de Raíssa.

— Vocês não conhecem ninguém que já tenha feito essa operação? — a delegada perguntou, já pensando em como obter provas mais consistentes para incriminar a quadrilha.

Era visível o medo do casal. Mas revelaram o nome de Gerson Luiz Ribeiro de Oliveira, o Telinho, e Marcondes Lacerda de Araújo, o Marconi. Segundo os informantes, eles tinham sido as duas primeiras pessoas das redondezas a viajar para Durban, na África do Sul. Ainda de acordo com o relato do casal, os dois tinham assumido o papel de aliciadores quando voltaram ao Brasil.

— A senhora pode ir no Barro, na rua Padre Diogo Rodrigues — disseram os informantes. — Lá a senhora vai encontrar o depósito de bebidas que Marconi comprou com o dinheiro do transplante.

No sábado seguinte, a delegada pegou o carro e foi ver com os próprios olhos se existia esse tal pobretão que da noite para o dia viajara para o exterior e voltara com dinheiro para abrir seu próprio negócio. Podia não confirmar a origem do dinheiro, mas a cicatriz de uma operação desse porte devia ser inconfundível, imaginou. No tórrido subúrbio recifense, andar sem camisa é um hábito pouco civilizado que sempre a incomodou, mas que naquelas circunstâncias poderia determinar a continuidade ou não das investigações.

— Eu vi a cicatriz — disse a delegada mais tarde, quando voltou a se encontrar com os informantes. — Começa na última costela do lado esquerdo e vai até o meio das costas.

Perguntou então por que estavam fazendo a denúncia naquele momento.

— Estou com muito medo, doutora — confessou o marido do casal.

A razão para tanto medo era simples: tentado pelos dólares que estavam mudando a vida de várias pessoas no bairro, ele havia incluído o nome na lista de doadores. Mas com a aproximação da viagem começou a temer possíveis represálias aos parentes caso a operação não fosse bem-sucedida. De acordo com o casal, as retaliações estavam se tornando cada vez mais comuns.

— Eles estão matando, doutora.

Havia dois tipos de vítimas. Os doadores que desistiam do transplante já na África do Sul e os parentes de doadores que apresentaram problemas pós-operatórios. Esses parentes eram ameaçados quando procuravam os agenciadores, atrás de apoio para cuidar dos casos de hemorragia decorrentes de cirurgias feitas em condições precárias. Os agentes diziam que se virassem. Se insistissem, levavam bala.

— Quero desistir — revelou o informante. — Mas estou com medo de morrer porque sei demais sobre o esquema.

Desde o primeiro momento, a delegada teve consciência de que estava diante de um crime federal. Não poderia investigá-lo, ainda que fosse cometido na jurisdição da sua delegacia. Era impedida de agir por causa das ramificações internacionais da quadrilha. Tudo levava a crer que o crime só era executado em Durban, local da operação.

Mas aqueles métodos eram típicos de estruturas mafiosas, como aprendera nos manuais da Academia de Polícia Civil que cursara em seguida à obtenção do título de bacharel em Direito. Acreditava ser um dever de cidadã dar prosseguimento às investigações, ainda que informalmente. Um relatório consistente tornaria inevitável a abertura de um inquérito.

Recorreu então a um outro freqüentador das reuniões do Núcleo de Segurança Comunitária: um policial de suas relações que nos dias de folga fazia segurança no Barro. Nos seus plantões, esse policial, cujo nome a delegada não revelou a nenhuma autoridade federal, tinha feito vários amigos no bairro.

Um desses amigos era o misto de mecânico e motorista Rubens Farias dos Santos Filho, o Rubinho. Ex-cunhado de Telinho, esse moreno baixinho foi a mais importante conquista de toda a investigação. Nem a Polícia Civil nem a Federal chegariam a lugar nenhum sem as informações passadas inicialmente numa mesa de bar e posteriormente corroboradas em diversas situações.

A intuição da delegada estava certa e alguns dias depois já sabia até o local em que os interessados faziam os exames laboratoriais que, se aprovados, garantiam a entrada no clube: clínica Gilson Cidrim, no Derby. O mesmo policial também conseguira apurar os valores envolvidos naquele açougue internacional: em uma operação comercial que rendia US$ 150 mil aos traficantes, o fornecedor do rim viajava até a África do Sul para se submeter à cirurgia de transplante de rim primariamente destinado a israelenses. Ainda segundo Rubinho, os vendedores recebiam US$ 15 mil pelo órgão.

A descrição do informante voltou a remeter a delegada à quadrilha comandada pelo travesti Raíssa Abravanel. Além do fato de ambas estarem no campo do improvável, o *modus operandi* das duas quadrilhas tinha uma série de pontos em comum. A quadrilha que acabara de desbaratar também tinha suas conexões internacionais, aliciando homossexuais para casas de prostituição na Europa. E também funcionava com a proteção do que se convencionou chamar de "banda podre" da polícia.

— A quadrilha é comandada pela esposa de um tal de capitão Ivan — disse o informante. — Essa mulher é irmã de um delegado federal.

A dra. Beatriz Gibson sabia que a maioria dos crimes que terminam em pizza se deve a esse tipo de apadrinhamento. Não era à toa o alto percentual de casos impunes entre os cerca de vinte mil homicídios ocorridos ao longo dos oito anos em que o então governador Jarbas Vasconcelos se manteve no poder. Os grupos de extermínio campeavam dentro da Polícia Militar.

Impunham sua lei nos cantões do Grande Recife sem serem incomodados pelos responsáveis pela política de segurança pública no estado.

Mas além da aguda sensibilidade policial, herdada do pai também delegado, a dra. Beatriz Gibson trazia consigo o trauma de um filho com apenas um rim. Devia a ele o desbaratamento da quadrilha. Aquele delito afetava tanto a sociedade quanto a sua família. Mais cedo ou mais tarde, poderia precisar de um rim. E não tinha os US$ 150 mil para comprá-lo no mercado negro.

Amargou dúvidas até a Semana Santa, quando viajou para a casa da mãe em Gravatá, uma cidade no agreste pernambucano que está para Recife como Petrópolis, para o Rio de Janeiro e Campos de Jordão, para São Paulo. Desde a década de 1970, Gravatá tornou-se um reduto para as férias de inverno da alta classe média.

Lá se encontrou com a prima Anália Belisa Ribeiro, coordenadora nacional do Programa Global de Prevenção e Enfrentamento ao Tráfico de Seres Humanos. O programa é um órgão vinculado à Secretaria Nacional de Justiça, que na maior parte do governo Fernando Henrique Cardoso fora comandado pela criminóloga carioca Elizabeth Sussekind. Foi Elizabeth Sussekind quem a levou para Brasília.

Grampos telefônicos podem prejudicar investigações envolvendo policiais, mas essa não foi a principal razão para evitar uma ligação para a prima. Na verdade, tudo soava estranho. A delegada se sentia dentro de um filme de terror. E isso não só por causa da macabra trama envolvendo aqueles personagens. As histórias de terror só se tornam verossímeis por causa de um estranho conjunto de coincidências. E era muita coincidência que a primeira quadrilha especializada no comércio de órgãos estivesse atuando na jurisdição de um parente de uma das poucas especialistas no País.

— Precisamos conversar — disse a delegada para a prima, quando se encontraram na casa de campo da família.

A psicóloga Anália Belisa Ribeiro empolgou-se com a descoberta da conexão do rim. De imediato, percebeu que aquele caso poderia tirar o tráfico de órgãos da incômoda esfera de história da carochinha em que parecia definitivamente enquistado. Ele também podia ajudar na compreensão do conceito de tráfico de seres humanos, uma ampla categoria de crime que abrange trabalho escravo, exploração sexual e comércio de órgãos. As grandes estruturas mafiosas do mundo estavam migrando para essa modalidade de crime.

— A gente precisa de uma estratégia — ponderou a delegada.

Em seguida, enumerou os obstáculos que poderiam comprometer a investigação. Talvez o mais importante deles fosse o fato de a quadrilha contar com a proteção de um capitão e um delegado federal. Mas não podiam deixar de considerar a velha rivalidade entre o pai de Beatriz Gibson, o delegado Fernando Gibson, e o então chefe de polícia de Pernambuco, o delegado Aníbal Moura. Essa rixa já trouxera alguns dissabores para a carreira de Beatriz. Não fora promovida a delegada titular por causa dela.

— A gente encaminha a denúncia para o Ministério Público — sugeriu Anália.

A psicóloga sabia o que estava falando. Aprendera a tirar partido do patrimônio moral dos procuradores da República desde o ano de 1997. Protegida pelo Ministério Público, implementou e coordenou o verdadeiro Exército de Brancaleone que foi o Programa de Proteção às Testemunhas do ministério da Justiça.

Sob esse escudo, ela e mais três pessoas conseguiram monitorar a atuação da polícia e impulsionar o poder judiciário mesmo em casos complicados como o do famoso coronel Hildebrando e suas motosserras, no Acre

— Trata-se de uma instituição decisiva para que uma ação como essa tenha início, meio e fim — acrescentou. — Com o Ministério Público, nenhuma instituição envolvida ao longo desse processo conseguirá paralisá-lo.

O primeiro passo a ser dado seria a remessa do relatório para Brasília, onde analisaria a denúncia com a mesma equipe que enfrentara briosamente as motosserras do coronel Hildebrando. Uma das pessoas que fazia parte do Exército de Brancaleone de Anália era o advogado Ricardo Lins. Posteriormente, Ricardo Lins assumiu o comando de um programa semelhante no governo do estado de Pernambuco. Jarbas Vasconcelos foi o único governador do País a incluir o combate ao tráfico de seres humanos em sua política de segurança pública.

Outra medida que a psicóloga considerou importante foi tomar o depoimento de Rubinho, ainda que seu nome ficasse sob sigilo. Foi o primeiro depoimento em caráter oficial de Rubinho. Rubinho é uma pessoa contraditória, que, segundo diversas fontes, trabalhou para a rede de aliciadores montada em seu bairro. Mas foi a testemunha-chave para o desmonte da conexão Recife-Israel-Durban.

O informante se intimidou na hora em que colheram seu depoimento. Sua *performance* nem de longe lembrou o dia em que ligou para a delegada do bar em que os aliciadores estavam combinando os últimos detalhes de uma nova leva de fornecedores de rim para Durban. Mesmo assim, sua denúncia continha os elementos necessários para que, no dia 9 de junho de 2003, a psicóloga Anália Belisa Ribeiro estivesse remetendo o ofício nº 065-TSH/PE para o Ministério Público Federal. Na verdade, esse ofício era um relatório escrito de seu próprio punho. Continha todas as informações apuradas pela prima delegada.

Teoricamente, Beatriz Gibson devia esquecer o caso nesse momento. Mas um novo lance do acaso, típico de cidades provincianas como Recife, a manteve no centro dos acontecimentos por mais alguns momentos. É que o então procurador-geral do Ministério Público Federal em Pernambuco era ninguém menos do que o seu amigo de infância e posteriormente colega de faculdade, o dr. Antônio Carlos Barreto Campello. O procurador só acatou a denúncia depois de saber quem a fez.

A palavra da amiga de velhos carnavais era o principal elemento de que o procurador-geral Antônio Carlos Barreto Campello precisava para acreditar naquela lenda urbana. Com base nela, encaminhou o caso para o procurador Samuel Miranda Arruda no dia 12 de junho e saiu de férias.

No dia 12 de julho, o mesmo Samuel Miranda Arruda mandava um ofício para a coordenadora do Programa Global de Prevenção e Enfrentamento ao Tráfico de Seres Humanos informando-lhe que o ofício gerado em seu gabinete dera origem a um inquérito policial na Superintendência Regional do Departamento de Polícia Federal.

A estratégia de Anália funcionara.

Capítulo 2

Cão perdigueiro

O nome Fernandes Antônio Vilanova de Albuquerque não apareceu no decorrer do mais espetacular caso policial pernambucano de todos os tempos, amplamente noticiado pela imprensa local, nacional e até mesmo internacional. Mas esse agente da Polícia Federal só se sentiu incomodado com a indiferença daquela revoada de repórteres quando viu as entrevistas da delegada Beatriz Gibson.

No seu entender, a delegada ficou com os louros dos nove meses que mourejou na chamada Operação Bisturi, nome dado por Brasília à investigação da quadrilha internacional que traficava rins dos moradores da periferia recifense para israelenses. Os transplantes, realizados na África do Sul, eram feitos por intermédio de fraudes no seguro de saúde de Israel.

O agente nunca quis aparecer nos até então 25 anos dedicados à instituição que lhe permitiu realizar o sonho de sua infância mais remota — ser policial. Para ele, a fama tira a mobilidade de que precisou para se deslocar pela zona oeste do Recife, até localizar e identificar toda a rede. Para esse filho de um funcionário do Banco do Brasil, polícia na mídia só tem duas razões, ambas igualmente nocivas à garantia de segurança da população que é sua razão de ser. Ou está dando satisfações à opinião pública por causa de seus erros ou alertando os criminosos, dando chance para que eliminem as provas ou as testemunhas que poderiam levá-los para a cadeia.

Chegou a conhecer a delegada do Ipsep no fim das investigações. Fora pedir apoio para colher o depoimento de um dos integrantes da quadrilha. Havia recebido denúncias de que esse envolvido estaria usando uma arma para a qual não tinha porte e Vilanova (é assim que o conhecem nos meios policiais) aproveitou a ocasião para conhecer os personagens que estava investigando.

Era a única oportunidade para abordá-los sem mostrar sua identidade e sem chamar a atenção para uma investigação sigilosa, que corria em Segredo de Justiça por causa das suspeitas de que os traficantes de rim teriam apoio dentro da Polícia Federal. Não a desperdiçou.

— A senhora ouviu falar da existência de tráfico de órgãos na sua jurisdição? — perguntou Vilanova à delegada, ao serem apresentados.

— Ouvi falar — ela respondeu.

Só havia três explicações para tanto desdém. Ou aquela mulher não sabia de nada ou estava comendo na mão deles ou temia que fosse um espião da Polícia Federal. Vilanova acreditou na primeira hipótese, ainda que a terceira fosse a correta. Também jamais ocorreu a Vilanova que a mídia elegera a delegada Beatriz Gibson como a heroína das investigações devido ao silêncio sepulcral da Polícia Federal.

O trabalho do agente começou em março, mais precisamente no dia 4. Foi nesse dia que chegou ao seu poder o *e-mail*, assinado por uma tal de Simonne, cuja identidade verdadeira o serviço de inteligência jamais conseguiu descobrir. Essa mensagem eletrônica gerou a ordem de missão datada de 17 de março de 2003. Na Polícia Federal, uma ordem de missão é o primeiro momento de uma investigação.

O *e-mail* de Simonne continha mais detalhes do que a denúncia que chegara à Polícia Federal com a assinatura da psicóloga Anália Belisa Ribeiro, com base nas investigações extra-oficiais de sua prima, a delegada Beatriz Gibson. Além de trazer informações sobre os cabeças da quadrilha, a mensagem da misteriosa Simonne não incorria em imprecisões como a de que as cirurgias também eram realizadas no Marrocos, que a quadrilha seria comandada pela esposa de um certo capitão Ivan e que esse militar seria irmão de um delegado da própria Polícia Federal. Essas informações pertenciam ao dossiê preparado pelo Programa de Combate ao Tráfico de Seres Humanos.

Esse *e-mail*, que ele jamais anexou ao inquérito policial, tinha um grande problema: denunciava um crime não apenas desconhecido na cidade, mas tido como uma lenda urbana. Ficou com esse status até mesmo depois do diálogo entre o procurador da República Samuel Miranda Arruda e o superintendente da Polícia Federal, o delegado Wilson Salles Damázio.

O agente intuiu o motivo daquele diálogo, ocorrido em julho de 2003: o procurador queria convencer o superintendente da Polícia Federal a alocar os melhores homens da corporação para um crime em que o próprio dr. Samuel tinha dificuldade de acreditar. Conforme revelou mais tarde, o procurador só acatou a denúncia depois de se certificar que trabalhadores da periferia recifense estavam viajando com freqüência para a África do Sul. Para ele, as excursões eram mais inverossímeis do que a existência desse tipo de crime.

Vilanova foi convocado para o caso pelo delegado Daniel Grangeiro de Souza. O delegado o chamou em sua sala, mostrou o *e-mail* e perguntou se ele queria entrar no caso.

— Pode contar comigo, chefia — disse Vilanova, que na época tinha 45 anos.

Apesar da boa vontade, o agente andou em círculos durante meses. E a razão da sua dificuldade para localizar no tempo e no espaço as informações contidas no *e-mail* da misteriosa Simonne consistia num grande paradoxo: o principal ardil da quadrilha estava exatamente na sua estrutura aparentemente simplória. Apesar de deixarem inúmeros vestígios, os criminosos não tinham antecedentes criminais, e, por isso mesmo, não levantavam a menor suspeita.

É essa a nova configuração do crime organizado transnacional, cada vez mais presente nas três modalidades do tráfico de seres humanos. Vilanova a reconheceu na Operação Flamenco, quando prendeu vários cafetões que aliciavam prostitutas no Recife para abastecer casas noturnas européias de uma maneira geral e espanholas, em particular. Ambas as redes criminosas se alimentam da ignorância da vítima, que atravessa o oceano com a esperança de ganhar rios de dinheiro e viver num país melhor.

Enquanto vasculhava a zona oeste da cidade, Vilanova descobriu outros pontos em comum entre a estrutura do tráfico de órgãos e o de pessoas para fins de exploração sexual comercial. Além da invisibilidade dos bandidos, esse é o tipo de crime em que a polícia só pode produzir provas quando conta com a ajuda da vítima. Muitas vezes, estava escrito na testa da futura vítima o que ela pretendia fazer com o passaporte tirado na Polícia Federal. Mas só seria possível impedir a consumação do crime se ela denunciasse as condições impostas pela cafetina para lhe pagar a passagem.

Embora tanto ele quanto sua corporação tenham se sentido lesados pelo destaque dado à atuação da delegada Beatriz Gibson, Vilanova jamais negou a importância de um nome e um número de telefone que vieram escritos a lápis em uma das margens do papel que continha a denúncia da dra. Anália. Essa pessoa, o mesmo Rubinho que ajudara a delegada do Ipsep a dar os primeiros passos em sua investigação extra-oficial, tornou-se o principal informante desse caso que surpreendeu e chocou a cidade, o País e o mundo quando veio à tona no início de dezembro de 2003.

Foi seguindo as pistas apontadas nos objetivos diálogos travados com Rubinho que Vilanova deixou de andar em círculos pela periferia do Recife. Usou essas informações para amarrar os nós da rede liderada pelo oficial da reserva israelense Gedalya Gady Tauber e para sensibilizar a juíza Amanda Torres de Lucena a autorizar a quebra de sigilo telefônico e eletrônico do capitão Ivan e seus comparsas. A quebra desses sigilos permitiu que a polícia agisse antes da fuga dos cabeças da quadrilha, naquele momento em polvorosa com as primeiras prisões efetuadas pela polícia da África do Sul.

Vilanova sabia que mais cedo ou mais tarde ia esbarrar na dificuldade de obter a confissão, que seria a única maneira de comprovar que as cicatrizes daqueles indivíduos haviam sido produzidas nas cirurgias realizadas na África do Sul. Mas não desligou nenhuma das ligações a cobrar feitas por esse moreno baixinho e invocado, que posteriormente se sentiu traído pela estratégia adotada pela polícia para proteger seu informante.

Depois de tudo o que fez, Rubinho considerou um insulto responder ao processo judicial com o mesmo status que os demais doadores. O agente deve a descoberta do modo operacional da quadrilha à mágoa de Rubinho com a família de sua ex-esposa, toda ela envolvida até o pescoço com um dos dois esquemas de aliciamento montado na periferia. O nome da ex-mulher de Rubinho é Vera Lúcia.

Uma das muitas informações reveladoras que Vilanova obteve nessas conversas com Rubinho foi a participação do Laboratório de Exames Clínicos Gilson Cidrim, um dos maiores da cidade. Fez inúmeras fotos dos incautos doadores entrando na unidade do Derby daquele laboratório, sempre acompanhados de seus agenciadores.

As provas produzidas nessas campanas não foram suficientes para que a juíza responsável pelo caso condenasse o dono do laboratório, que alegou em sua defesa que não constava das atribuições do seu negócio perguntar quem pagava os exames ou se os transplantes facilmente previstos por esses mesmos exames seriam feitos de forma ilegal.

Mas as fotos de Vilanova serviram para invalidar os argumentos do renitente aposentado da Rede Ferroviária Federal, Josué Luiz Silva. Último integrante da quadrilha a ser preso, esse amigo de longa data do capitão Ivan Bonifácio lutou com todas as forças contra o testemunho dos seus comparsas e das pessoas aliciadas. Aquelas imagens valeram mais do que mil palavras. Mostraram a participação na quadrilha que o ferroviário negou até o fim. Mesmo depois de condenado.

O Aeroporto Internacional dos Guararapes é uma espécie de hábitat natural do agente Vilanova, que lá trabalhou durante anos. Mas as informações de Rubinho deram muito mais mobilidade ao agente. Com um rádio em punho, monitorava as filmagens feitas pelos amigos que deixara no aeroporto antes de ir trabalhar na sede da Federal, no Cais do Apolo. Além de flagrar os embarques e desembarques, feitos com tanta freqüência que Vilanova achou poucos os 39 casos comprovados até a decretação das prisões, aquelas imagens mostravam uma clara divisão na quadrilha.

De um lado, estava o grupo liderado por Fernanda Callado, do qual faziam parte João Cavalcante e seu irmão Zinho, cuja sede ficava em uma marcenaria na rua Ator Elpídio Câmara 119, em Jardim São Paulo. Do outro, estava o grupo liderado pelo ferroviário aposentado Josué, do qual faziam parte Telinho e Marconi. As duas vertentes tinham aliciadores que entraram na quadrilha como doadores e posteriormente foram promovidos. O capitão Ivan e a esposa Eldênia oscilavam de um grupo para outro.

Nas folhas de papel ofício que sempre traz consigo, Vilanova anotou histórias ora trágicas, ora cruéis, ora cômicas. Sentiu um frio no estômago ao saber da viagem a Durban de Gilson Severino da Silva, Rutênia Cabral Santos e Paula Patrícia Cabral Santos da Silva, respectivamente pai, mãe e filha. Em outra história, Eliane escrevera um bilhete para o irmão Mirinho pedindo para que, em "nome de Jesus Cristo", a apresentasse ao grupo de agenciadores do Jardim São Paulo. Talvez tenha entendido o coração do oficial reformado quando percebeu que aliciara dois sobrinhos e um primo do Cordeiro, bairro no qual passara a infância. Não foi por acaso que os médicos sul-africanos, ao descobrirem que Adriano tinha um rim necrófilo, extraíram o órgão bom.

As frentes abertas por intermédio de Rubinho podem ter levado Vilanova a confirmar a existência de um crime até então desconhecido pela polícia pernambucana. Mas ele só chegou aos criminosos ao seguir as pistas apontadas em outro *e-mail*, dessa vez assinado pelo também policial José Germano, que conhecera na época em que ambos estavam sediados no Aeroporto Internacional dos Guararapes.

Por uma dessas estranhas coincidências da vida que só beneficiam as pessoas que trabalham duro, o amigo, que até 1998 trabalhava na Delegacia do Turista, foi abordado por um certo Tamir Cohen enquanto visitava uma sinagoga em Nantes, em um dia de folga do curso de especialização no qual se matriculara depois de se casar com uma diplomata francesa. Escrita num português com excessivos erros de pontuação e algumas palavras usadas de modo inadequado, a mensagem eletrônica, datada de 9 de julho e enviada para os "prezados amigos" Vilanova, Erasmo e Dantas, falava de um israelense que estava oferecendo 2 mil dólares por cada rim que agenciasse para a quadrilha em atividade no Recife.

José Germano é um homem culto, do qual ninguém duvida quando se apresenta como professor de direito ou de inglês, como aconteceu ao conhecer Tamir Cohen. Mas o que chamou a atenção do israelense foi o fato de Germano ser pernambucano.

Esse israelense, dizia a mensagem assinada por José Germano, conseguia órgãos no Recife por intermédio do personagem que a partir desse dia se tornaria uma verdadeira obsessão para Vilanova: Gady Barak. Esse *e-mail* fez com que o policial gastasse a sola do sapato, abordando gerentes de hotéis e pousadas atrás de registros de uma pessoa da qual só sabia que era israelense, ganhava a comissão de 10 mil dólares considerada exagerada por Tamir Cohen e que talvez fosse filho de banqueiros, conforme a denúncia que lhe chegara por intermédio do Ministério Público.

No périplo pelos hotéis e pousadas da cidade, o policial tinha uma postura diametralmente oposta à que assumia enquanto andava dissimuladamente pelos bairros da periferia recifense, sem deixar rastros de sua passagem. Vilanova sabia que os gerentes só o receberiam se apresentasse a carteira de tira, mas se aqueles ciosos burocratas queriam proteger os hóspedes na hora de dar alguma informação, ele também estava muito preocupado com o sigilo da sua investigação. Pedia a cada um deles que se identificasse e antes de fazer a pergunta que quase o deixava rouco de tanto repetir, dizia que aquele inquérito estava correndo em Segredo de Justiça.

— O senhor será responsabilizado criminalmente se cometer alguma indiscrição — acrescentava, ameaçador.

Foi só quando começou a pesquisar em Boa Viagem que teve alguma esperança para alimentar a sua férrea determinação. No hotel Mar Olinda Residence, modesto para os padrões de um herdeiro do sistema financeiro que estava ganhando 10 mil dólares por cada rim, um funcionário disse que se lembrava não de um Gady Barak, mas de um Gady Tauber. Vilanova anotou esse nome em seus papéis com a mesma determinação com que um centroavante confere uma jogada na área. Não há bolas perdidas nem para atacantes nem para tiras.

Já estavam no fim de novembro, mais precisamente no dia 28, conforme registrou no primeiro relatório escrito para a delegada Karla Gomes de Matos Maia, que assumira a presidência do inquérito com as férias do delegado Grangeiro. Neste relatório, Vilanova fez menção à conversa com o recepcionista do Mar Olinda identificado apenas como Jorge, que lhe disse que "já se hospedara naquele estabelecimento um estrangeiro israelense de nome Gady Tauber".

A primeira idéia que ocorreu a Vilanova sobre esse hóspede, que era visitado com freqüência por um senhor de meia-idade que bem poderia ser o capitão Ivan, foi que usava nomes falsos. E, por isso, quando se dirigiu ao Mar Hotel nesse mesmo dia, perguntou pelos dois nomes ao chefe de segurança identificado apenas como Sales. A sola dos seus sapatos agradeceu quando o segurança disse que nunca ouvira falar de Gady Barak, mas que Gady Tauber era um dos hóspedes do hotel.

O mesmo segurança lhe deu esperança de ter encontrado o Tamir Cohen de que o policial José Germano falara no *e-mail*, ainda que Gady Tauber tivesse se hospedado no Mar Hotel com o amigo israelense Eliezer Ramon. O desconfiado Vilanova pensou mais uma vez em documentos falsificados.

Aquela ida ao Mar Hotel, acompanhado dos agentes Rosivaldo e Fabíola, foi comemorada como o dia mais bem-sucedido das investigações. Além de encontrar o grande chefe da quadrilha, Vilanova tomou conhecimento de Teresinha Medeiros de Souza, registrada na recepção como Teresa Tauber. Uma advogada de grande projeção na cidade como defensora dos direitos do consumidor e como professora universitária, Teresinha Medeiros posteriormente seria acusada e condenada como tesoureira da quadrilha. A sentença da advogada, em nome de quem estava a conta no Citybank por meio da qual a quadrilha pagava os doadores e agenciadores, foi abrandada por causa da convicção da juíza Amanda Torres de Lucena de que cometera aqueles crimes em nome do amor que devotava a Gedalya Gady Tauber.

Ainda no Mar Hotel, o policial confirmou que a Fernanda flagrada no aeroporto dois dias antes com o aliciador Telinho era uma assídua freqüentadora do hotel. Nesse mesmo dia, informaram-lhe que ela era garota de programa do Cuba Café e uma das pontas do triângulo amoroso envolvendo Gady e Teresinha. Vilanova jamais pôde comprovar a existência desse triângulo.

Diante da juíza, Fernanda se apresentou como uma mulher divorciada, que sustentava os dois filhos com as escassas comissões do seguro de saúde que vendia. Mas Rubinho afirmou categoricamente a sua condição de prostituta de luxo. A agenda apreendida pela polícia, repleta de anotações sobre mulheres, foi vista como uma prova de que Fernanda no mínimo desejava associar a atividade de agenciadora de doadores de rim à de aliciadora de prostitutas para exportação. Fernanda disse que estava selecionando jovens para um curso de modelos que ministrava.

Na mesma visita, Vilanova tomou conhecimento de uma reunião que ocorreria no salão do hotel, reservado por Gady para daí a alguns dias. Essa reunião era a oportunidade de que a polícia pernambucana precisava para comprovar a transferência das cirurgias para o Recife. Pediu então para que a delegada Karla Gomes conseguisse, junto ao Ministério Público Federal e à juíza responsável pelo caso, autorização para instalar um ponto de escuta eletrônica no salão.

Tinham sido convidados alguns dos mais importantes nefrologistas de Pernambuco, dentre os quais o único a ser intimado pela Justiça foi o médico William Stanford. O Ministério Público Federal não abriu um processo contra ele tão-somente porque o crime cujo ato preparatório fora flagrado pela Polícia Federal não chegou a se consumar. No entanto, o nefrologista teve que comparecer à Polícia Federal para prestar esclarecimentos. No seu depoimento, não negou a presença em jantares organizados por Gedalya Gady Tauber nos melhores restaurantes da cidade.

Mas o amálgama dessa amizade seria não a possibilidade de fazerem bons negócios, mas o amor que ambos devotavam à boa comida, à boa bebida e à boa música.

Também participaria dessa reunião o juiz que daria a autorização judicial com que os médicos estavam tentando se proteger para fazer os transplantes no Real Hospital Português, um dos melhores do Nordeste. Embora a juíza tenha autorizado a instalação do ponto de escuta no salão do hotel, a reunião terminou não acontecendo. Ou pelo menos não teve os seus pormenores registrados no inquérito então presidido pela delegada Karla Gomes.

Vilanova e mais dois agentes se hospedaram no Mar Hotel. Em três dias, tiraram uma série de fotos da quadrilha. Gady, um militar que no passado fora um herói de guerra no interminável conflito entre árabes e judeus, parecia não desconfiar que estavam sendo investigados pela polícia pernambucana.

O destemor da quadrilha beirava o amadorismo e Vilanova teve certeza de que, não fossem as prisões efetuadas na África do Sul que precipitaram a ação da polícia pernambucana, teria conseguido levar ao juiz um número bem maior do que as 13 pessoas detidas em dezembro de 2003. Um exemplo ilustra a certeza de impunidade de Gady: tinha a passagem aberta para sair a qualquer hora do Brasil, mas não o fez porque estava seriamente empenhado na redução dos custos operacionais da quadrilha.

Os ganhos com as cirurgias eram sensacionais, como atesta o alto estilo de vida que Gady levava no Recife. Mas a transferência das cirurgias se tornara uma idéia fixa do oficial da reserva israelense, que convidou o amigo Eliezer Ramon para vistoriar um hospital no Ceará e outro em Pernambuco. Segundo as investigações da Polícia Federal, Eliezer Ramon é um bioquímico.

Sua missão no Brasil seria avaliar se nossos hospitais tinham condições de realizar os transplantes.

Conversas telefônicas entre o capitão Ivan e o representante de vendas Celso Jarbas Calumby, gravadas pela Polícia Federal com autorização da juíza Amanda Torres de Lucena, faziam explícitas referências à chegada para breve de seis romenos. As mesmas conversas telefônicas mencionavam que esses romenos seriam operados no Real Hospital Português, pela equipe do nefrologista William Stanford.

O grupo ia transferir as cirurgias por causa dos seguidos problemas que estavam tendo com os doadores, que viajavam para o outro lado do oceano e por uma razão ou por outra não podiam fazer o transplante. A transferência dos transplantes para o Recife representava um novo estágio no tráfico internacional de órgãos. A entrada em cena dos hospitais da África do Sul havia eliminado a necessidade de levar as equipes médicas para o local das operações, até então feitas em precárias clínicas clandestinas da Turquia. Chegara a hora de descobrir um lugar capaz de oferecer fornecedores de matéria-prima e técnicos. Não havia lugar mais propício do que Recife, a capital ideal para o que alguns economistas chamam de Belíndia. Recife tem a miséria da Índia e a riqueza da Bélgica.

Vilanova nunca ouvira falar de preocupação com produtividade no universo do crime. Mas essa não foi a única surpresa do agente com o tráfico de seres humanos.

Capítulo 3

A FAMÍLIA DA EX-MULHER

Quem conversar com as autoridades que trabalharam na Operação Bisturi logo perceberá que há apenas um fato incontestável no inquérito policial registrado no dia 8 de agosto de 2003 sob o nº 427/03: ele só chegou a bom termo por causa da colaboração do misto de motorista e mecânico Rubens Farias dos Santos Filho, o Rubinho.

Ninguém saberá as razões que o levaram a colaborar com a delegada Beatriz Gibson, que em março de 2003 estava acumulando a gerência do Núcleo de Segurança Comunitária do Ipsep com a delegacia do mesmo bairro. Segundo a delegada, ele foi procurado por um de seus policiais. Esse policial tinha fortes vínculos com a comunidade de Jardim São Paulo e adjacências, onde trabalhava como segurança em seus dias de folga. Ainda segundo a delegada, Rubinho apenas confirmou as denúncias já feitas por um casal que freqüentava o Núcleo de Segurança Comunitária.

Em seu espetaculoso depoimento à CPI, o capitão Ivan apresentou um Rubinho completamente diferente daquele que convencera a delegada: “era um usuário de drogas”, acusou o oficial reformado cerca de nove anos antes, em conseqüência de um grave problema cardíaco. Teria sido por causa dos “vestígios de cocaína” encontrados no sangue colhido no hospital de Durban, onde os exames eram bem mais rigorosos do que os solicitados pelo médico Sílvio Boudoux no Recife, que Rubinho fora impedido de fazer o transplante que o tiraria da situação de penúria em que se encontrava.

Para o capitão, esse episódio foi o ponto de partida não apenas do incontrolável rancor de Rubinho, mas do grande racha ocorrido na quadrilha. Segundo usuário de drogas que não teria podido se submeter à cirurgia, a volta ao Brasil de Rubinho representou um prejuízo de US$ 2 mil só com as passagens aéreas. O militar resolveu cobrar mais atenção da sua tropa, que estaria recrutando escroques da periferia que corriam o risco de morrer caso fossem operados sob o efeito de drogas. A equipe de aliciadores se rebelou e se dividiu em três grupos autônomos.

A incontinência verbal do capitão foi uma estratégia de defesa, logo identificada pelo procurador Samuel Miranda Arruda. Com ela, o chefe da quadrilha tinha dois objetivos: dar alguma nobreza ao seu trabalho como arregimentador de homens miseráveis e distribuir em partes iguais a culpa que até aquele 14 de janeiro de 2004 estava recaindo apenas sobre ele. O racha provocado pela volta precipitada de Rubinho seria uma peça fundamental nessa estratégia.

O capitão queria minimizar a sua participação no esquema e se colocar como um simples intérprete de Gedalya Gady Tauber, mas há pelo menos um item indiscutível na tese de defesa apresentada na CPI. Rubinho viajou para Durban em abril de 2003, quase na mesma época em que a delegada Beatriz Gibson articulava uma estratégia para que as investigações, quando passadas para a esfera federal, não fossem paralisadas pelo cunhado delegado federal que supostamente dava proteção à quadrilha. Rubinho só não se submeteu à cirurgia porque foi reprovado nos exames pré-operatórios. Algumas fontes afirmam que Rubinho teve um problema arterial momentos antes da operação. Outras fontes afirmam que ele tinha sífilis.

Quando soube do teor do depoimento do capitão na CPI, Rubinho ficou indignado. Chegou a dizer que ia no Batalhão de Polícia Montada, onde o oficial estava cumprindo a pena de 10 anos e 10 meses decretada pela juíza Amanda Torres de Lucena. Tinha dúvidas, no entanto, sobre a forma como manifestaria sua ira: com "um soco na cara daquele baixinho que pensa que a farda é garantia de alguma coisa" ou com o anúncio de que recorreria ao advogado Emerson David Leônidas Gomes, "que só entra pra foder".

A referência ao advogado Emerson Leônidas, um dos mais conceituados criminalistas de Pernambuco, revela uma faceta de Rubinho que corrobora a tese do capitão Ivan. Segundo Rubinho, o advogado estaria defendendo-o contra a Rede Globo, por causa de uma matéria veiculada no *Fantástico* em que foi apresentado como um dos integrantes da quadrilha. O advogado não apenas nega que o tenha defendido, como desconhece o processo. São muitas as histórias de dependência química que caminham juntas com a mitomania.

Apesar dos desmentidos de Leônidas, Rubinho insiste em dizer que foram apresentados quando o advogado defendia os aliciadores Telinho e Marconi. Leônidas, que trabalhou para os parentes da ex-mulher de Rubinho a pedido da sua mãe, entrou com um *habeas corpus* para Telinho e Marconi. Os dois foram liberados pela juíza depois da audiência, 45 dias após a prisão. A partir desse dia, Leônidas, que já era uma das celebridades de Jardim São Paulo, tornou-se um mito do bairro no qual viveu até os nove anos. Mais famoso do que ele, apenas Assíria do Nascimento. Dona Assíria é ex-esposa de Pelé.

Segundo Rubinho, o advogado se sensibilizara com o emprego perdido com a reportagem veiculada na Rede Globo. Nessa matéria, aparecia uma das fotos cedidas por Mirinho à emissora. Essa foto havia sido tirada no Aeroporto Internacional dos Guararapes, no dia em que Mirinho voltara de Durban. Segundo Mirinho, Rubinho fora ao aeroporto porque era o motorista da quadrilha e tinha a missão de levar e pegar os fornecedores de rim. Rubinho, no entanto, diz que tinha ido levar um grupo de italianos amigos seus.

— Lá encontrei meus amigos do Barro e parei para tomar uma cerveja com eles — disse Rubinho.

Aparentemente, essas acusações não têm a menor importância para o caso. Mas no mínimo revelam que, se não era um drogado, o personagem no qual se sustentou a investigação não era uma pessoa confiável.

— Já recusei um acordo de R$ 120 mil da Rede Globo — afirma Rubinho. — Já fui procurado por três advogados da empresa para fazer um acordo. Mas eu só retiro o processo por R$ 500 mil.

A pecha de drogado doeu mais em Rubinho do que a de que foi o delator da quadrilha que atuava no seu bairro, aventada pelo capitão no mesmo depoimento à CPI. No entanto, essa segunda acusação o deixa tão vulnerável quanto na época em que resolveu colaborar com a delegada do Ipsep. Teme o dia em que Gady e o capitão forem colocados em liberdade. Já viu outras cobranças da quadrilha. Uma das vítimas foi um dos drogados que não pôde se submeter ao transplante. Na volta ao Recife, apareceu com o rosto desfigurado pelas facadas de que foi alvo em um dos becos do Barro. A polícia jamais fez a conexão entre o homicídio e o tráfico de órgãos.

Rubinho acredita não ter tido o mesmo destino devido aos vínculos de amizade e familiares que mantinha com o grupo de aliciadores do Barro, cujo epicentro era a praça Carmela Dutra. É verdade que o fascínio exercido por eles sobre o seu filho Anderson fazia com que desse status de inimigos a Telinho e a Marconi. Mas a proximidade que não deixou de manter nem mesmo durante os 45 dias que o cunhado e o primo da ex-mulher passaram presos no Centro de Observação e Triagem Professor Everardo Luna (Cotel) garantiu um tratamento diferente na sua conturbada volta ao Brasil.

Rubinho tem esperanças de que a ira dos traficantes seja direcionada para o pintor de carros Hernani Gomes da Silva, mais conhecido pela alcunha de Mirinho. O pintor de carros, que já vinha enfrentando problemas antes mesmo da ação da Polícia Federal e por isso dera de andar armado pelas ruas de Jardim São Paulo, desviou as suspeitas de que Rubinho teria sido o delator da quadrilha. Se foi ele quem identificou as fotos veiculadas na mídia em seguida às prisões efetuadas no Recife, por que não teria a desfaçatez de informar sobre a febril atividade do grupo no bairro?

Nutre desde então um ódio cego por Mirinho, que fez um movimento oposto ao das pessoas envolvidas de uma forma ou de outra com o tráfico de órgãos. Enquanto todos procuravam refúgio, Mirinho telefonou para a Rede Globo para primeiro dar a entrevista que tirou do campo do improvável a espetacular ação da Polícia Federal e depois fornecer as fotos que mostrariam para todo o País os personagens sul-africanos e o modo operacional da quadrilha. Uma dessas fotos mostrava Rubinho participando de uma confraternização com Telinho e o próprio Mirinho, no Aeroporto Internacional dos Guararapes.

Houve um momento em que Rubinho se sentiu protegido pela polícia. Mas essa segurança só durou até deixar de ser útil para as investigações tanto na Civil quanto na Federal. No mesmo dia em que ocorreram as prisões, foi levado para a Superintendência Regional da Polícia Federal. Mas enquanto a quadrilha prestava depoimentos e era recolhida às celas, ele voltou para casa depois de reconhecer uma foto de Gedalya Gady Tauber na piscina do Mar Hotel.

Na verdade, Rubinho começou a se sentir usado pela Polícia Federal no dia em que a empresa de ônibus Santa Luzia deixou de contratá-lo para uma vaga de motorista.

— Eles viram a matéria do *Fantástico* — queixa-se Rubinho. — A matéria me identificava como um dos envolvidos.

Revoltou-se em particular com o agente Vilanova, que andava às cegas pela cidade até encontrar um guia em Rubinho. Na sua opinião, o agente deveria ter procurado a empresa para aliviar a sua barra.

O incômodo chegou às raias da indignação quando a Justiça, em nome de proteger a sua principal fonte, o indiciou com o mesmo status dos demais doadores. Tem intimidade com a atividade policial e sabe que o tipo de testemunho que deu pode ter sido preservado até a quadrilha ser desbaratada, mas se tornou alvo da curiosidade dos criminosos em seguida à sentença do juiz. Além de ter sua segurança posta em risco, respondeu por um crime que não cometera.

— Eu não vendi meu rim — protesta. — Não é proibido viajar para Durban.

De certa forma, teve essa mesma sorte no dia em que, segundo disse no depoimento dado na Polícia Federal no dia 9 de setembro de 2003, sua pressão baixou a um ponto tal que não pôde se submeter à cirurgia. Quem sabe o que teria acontecido com a sua vida? Podia ter feito bom uso do dinheiro, ao contrário dos familiares de sua esposa, que se iludiram com o dinheiro fácil e acreditaram que aquela fonte seria inesgotável. Mesmo assim, já não está em idade de se dar ao luxo de viver com apenas um dos rins.

— Cinqüenta anos são cinqüenta anos.

No entanto, não pensava assim quando chegou a Durban em abril de 2003. Seu temperamento explosivo começou a se manifestar quando soube que Pedro Gervásio de Oliveira Vasconcelos e Vladimir Gervásio de Oliveira Vasconcelos iam ganhar US$ 10 mil e ele, US$ 8 mil. A revolta se instalou horas depois, quando o misto de recepcionista e intérprete Dalila se ausentou e voltou com Romildo, que receberia do mesmo capitão Ivan com quem acertara a venda do rim a quantia de US$ 6 mil. Teve certeza então de que, além de criminoso, o chefe da quadrilha era um canalha.

— Como é que pode? — comentou com os amigos. — O cara já ganha uma comissão de US$ 2 mil por cada pessoa que manda para a África.

A greve que propôs não ganhou a adesão de seus companheiros de infortúnio, mas ele só mudou de idéia quando Rody chegou às pressas no *flat* Windemere. Primeiro, o coordenador da conexão Durban ofereceu os mesmos US$ 10 mil que os outros ganhariam e, por fim, US$ 11 mil e uma passagem aérea para Portugal. Satisfeito com a vitória conquistada na marra, Rubinho dormiu o sono dos justos. Tinha de acordar cedo no dia seguinte para fazer os exames decisivos.

Segundo o depoimento prestado em setembro na presença do delegado Daniel Grangeiro de Souza, Rubinho entrou no hospital dois dias depois de sua pequena rebelião, onde já era aguardado pelo israelense que herdaria o seu rim. Mas um dramático problema de pressão, que não se estabilizou nem mesmo com o uso de aparelhos e da ingestão de sal, impediu a realização da cirurgia.

O capitão Ivan contestou o testemunho de Rubinho de forma categórica: o circo que armara não tinha motivação econômica.

— Estava doidão, como se diz na gíria — acusou o oficial na CPI.

Dependendo do fórum, Rubinho pode apresentar uma versão mais heróica para a sua rebelião. Em uma delas, disse que se negou a fazer o transplante quando soube que a quadrilha ganharia US$ 150 mil do seguro de saúde do governo de Israel.

— Só faço o transplante se vocês me derem a metade — teria dito a Rody.

O coordenador da conexão em Durban, um homenzarrão que andava sempre com um quipá preso no cocuruto, não teria aceitado a sua condição.

De acordo com essa mesma versão, descobriu os lucros da quadrilha com cada cirurgia devido à sua velha vocação para investigar, herdada de um tio que teria na Polícia Federal. Graças a essa vocação, chegara a uma pessoa na praia de Durban que, embora tenha se apresentado como professor de química e viajado ao seu lado no vôo de Joanesburgo a São Paulo, na verdade seria um policial sul-africano investigando as hordas de brasileiros visitando a terra de Mandela.

— Ele desbaratou a quadrilha em Durban graças às informações que lhe dei durante o vôo — orgulha-se Rubinho, embora não saiba mais de dez palavras em inglês.

Também pode alterar de acordo com a platéia a justificativa que apresenta para ter traído o grupo para o qual trabalhou no mínimo para poupar seu amado filho Anderson. No depoimento dado em dezembro de 2003, no qual reconhecera as fotos apreendidas no quarto de hotel de Gady, disse ter visto o oficial da reserva israelense em outubro de 2002 enquanto dirigia uma das kombis compradas pelo cunhado Telinho para atrair Anderson para a quadrilha.

— Telinho tinha acabado de se operar e precisava que alguém o levasse no Mar Olinda, lá no Pina — explica. — Estava indo pegar seus dólares com Gady.

Num outro momento da investigação, talvez o delegado que colheu o depoimento suspeitasse das suas razões para estar naquela cena. É que a kombi que dirigira no lugar do filho, a se crer na declaração de setembro, havia sido comprada com o dinheiro obtido com a venda do rim. Além de não poder dirigir um carro que ainda não fora comprado, Rubinho e seu filho Anderson só passaram a dirigir as kombis de Telinho depois das inúmeras chantagens feitas aos aliciadores do Barro. Pelo menos foi essa a informação que chegou à CPI da Assembléia Estadual, um pouco depois da ação espetacular da Polícia Federal.

O mesmo Mirinho poderia complicar ainda mais o Barrabás do Barro, pois, segundo o doador que distribuiu as fotos para a imprensa, os vínculos de Rubinho com a quadrilha remontam no mínimo ao ano de 2002.

— Paguei US$ 50 para que furasse a fila para mim — afirma Mirinho.

Segundo Mirinho, Rubinho era um dos organizadores da concorrida escala de viagens. Foram apresentados por João Cavalcante, cuja ex-esposa foi uma das três mulheres com que Rubinho se casou durante os seus cinqüenta anos. Os US$ 50 foram pagos com os US$ 500 que Mirinho pegara adiantado com o capitão, um dia antes da viagem.

— Ele usou o dinheiro para comprar a bomba para puxar a água do poço que tinha furado na sua casa — precisa Mirinho.

Enquanto fazia a defesa dos ex-vizinhos Telinho e Marconi, o advogado Emerson Leônidas soube que Rubinho fizera as delações no dia em que chegara de Durban e fora cobrar o dinheiro referente à operação.

— Mas você não fez o transplante — disse o capitão, segundo o advogado.

— Não quero saber — disse Rubinho, ainda segundo o advogado.

Enfurecido com o tempo perdido com a viagem, resolveu se vingar com uma visita à delegada Beatriz Gibson.

O professor de inglês Gerehmias Belarmino Azevedo Júnior, que estava em Durban quando Rubinho chegou na cidade, foi testemunha ocular da rebelião de Rubinho. Mais conhecido como Geré, o professor de inglês estava indo se submeter à cirurgia no momento em que tiveram início os protestos. Teve tempo, porém, de ouvir Rubinho falando do seu desejo de visitar uma irmã em Portugal e de sua ira com as pessoas que estavam capando parte do pagamento dos fornecedores de rim.

— Conversamos sobre essas coisas enquanto dávamos um passeio pela praia — lembra Geré.

Quando recebeu alta, quase duas semanas depois, Geré não pôde dar a devida atenção ao espetáculo protagonizado por Rubinho.

— Estava meio tonto com a cirurgia — conta o professor de inglês.

Além da debilidade física, Geré estava preocupado com a volta para a casa. Até aquele momento, não sabia se receberia o dinheiro em Durban ou no Recife. Se o pagamento fosse feito em Durban, teria que viajar com uma roupa com muitos bolsos. Imaginava que, se dividisse as cédulas em diversos montes a serem distribuídos em várias partes do corpo, seria mais fácil despistar a vigilância eletrônica do aeroporto. No fim, foi pago no Recife. Recebeu o dinheiro da mão do próprio Gady, um dia depois de desembarcar.

As suas preocupações ficaram maiores quando ouviu as ameaças de Rubinho para o grupo.

— Ele falava claramente que ia denunciar todo mundo — diz Geré.

Geré chegou a tentar voltar no mesmo vôo que Rubinho, mas não conseguiu remarcar sua passagem e terminou embarcando três dias depois. Se voltassem juntos, pensou o professor de inglês, teria chance de convencer Rubinho a não fazer as denúncias ou pelo menos fazê-las depois que recebesse o dinheiro. Essa foi uma das razões para que ligasse para Gady na mesma madrugada em que desembarcara sozinho no Recife, sem ninguém para recepcioná-lo. Tinha medo de que as prisões começassem a ocorrer antes de ver a cor do dinheiro.

Geré ouviu as ameaças feitas por Rubinho quando lhe disseram para que voltasse para o Recife, tratasse o problema de pressão e por fim voltasse. Ele ainda não sabia que tinha sífilis e que jamais faria o transplante. A omissão da doença facilitou o retorno de Rubinho para o Brasil, mas não impediu que fizesse a delação.

Ainda segundo Geré, Gady soube das ameaças de Rubinho.

— Mas ele não se abalou — diz Geré.

Geré soube da reação de Gady nas vezes em que foi ao hotel. Ele não fez menos de dez visitas ao major da reserva israelense. No começo, ia lá como intérprete de Josué, um pouco depois da ruptura do ferroviário aposentado com o capitão Ivan. Depois de transformar o rim numa casa, Geré foi até o Mar Hotel oferecer seus serviços a Gady.

— Estava disposto a fazer qualquer trabalho para ele — diz Geré. — Podia ser como intérprete ou mesmo como engraxate dos sapatos dele.

Mas Gady se disse muito bem servido no hotel. A única coisa de que precisava era de aliciadores para a quadrilha.

— Esse era o único tipo de serviço que eu não estava disposto a fazer — diz o professor de inglês.

Gady se condoeu com as histórias tristes contadas por Geré, que é casado e pai de três filhos adolescentes. Ficou particularmente tocado quando soube que Geré usou o dinheiro para saldar dívidas e comprar uma casa para a família no Janga, uma praia em Paulista, na Região Metropolitana do Recife. E se propôs a pagar US$ 300 por mês para que ficasse à sua disposição, para qualquer eventualidade.

— No primeiro mês, ele me deu US$ 300 — diz Geré. — No segundo mês, ele baixou para R$ 300.

Depois disso, Gady viajou para Israel e Geré perdeu o contato. Voltou para sua vida atribulada — a mesma que deixara aqui, quando viajou para Durban. Apenas esporadicamente ia ao Barro, onde conseguia pelo menos uma cesta básica com a vó Hosana, quando a barra apertava.

Nunca mais ouviu falar de Rubinho, nem de Marconi, nem de Telinho. Mas não estranhou quando lhe disseram que o filho de Rubinho estava disposto a seguir a mesma trilha dos tios, que antes de se tornarem aliciadores haviam vendido o rim para a turma do capitão Ivan. Quando soube que Anderson ia viajar para a África do Sul, Rubinho ficou fulo da vida. E decretou guerra à família da ex-mulher.

Capítulo 4

Um cabra esclarecido

O pintor de automóveis Hernani Gomes da Silva pensou em todas as humilhações que sofrera nos seus 34 anos de vida, quando viu o capitão Ivan falando de um "agradozinho de US$ 10 mil" em uma roda de cerveja no bar Egípcio. Com aquele dinheiro na mão, deixaria de ser a ovelha negra da família. Era a oportunidade que tinha de provar que não era um sonhador, como desdenhosamente dizia a sua mãe. Era também a confirmação da tese em que sempre acreditara.

— Quando você tem um sonho de verdade, ele vai chegar na palma da sua mão. Mais cedo ou mais tarde.

Mais conhecido no bairro como Mirinho, Hernani teria que pagar um preço muito alto para mostrar que era um homem de valor: abrir mão de um dos seus rins. Mas estava disposto a um sacrifício ainda maior para dar um mínimo de conforto à mulher Daisy Alves dos Santos e aos três filhos de um casamento que entre tapas, beijos e traições já caminhava para o décimo primeiro ano. Não foi à toa que em determinado momento chegou a pensar em vender uma das córneas. Pena que o esquema tivesse sido desbaratado na hora em que começou a se articular. Sabia até como iria a São Paulo, onde seria feita a operação.

— Ia comprar um Gol com os 50 por cento que a quadrilha pagava adiantado — lembra.

Queria ir de carro para não deixar rastro nas companhias aéreas ou rodoviárias. Pagaria as despesas para um de seus muitos amigos, para que dirigisse na viagem de volta. Também para não deixar rastros, os dois sempre dormiriam no carro.

Já ouvira falar do capitão Ivan Bonifácio da Silva, que no início da década de 1980 morara em um conjunto de prédios na avenida São Paulo, a mais movimentada do bairro formado com a chegada ali dos funcionários da Rede Ferroviária Federal. Seu Hermínio, o pai de Mirinho, trabalhara toda a vida no prédio que posteriormente seria adaptado para dar lugar à estação de metrô Werneck. Mirinho estava morando em uma rua próxima à estação, na casa que o sogro deixara para a filha Daisy, quando fora tentar a sorte no Rio de Janeiro.

O capitão nunca abandonou o bairro completamente. Deixou ali pelo menos um grande amigo: o ferroviário aposentado Josué Luiz da Silva. Josué havia trabalhado com o pai de Mirinho na Rede Ferroviária. Foi graças a essa amizade que conseguira pintar o Corcel II do aposentado, num momento em que botava comida na mesa de casa com uma clientela dali de Jardim São Paulo mesmo.

— Naquela época, atendia os clientes "na tora" — lembra o pintor, usando uma expressão pernambucana desconhecida no restante do País.

Na prática, isso significava que pintava os carros na rua, puxando macacos da iluminação pública. Em Pernambuco, se usa a expressão "macaco", e não "gato".

O capitão estava se tornando uma figurinha fácil, principalmente nos bares. Apesar do problema cardíaco que precipitara sua aposentadoria no início da década de 1990, "acordava para beber e bebia para dormir", segundo as palavras de Mirinho. Mas nem mesmo o amigo Josué tinha a ilusão de que o oficial da Polícia Militar andava com saudade do bairro no qual fora morar quando o governador Marco Maciel, em gratidão aos funcionários públicos que o ajudaram a derrotar a frente de esquerda capitaneada por Jarbas Vasconcelos nas eleições de 1982, inaugurou o conjunto de prédios de quatro andares da avenida São Paulo.

— Ele ia arregimentar vendedores de rim nos bares — afirma categoricamente Mirinho.

Um desses bares era o Egípcio, que ficava na entrada de Jardim São Paulo. Foi no Egípcio que Mirinho conheceu o capitão.

Posteriormente, os comparsas do capitão atribuíram o desmonte da quadrilha à concentração de vítimas em uma única região da cidade, mas pelo menos até o mês de outubro de 2002 a estratégia do oficial reformado estava se mostrando vitoriosa. Não faltavam interessados em fazer aquele tipo de negócio, ainda que em princípio fosse assustadora a idéia de viajar para o outro lado do mundo para deixar um pedaço do corpo. A mulher de Mirinho mesmo. Ela tinha certeza de que o matariam depois da operação. Depois sumiriam com o corpo.

— Não vá — ela pedira quando ele se deitou a seu lado, na noite anterior à viagem para Durban. — Você não sabe o que pode acontecer. Eles podem fazer qualquer coisa. Você não sabe quem são essas pessoas nem o que elas querem.

— Cala a boca, mulher — Mirinho disse. — Deixa eu dormir.

Mirinho havia acabado de voltar do Shopping Center Recife, o maior templo do consumo de Pernambuco. Fora para lá com os US$ 500 que o capitão Ivan lhe adiantara, para que deixasse comida em casa e comprasse algumas roupas para viagem.

Comprara cinco ou seis camisas pólo, duas calças jeans e tênis, triplicando as peças que tinha em seu guarda-roupa. Do supermercado, trouxera arroz, feijão, pão, leite, ovos e o mais ambicionado sonho de consumo das famílias de baixa renda: carne para um mês inteiro. Depois que bota comida em casa, um chefe de família pernambucano tem direito a tudo. Inclusive uma mulher na rua.

— A despensa não tá cheia? — perguntou Mirinho, tentando encerrar a conversa.

Daisy não se satisfazia com pouco. Principalmente porque o cheiro de perfume barato na camisa denunciava que ele fora ao shopping com Antonia, sua amante. Como sempre, gastara mais com ela do que com a família. Jamais o perdoara por isso. Mas não deixava de se preocupar. Podia ser um cabra safado, mas era o pai dos seus filhos.

— Pode ser uma armadilha — ela insistiu. — Você pode morrer.

— Daisy, eu vou.

Mirinho sempre se considerou uma "pessoa esclarecida", ainda que não tivesse estudado como as irmãs, uma enfermeira e a outra professora. Talvez em uma outra circunstância pensasse nos mitos que povoaram o imaginário da população de baixa renda da periferia recifense, como o Papa-figo e a Perna Cabeluda. Daisy devia estar pensando neles quando insistira para que não viajasse.

Ele tinha um longo dia pela frente, mas ainda se deu ao trabalho de apresentar os fatos que no seu entender davam credibilidade à organização. O mais importante deles era a liderança de um capitão.

— Pode ser um alcoólatra, mas não vai se expor por nada — disse para a mulher. — Tem uma patente a zelar.

Não adiantou. Só conseguiu dormir quando foi para o quarto do filho.

— Na manhã seguinte, saí de casa de mansinho.

Também contou a favor da organização o fato de outras pessoas da vizinhança já terem feito a viagem e, mais importante, terem voltado da África com os bolsos estufados de dólares. Já havia até uma piada, típica do humor negro que o pernambucano costuma chamar de gréia: "Não sei como o cabra fica tão alegre pra levar uma facada." Havia muitas pessoas interessadas em levar uma facada. Mirinho só conseguira furar a fila ao prometer os US$ 50 com que Rubinho compraria a bomba do poço recém-aberto no quintal da sua casa.

Os deputados da CPI, cujos trabalhos foram abertos com o depoimento que Mirinho deu na manhã do dia 18 de dezembro de 2003, enxergaram uma ponta de deboche quando disse que tomou sua decisão ao entrar no laboratório Gilson Cidrim. Mas estava sendo sincero quando deu as razões para acreditar no poder de fogo da quadrilha comandada pelo capitão Ivan.

— Um desempregado como eu não teria condição de fazer nenhum exame num laboratório como aquele — respondeu quando lhe perguntaram o que o levara a confiar em pessoas que jamais vira.

Esperou quinze dias pelo resultado do sumário de sangue e urina, que fez acompanhado da esposa do capitão, ainda que na CPI, na Polícia Federal e na Justiça tenha dito que fora conduzido pelo militar. Também foi a sra. Eldênia de Souza Cavalcanti que o ajudara a tirar o passaporte.

Mirinho não é bom para datas, mas se lembra do dia do embarque no primeiro avião que pegou em sua vida. Fez a viagem com Clayton, cunhado de Marcondes Lacerda de Araújo, cuja identidade preservou nos depoimentos porque não entrara nos autos. Chegou no aeroporto na kombi comprada por Gerson Luiz Ribeiro de Oliveira e dirigida por Rubens Farias dos Santos Filho. Gerson, o Telinho, foi a primeira vítima da quadrilha. Marcondes, o Marconi, foi o segundo. Rubinho foi o autor das denúncias graças às quais a Polícia Federal desmontou a quadrilha.

Mirinho viajou com US$ 300 dos US$ 500 recebidos na noite anterior, depois de uma conversa "tipo família" com o capitão. A conversa se deu em um restaurante do pavimento superior do aeroporto. Esse encontro no aeroporto foi registrado em fotos. Essas fotos correram mundo. Mostravam o capitão, dona Eldênia e Rubinho. Rubinho odiou Mirinho quando viu a foto primeiro no *Fantástico* e depois nos jornais de Pernambuco.

Pegou um vôo da Varig até São Paulo, onde chegou por volta do meio-dia. Sempre sentado numa poltrona ao lado de Clayton, pegou o longo vôo para Joanesburgo por volta das 18h. O receio de se perder quando desembarcasse na capital da África do Sul era contornado por uma espécie de frieza que o acompanhara desde a mais tenra idade. Foram poucas as circunstâncias de sua vida em que não tivera o autocontrole necessário, a maioria delas em cenas envolvendo a mãe e as duas irmãs. Não foi à toa que, ao voltar da operação, terminou respondendo a um processo por agressão à irmã Eliane.

— Na verdade, ela estava morrendo de inveja do meu sucesso. Queria ser apresentada ao capitão, mas ela não teve boquinha comigo.

Quando chegaram em Joanesburgo, estavam sendo aguardados por Rody, um homem vestido de calça jeans e camisa pólo com a placa tranqüilizadora: "bem-vindos, Clayton e Hernani." Passaram pelo menos uma semana falando-se por mímica, trocando impressões sobre os únicos temas brasileiros que os gringos entendem: Rio de Janeiro, samba, Pelé, mulatas. Aquele homem mão-aberta, que proporcionou os dias mais confortáveis da vida de Mirinho, só era desagradável quando insistia na superioridade de Schumacher em relação a Senna.

— Senna era muito melhor — respondia Mirinho, com o orgulho de um pracinha brasileiro que derramara o sangue no solo italiano.

Depois de um anúncio publicado nos jornais, apareceu o intérprete Filipe, um brasileiro que fora fazer a vida nos Estados Unidos e lá se apaixonara pela sul-africana que o levaria para Durban. Filipe não ficou muito tempo trabalhando como intérprete da conexão Durban. Segundo João Cavalcante, que embarcou logo depois de Mirinho, chegaram a dobrar o salário para que continuasse. Mas ele não topou. Colocou-se à disposição do grupo de doadores, com o qual se deu muito bem. Não foi à toa que João o procurou imediatamente em seguida à operação.

— Não estava agüentando a comida servida no hospital — lembra João, que depois seria preso como aliciador. — Pedi para que ele falasse com a enfermeira e pedisse que ela mudasse o cardápio.

Apesar das limitações da língua, Mirinho entendeu quando Rody o conduziu direto do aeroporto para o hospital no qual faria o primeiro dos dois exames que antecederiam a operação. Também não teve dificuldade para comunicar a preferência por um *flat*, quando o anfitrião lhe perguntou sobre o tipo de hospedagem que preferia.

O *flat* era uma confortável casa perto da praia, com quatro quartos, dois banheiros, terraço grande em forma de L, uma sala "muito bonita" e uma espaçosa cozinha. Telinho tinha preferido ficar num hotel, vivendo como um magnata durante os cerca de quarenta dias que passou em Durban. Alguns meses depois, a quadrilha passou a alugar um *flat* de apenas dois quartos e, por fim, um de apenas um quarto. Quando o professor de inglês Gerehmias Belarmino Azevedo Júnior, o Geré, saiu para o hospital, o grupo estava hospedado no *flat* de dois quartos. Quando voltou, o grupo estava hospedado em um quarto e sala. Telinho viajou em setembro de 2002. Geré, em abril de 2003.

Foi diversas vezes até a praia nos quarenta dias que passou em Durban, mas não mergulhou nenhuma vez naquele mar gelado. Não é de se "assustar com besteira", mas estranhou o luxo de uma cidade na qual "um liso não pode morar". Também estranhou a dificuldade para respirar o ar de Durban e a ausência de "negros do cabelo ruim", que esperava encontrar aos magotes nas ruas da África.

Quando o intérprete Filipe foi apresentado ao grupo do *flat*, naquele momento acrescido de João Cavalcante, Jorge e Leonardo, usou esse momento para fazer algumas exigências a Rody.

— Quero ser o primeiro a fazer a operação — disse ele ao homem branco de olho azul ao qual sempre se referia como "o açougueiro". — E só vou embora depois que todos tenham feito a cirurgia e se recuperado.

O açougueiro concordou com universal gesto de legal, erguendo o dedo polegar de uma das mãos.

Apesar das aparências, o pedido de Mirinho não tinha nada de heróico. Muito pelo contrário. Queria usar a sofisticada estrutura médico-hospitalar de Durban para dispor do maior tempo possível para se recuperar. Sabia que, no Recife, reencontraria a mesma realidade deixada para trás ao entrar no avião da Varig. A única diferença seriam aqueles US$ 10 mil, que poderiam sumir do seu bolso se enfrentasse algum problema pós-operatório.

A um cardiologista que o contratara para uma obra em seu consultório, fez as perguntas cujas respostas o tranqüilizaram durante o período em que se preparou física e psicologicamente para a cirurgia.

— Sabia que qualquer operação pode complicar de uma hora para outra — lembra.

Alimentou-se bem, tirando partido da liberdade no supermercado para comprar as frutas, verduras e legumes transformados em sucos e saladas leves nas refeições feitas regularmente. Passeou muito, mas nas duas semanas que antecederam o transplante farreou moderadamente. O marceneiro João Cavalcante não seguiu seus conselhos e foi parar na UTI, depois da operação. Por causa dos problemas de João, o grupo passou a aliciar pessoas mais jovens. Alberty José da Silva, um vigilante que na época tinha 37 anos, quase não foi por causa dessa determinação.

Apesar dos cartões telefônicos cedidos pela organização e dos quais os seus companheiros de infortúnio fizeram um uso quase abusivo, Mirinho fez poucos contatos com Recife.

— Estava brigado com a mulher oficial — lembra.

Deu breves notícias à amante Antonia, fez algumas consultas ao capitão e conversou com a fé de sempre com a tia Josélia, uma evangélica que consultara antes de viajar e, depois de um sonho, disse-lhe que fosse tranqüilo.

— Ela me viu abraçado a um fruto gigante, que mal dava para eu abraçar de tão grande — recorda.

Os dois interpretaram aquele sonho como uma mensagem de vitória.

Suas diferenças em relação ao grupo ficaram mais acentuadas na volta, no modo como cada um iria lidar com o dinheiro surgido do nada na vida deles. Mas elas ficaram evidentes no período em que passaram no exterior. Leonardo Silvino Gomes, por exemplo.

— Ele ficou branco no dia em que foi fazer a punção — diz Mirinho, que enfrentou com galhardia o corte na virilha e a inserção do cateter por intermédio do qual os médicos avaliaram a condição do seu rim.

Quase trocou socos com o mesmo Leonardo, que se orgulhava dos sonoros arrotos emitidos ao final de cada refeição.

— Se você quiser fazer isso na frente da sua mãe e do seu pai, vá para sua casa — ameaçou. — Mas se soltar um outro arroto desses na minha frente, eu parto sua cara.

Só não foram às vias de fato por causa da intervenção de João Cavalcante.

Mirinho conheceu o receptor do seu rim, um empresário iraniano que se encontrava nas últimas. O nome dele era Amiram Aharoni. Foram apresentados depois que Mirinho assinou uma série de papéis. Em um deles, atestava o parentesco com o homem que acabava de conhecer. A lei que regula os transplantes na África do Sul, aprovada em 1983, determina que os transplantes intervivos só podem ser feitos entre pessoas com algum nível de parentesco.

Quando entrou no quarto, Mirinho entendeu a magnitude do que ia fazer. Amiram Aharoni caiu no choro ao vê-lo. Mas estava fraco demais. O corpo estava inchado e pálido. Amiram não teve forças para se levantar e cumprimentá-lo. Foi a sua esposa quem procurou o intérprete, para agradecer Mirinho.

— A partir de agora, você faz parte da nossa família — ela disse.

Mirinho não acreditou na sra. Aharoni. Não foi à toa que viajaram antes mesmo de Mirinho acordar. Mas sentiu compaixão pelo empresário iraniano. E ficou feliz quando os agentes da África do Sul lhe disseram que estava vivo. Não foi à toa que escreveu a primeira e única carta de sua vida.

A operação foi feita no dia 26 de novembro de 2002. Durou várias horas, pois os cirurgiões precisavam extrair os dois rins do iraniano e colocar o seu no lugar de um deles. Mirinho e Aharoni foram operados ao mesmo tempo, em quartos contíguos. Mirinho foi operado por três cirurgiões.

A operação foi um sucesso, mas lembra-se com desespero da sede com que acordou e das pragas com que amaldiçoou o dia em que abandonou a escola antes de aprender a palavra *water*. Também foi angustiante a sensação de dormência nas pernas, que não o fizera pensar que estaria paraplégico porque lembrou das consultas feitas ao cardiologista em cujo consultório trabalhou como pedreiro.

— Ele me disse que o negócio é tentar mexer os dedos.

A alta hospitalar deveria ocorrer em oito dias, mas foi antecipada para três dias depois que a fisioterapeuta o surpreendeu andando na manhã seguinte à operação.

— Você é muito forte — disse a terapeuta ao flagrá-lo em pé no quarto, na linguagem universal dos gestos. — Forte como um touro — ela acrescentou, fazendo dois chifres com os dedos indicadores.

Na verdade, Mirinho estava com medo de ficar empenado para o lado esquerdo

— Parecia que tinha quebrado uma mola — compara.

Tinha consciência de que a recuperação da postura seria antes psicológica do que física. Também aprendera isso com o cardiologista, durante as obras no seu consultório.

De volta ao *flat*, viu muita televisão, passeou no shopping e aproveitou ao máximo a promoção de uma cafeteria. Com apenas 10 randies, Mirinho passava o dia tomando sua bebida predileta em um ambiente refrigerado, vendo clipes de Rod Stewart e jogando conversa fora.

— João dizia que, se o dono da cafeteria abrisse uma filial no Recife, eu quebrava o negócio dele.

Houve dias em que entrou na tal cafeteria às nove da manhã e só saiu às cinco da tarde.

Alguma coisa dentro de si mandou tirar fotografias de tudo que via, com a Olympus que comprara num arroubo que lhe é raro. "Registra, registra tudo", ordenava uma vozinha interna. Ainda estava longe de ter a estranha sensação de que aquela situação iria azedar, que lhe invadiu os pensamentos com a demora excessiva para que o terceiro receptor chegasse na cidade. Fotografou o hospital, os médicos, os organizadores, tudo. No Brasil, tiraria amplo proveito das fotos só reveladas quando a quadrilha foi desbaratada.

Clayton foi o segundo a se operar e Mirinho aguardou sua recuperação para anunciar sua nova decisão a Rody: estava pronto para voltar ao Brasil. Deram a passagem de volta e quarenta dias depois de sua partida estava fazendo a viagem de regresso ao Recife, mais uma vez poltrona com poltrona com Clayton. Vivo, mas ainda sem o dinheiro no bolso.

Chegou na cidade à noite e, cansado, foi para casa dormir. Mas na manhã seguinte já estava na boca de um orelhão, ligando para o celular do capitão. Foi dona Eldênia quem atendeu. Ela deu um outro número e um código. O código não era dos mais discretos.

— Alô, Ivan.

Por sua conta, acrescentou um "aqui é Hernani". Funcionou.

O capitão, que só posteriormente se tornaria um mau pagador, foi absolutamente correto e eficiente com Mirinho.

— Chame Clayton e vá correndo para a agência Rio Branco do Citybank.

Mirinho não se fez de rogado e logo estava na velha Kombi de Telinho, como sempre dirigida por Rubinho. Um pouco depois chegariam à cena Telinho e Marconi, na Parati comprada por esse último. O capitão os aguardava dentro da agência. Ele falou baixinho ao celular com Teresinha e depois pediu para que o esperassem no *self-service*, do outro lado da rua.

Clayton, Rubinho, Marconi, Telinho e Mirinho atravessaram a rua, serviram-se e pediram uma cerveja. Ainda não tinham acabado o prato quando Ivan entrou no restaurante e entregou o "agradozinho" dos dois fornecedores de rim por baixo da mesa.

— Cabra ligeiro pra contar dinheiro — Mirinho disse para Rubinho, quando voltou para Jardim São Paulo. — Ladrão mesmo — completou.

Voltou a entrar na kombi de Telinho, mas dessa vez sem a companhia de Clayton. Clayton entrou na parati de Marconi, o cunhado que o aliciara. Telinho foi com eles, deixando a kombi com Rubinho. Mirinho ficou nervoso como não estivera nem mesmo na hora da anestesia geral. Tinha trocado um pedaço do corpo pelo dinheiro que tinha no bolso. Não admitiria que Rubinho parasse nem no sinal.

Primeira coisa que fez: comprou uma motocicleta. Uma CG 125. Zero e à vista, como sempre sonhara fazer. Lembra com precisão o nome da concessionária ("Via Lar"), o endereço (av. Mascarenhas de Morais"), o preço anunciado ("4.350") e o quanto pagou ("4.200"). Também insistiu para que os revendedores entregassem a moto em casa, para que os vizinhos pudessem ver.

A moto foi a única extravagância de Mirinho, que logo voltou a pensar em duas imagens emblemáticas de sua miséria: a mulher grávida com dificuldade de se locomover pelo estreito beco que dava para a quitinete na qual moravam, nos fundos da casa da mãe; e os dias em que carregou pedra em obra, durante os quais pedia a Deus para que mostrasse uma saída.

As lembranças dos dias em que a mesa da casa foi posta com a comida comprada e cozinhada pela mãe, sempre temperada de humilhantes descomposturas, jamais se apagaram. O medo de um retorno àqueles dias o levou a contar seguidas mentiras até mesmo para a advogada Conceição de Maria Jansen de Oliveira, quando esteve para ser preso como aliciador da quadrilha.

Para conseguir um abatimento nos R$ 4 mil que ela cobrou de honorários, Mirinho apresentou-se como um pobre coitado que gastara todo o dinheiro obtido com a venda do rim em seguidos azares. De acordo com seu relato, a mulher e o filho tiveram tuberculose e ele perdera R$ 5 mil numa queda da moto, que o deixara impedido de trabalhar durante meses. Ainda conforme essa versão, houve perda total da moto. Só pagou a primeira parcela para a advogada.

A única história verdadeira que contou para a advogada foi o autismo de seu único filho homem, Fernandes. Sabia que o blefe poderia lhe custar de três a oito anos de cadeia. A situação jurídica de Mirinho não era nada confortável quando foi, juntamente com

Leandro, Leonardo, Paulo e Charles, ao apartamento da advogada no Cordeiro. O Cordeiro é um bairro de classe média baixa do Recife. Foi nesse bairro em que o capitão foi criado.

Com base nas primeiras oitivas na Polícia Federal, a delegada Karla Gomes de Matos Maia havia pedido a prisão de Mirinho. Ele próprio admitiu que aliciara Márcio César do Nascimento, um vendedor de água que à época morava numa casa colada à sua, na rua Guimarães.

Era praticamente impossível conseguir um emprego de carteira assinada antes da viagem, por causa da baixa escolaridade e de um furto na féria do posto de gasolina do qual fora frentista. O furto lhe custou 12 dias no presídio Aníbal Bruno.

A situação só fez se complicar com a cicatriz que se cansou de esconder com a camisa que no passado jamais teria usado e com o novo processo que respondeu, por causa das agressões contra a irmã professora. A irmã professora é a mesma Eliane que um dia deixou um bilhete desesperado, pedindo para que o apresentasse aos aliciadores do Jardim São Paulo. Esse bilhete foi parar na caótica papelada do agente Vilanova.

Os deputados da CPI da Assembléia Legislativa de Pernambuco duvidaram da imagem que usara para explicar sua aventura na África: um tiro no escuro. A desconfiança seria ainda maior se lhes dissesse que aquela era a única bala que tinha para enfrentar o tigre da miséria que lhe mordia as entranhas todos as noites.

Três dias depois da farra da moto, pagou R$ 9.500 na casa que posteriormente alugou por R$ 200 para a ex-mulher de Rubinho e João Cavalcante. Não muito depois, mandou reformar a quitinete nos fundos da casa da mãe, única herança da família. A própria moto foi trocada por uma outra casa. Nenhum dos bens está no seu nome. Colocou-os no nome da amante

Antonia — obviamente depois de obrigá-la a assinar uma procuração, transferindo todos os seus bens para ele.

Diverte-se com a idéia de que, quando morrer, os três filhos brigarão na hora de dividir o patrimônio acumulado pela ovelha negra de seu Hermínio e dona Sebastiana. Tem ainda um terreno no Curado e uma casa na praia de Acaú, na divisa da Paraíba com Pernambuco. A casa de praia foi comprada com o dinheiro das fotos na África, que vendeu para todos os jornalistas que bateram na sua porta quando o tráfico de órgãos explodiu na mídia. O interesse da imprensa pelo seu caso se tornou uma nova bala para esse camelô de tudo.

— Sabia que a imprensa não compra entrevista. Mas eles pagam muito bem por documentação.

Mirinho só deu entrevista a quem pagou pela farta documentação acumulada pelas lentes da sua Olympus.

— Não vou negar que rapariguei — admite. — Mas rapariguei modestamente.

Deu marcha à ré quando percebeu como eram caros os beijos e os abraços das prostitutas do Mary's Bar, nas proximidades do Aeroporto Internacional dos Guararapes. Foi isso que aconteceu com a esmagadora maioria dos recifenses que viajaram para Durban.

— Pobre, quando ganha um dinheirinho, vai logo comprar celular de câmera e, se tiver um carrinho, som caro para chamar atenção com a mala aberta — filosofa.

Tentou avisar aos amigos que aquela fonte era limitada.

— Mas aqui, basta ter uma moto que o cabra acha que está com o rei na barriga.

Viu, talvez com o mesmo rancor que devota à família, Jorge comprar um kadett com praticamente a metade do dinheiro que recebera.

— Não demora e o rim dele vai pro ferro velho — ironiza.

Terá o mesmo destino o investimento do mecânico Marconi, que nos melhores dias da quadrilha dizia que jamais voltaria a botar a mão numa lata de graxa.

— Cadê a parati e o caminhão dele? pergunta.

O também aliciador João Cavalcante já chegou na cadeia tendo gasto tudo em "casa de bingo, raparigando e na construção de uma casa que jamais ficou pronta". João diz que não foi bem assim. Na verdade, teria gasto o dinheiro com o advogado Emerson Leônidas.

Seu amigo Márcio chegou a comprar uma casa para a mulher e os filhos, mas, depois de muitos jantares fora e necessidades de consumo atendidas no mítico Shopping Center Recife, desfez-se dela e foi morar na casa do sogro.

— Pra não dizer que a vida dele não melhorou em nada, hoje ele não vende água mais numa bicicleta, mas numa moto.

Depois de muitas noites na farra, Leandro e Leonardo estão trabalhando em cima de uma moto, fazendo cobrança nos lugares mais inóspitos da violenta periferia do Recife. Paulo, um rústico pedreiro posteriormente defendido pela mesma dra. Conceição, hoje lamenta ter pedido para que o pai de Leandro e Leonardo guardasse o dinheiro.

— O pai dos meninos diz que ele gastou tudo e Paulo diz que levou uma volta dele.

Mirinho não sabe com quem está a verdade. Só se interessa pela sua.

Capítulo 5

NÃO ME ARREPENDO DE NADA

O capitão Ivan Bonifácio da Silva não conseguiu se safar da caneta da juíza Amanda Torres de Lucena, que depois de onze meses de trabalho intenso o condenou a dez anos e dez dias de prisão. Mas ninguém pode negar que adotou uma estratégia de defesa brilhante, com a qual confundiu a opinião pública, os deputados da CPI da Assembléia Legislativa de Pernambuco e os próprios representantes da lei.

O nome do capitão foi arrolado no inquérito desde a primeira denúncia. O ofício assinado pela psicóloga Anália Belisa Ribeiro, então coordenadora nacional do Programa Global de Prevenção e Enfrentamento ao Tráfico de Seres Humanos, ainda não precisava se ele pertencia ao "Exército ou à Polícia Militar". Segundo o informante que deu as munições enfeixadas no Ofício nº 065 — TSI I/PE, o esquema na verdade seria coordenado pela sua esposa, mas a indicação de que ela seria "esposa de um tal de capitão Ivan" dá uma clara idéia de que dava cobertura à quadrilha.

As investigações confirmaram a participação desse oficial aposentado no início da década de 1990 devido a problemas cardíacos. Ele deixara rastros no epicentro dos fornecedores de rim, um conjunto de cinco bairros contíguos atrás da sofisticada Boa Viagem, para a qual se mudara com os ganhos do tráfico de órgãos.

Suas pegadas também foram flagradas pelas câmeras do Aeroporto Internacional dos Guararapes, onde sempre ia entregar em mãos as passagens aéreas aos viajantes aliciados.

Ivan Bonifácio da Silva também era visto com facilidade no Laboratório de Exames Clínicos Gilson Cidrim, ponto de parada obrigatório de todos os doadores.

O capitão tentou justificar sua despreocupação com dois argumentos: não sabia que o comércio de órgãos humanos era crime e se via como um grande patrono da causa popular, dando aos moradores da periferia recifense a possibilidade de ascensão social que o governo brasileiro jamais proporcionara.

Mas o amadorismo com que esse antigo colaborador da ditadura militar se movimentou pela periferia recifense só pode ser explicado com a sensação de impunidade típica das pessoas com fácil acesso aos gabinetes do poder.

Parte desse prestígio pode ser medida pelos cursos de que participara. Um deles havia sido promovido pela International Association of Chiefs of Police, que freqüentara no ano de 1997 em Miami, na Flórida. Como disse no pirotécnico depoimento de 14 de janeiro de 2004 à CPI da Assembléia Legislativa de Pernambuco, estendera essa viagem de estudos a Nova Jersey, onde primeiro fez um curso de especialização na SWAT e depois na Academia do FBI. Teria conhecido o polonês Gedalya Gady Tauber durante essa excursão paga pelo contribuinte brasileiro.

O sobrevivente do Holocausto, mais conhecido como Gady, nega ter conhecido o oficial reformado pernambucano nesses cursos de especialização nos Estados Unidos, mas é possível que o major da reserva israelense tenha adotado a mesma estratégia de defesa colocada em prática pelo seu comparsa, tentando confundir seus adversários sempre que possível. Mas a razão da primeira investida de Gedalya Gady Tauber em Pernambuco, admitida por ambos em todas as instâncias em que tiveram que depor, confirma o prestígio do capitão na cúpula da segurança pública pernambucana.

— Ele pretendia ministrar cursos para as polícias do Brasil inteiro — disse o capitão na CPI.

O ponto de partida para a implantação desse ambicioso projeto seria o estado de Pernambuco.

Na mesma reunião da CPI, o falante Ivan Bonifácio da Silva se referiu ao "amigo de infância" Carlos Correia, secretário de Segurança do governo Arraes Ele e Tauber teriam chegado a assinar um contrato no valor de R$8,5 milhões referentes à venda de equipamentos, coletes à prova de balas, armamentos e treinamento de pessoal da Polícia Civil e da Polícia Militar. O negócio só não se consumou porque o governador Miguel Arraes perdeu as eleições para Jarbas Vasconcelos. Frustrado, Tauber deixou para trás as perspectivas comerciais da I&G Consultoria e Treinamento, empresa que fundara em sociedade com o capitão. Passou quase quatro anos sem dar as caras no Recife.

O show de Ivan Bonifácio da Silva começou sob o manto de um grande pai dos pobres, que ajudou "a salvar vidas tanto no Recife quanto na África do Sul". Em uma bombástica entrevista concedida depois do primeiro dos seus dois depoimentos à CPI, tentou conquistar uma opinião pública a um só tempo surpresa e curiosa com a existência desses canibais pós-modernos. O senso comum, o mesmo que acha que cada um faz o que bem quiser e entender com seus órgãos, reagiu com simpatia ao marketing espetaculoso do militar reformado.

Tirando proveito de uma mídia sequiosa de manchetes, o advogado José Siqueira Filho prometeu uma delação premiada que posteriormente permitiria que seu cliente criasse mais uma de suas histórias fantásticas. Dois dias depois do que o procurador Samuel Arruda de Miranda chamou de a "incontinência verbal do capitão", o militar ocupou os noticiários com a denúncia de que fora ameaçado pelos israelenses para os quais trabalhou como intérprete.

— Chuck usou códigos para me ameaçar — disse na saída do depoimento na Justiça Federal, prestado no dia 15 de janeiro de 2004.

O código teria sido a repetição de uma expressão em um telefonema dado pelo israelense em dezembro. Chuck, um militar israelense a quem o capitão fora apresentado por Gady, queria que ele mudasse o seu depoimento na Justiça.

Ivan ocupava a cena com desenvoltura, mas, como um outro grande comunicador pernambucano, ele não queria explicar, mas confundir. Sempre dando a impressão de que estava jogando a verdade no ventilador, depositou na conta do ferroviário aposentado Josué Luiz da Silva, seu velho parceiro de copo nos bares de Jardim São Paulo, o trabalho de aliciamento do qual seria apenas o intérprete.

Josué, descoberto nas oitivas dos primeiros onze presos na Polícia Federal, passara cerca de um mês foragido. Quando voltou, só admitiu a indicação do nome de Marcondes Lacerda de Araújo, o Marconi, e ainda assim com a ajuda de José Cavalcanti

Júnior, o Zinho. O capitão insistiu na tese de que Josué era um dos diretores da quadrilha. Essa tese foi corroborada pelas anotações de Teresinha Medeiros, um misto de namorada e contadora de Tauber. Suas anotações também continham um organograma do grupo em que o ex-ferroviário aparecia em posição de destaque.

Aquela não foi a primeira vez que Ivan deixaria o amigo em maus lençóis, ainda que lhe "devesse muitos favores". Alguns meses antes, acusara-o de estar tramando a morte de Gady. O capitão teria tomado conhecimento dessa trama em uma visita feita à Associação de Policiais Militares, da qual era um dos diretores.

— Gady estava lhe devendo um dinheiro — disse o capitão à CPI.

Sempre segundo o oficial, o ex-ferroviário não estava suportando ver o militar israelense levando uma vida de rei à sua custa e ia se juntar a Zinho para cobrar o que lhe era devido.

Talvez se sentindo ameaçado com a perda de prestígio junto a Tauber, o capitão ligou para Israel a fim de alertá-lo para o risco de ser executado pelos homens de Jardim São Paulo a que estariam se unindo sua namorada Teresinha Medeiros e a sua amiga Fernanda Callado. Quando voltou para o Recife, Gady passou uma temporada cercado de seguranças. Numa acareação promovida pela CPI, Josué tentou provar que esse encontro jamais ocorrera. Em vão.

Também não era a primeira vez que o experimentado oficial da reserva do exército israelense flagraria o capitão pernambucano recorrendo à maquiavélica máxima do dividir para governar. Meses antes, Ivan tentara criar uma intriga entre Teresinha Medeiros e Fernanda Callado, dizendo para a primeira que a bela ex-modelo era uma garota de programa e mergulhava na cama de Gady tão logo ela saía para trabalhar no seu escritório de advocacia. Teresinha quase rompeu a relação com Gady, quando ouviu o capitão lhe contar com riqueza de detalhes o que o namorado fazia com Fernanda.

Durante um tempo razoavelmente longo, o fantasma de Fernanda foi o tema dominante das conversas entre Teresinha e Gady. O principal trunfo do israelense para se defender das acusações do capitão Ivan foram as suas seguidas abordagens a Teresinha. Quando Gady viajava, o capitão convidava Teresinha para a cama.

Gady conseguiu se livrar das suspeitas de Teresinha ao convidar Fernanda para passar um fim de semana com seu irmão Alex num *resort* de Porto de Galinhas. Teresinha deve ter pensado em uma sexualidade pervertida daquele que considerava ser o homem de sua vida, quando ele anunciou as companhias que teriam durante a viagem. Mas ela topou. Apesar do receio de presenciar cenas de sexo envolvendo o marido, o irmão e a amante, poderia aproveitar o fim de semana para ter uma conversa de mulher para mulher com Fernanda.

O diálogo foi muito proveitoso tanto para a vida amorosa quanto para os negócios de Gady. Teresinha descobriu então que Fernanda era uma mulher sofrida, que, depois da separação do segundo marido, mantinha os dois filhos adolescentes no limiar da fome. Também viu surgir nas plácidas águas de Porto de Galinhas um caso de amor entre a imaginária rival e o cunhado. O namoro só não foi adiante porque Alex não tinha o mesmo espírito aventureiro que o irmão Gady e não estava disposto a abrir mão de sua cadeia de salões de beleza em Tel-Aviv.

Aliviada, a advogada resolveu defender a nova amiga na luta por uma pensão alimentícia digna e afastar Ivan de Gady. A amizade entre as duas não foi abalada nem mesmo nos dias passados na Colônia Penal Bom Pastor, a cadeia feminina de Pernambuco. Teresinha usou seu prestígio junto à direção da cadeia para estender os privilégios de que desfrutou para Fernanda. Como não tem curso superior completo, Fernanda deveria ficar na ala que as presas chamam de "favela", comendo o que as presas chamam de "comida de Jarbas". Mas Teresinha mexeu os pauzinhos e a levou para a ala conhecida como "Boa Viagem", a ala dos presos especiais.

O capitão perderia parte do prestígio junto a Gady, a quem se referia como o companheiro de curso nos Estados Unidos. Mas o poder feminino tinha uma grande limitação.

— Elas não sabiam inglês e não podiam intermediar as negociações entre Gady e os doadores — disse Ivan.

Segundo ele, as duas tentaram contornar esse problema por intermédio da promoção de Gerehmias Belarmino Azevedo Júnior de doador a intérprete.

— Ele tem um inglês muito bom — acrescentou o militar perante a CPI.

De fato, o misto de professor, recepcionista e garçom Geré tinha um inglês muito bom. Foi graças ao seu domínio de línguas que a antropóloga norte-americana Nancy Scheper-Hughes, uma das maiores estudiosas do tráfico internacional de órgãos, indicou seu nome para dar aulas de português na Universidade da Califórnia. Nancy é uma das professoras mais importantes do departamento de Antropologia de Berkeley — até 2005, era a diretora do doutorado do programa de Antropologia Médica. Ela contratou Geré como seu guia pelos subúrbios do Recife. Em uma dessas incursões, visitaram o capitão no Batalhão de Polícia Montada.

O capitão pôde auferir os conhecimentos de inglês de Geré nas vezes em que se encontraram no Mar Hotel, hotel cinco estrelas nas proximidades da praça de Boa Viagem em que Gady praticamente morava. Geré foi lá em algumas ocasiões para servir de intérprete para Josué. Geré foi um importante instrumento para Josué, depois da ruptura entre o ferroviário aposentado e o capitão.

Mas as acusações feitas a Geré são a mais perfeita tradução do comportamento do capitão durante o julgamento. Ele foi o único envolvido a falar e por isso suas declarações ganharam o status de confiáveis. Mas dizer que Geré era cunhado de Zinho foi apenas uma das vezes em que ouviu o galo cantar, sem saber onde. Na verdade, Dida, uma das duas irmãs de Geré, teve um caso com Josué. Foi graças a ela que Geré conheceu Josué. O ferroviário aposentado lhe deu uma gorjeta de US$ 200 por essa indicação.

O capitão também disse que Geré tinha um bom acesso à comunidade de doadores, quando ele só visitava o Barro para pedir dinheiro à vó Hosana. Saíra do bairro com 15 anos, cansado das surras que levava do pai. Foi morar num puteiro, no Centro do Recife. Chegou a estudar jornalismo na Universidade Católica de Pernambuco e a trabalhar na Varig. Abandonou o curso no terceiro período e foi morar em Paris com a passagem que os funcionários da companhia aérea podiam comprar com um desconto de noventa por cento.

Para Ivan, Geré seria o substituto ideal do capitão enquanto Fernanda e Teresinha faziam um curso de inglês intensivo, com um professor particular pago por Gady. Ivan devotava-lhe um ódio encarniçado. Quando Geré levou Nancy ao Batalhão de Polícia Montada, Ivan lhe disse que estava preso por sua culpa.

Apesar da desconfiança de que a conspiração de Josué e Zinho fosse mais uma das histórias construídas pela imaginação de Ivan, Gady aproveitou a deixa para abrir uma conta em um banco da cidade. Começou então, como ele mesmo narraria para os deputados, o périplo pelos bancos pernambucanos. Mas faltava o mesmo CPF que o obrigara a comprar um celular no nome de Teresinha.

A namorada, que o acompanhou no *tour* pelas agências, até tentou se livrar do vínculo burocrático que posteriormente se tornou a prova irrefutável do seu envolvimento com a quadrilha. Mas a gerente de contas que os atendeu no Citibank encantou-se com as flores compradas por Gady na porta da agência e presenteadas a Teresinha à vista de todos, junto com um beijo apaixonado.

— Vocês se amam tanto — disse a gerente depois de lamentar o entrave imposto pelas leis brasileiras a um turista. — Qual o problema em ele usar o nome da senhora?

A advogada cedeu à tentação.

No domingo que antecedeu a acareação com o ferroviário aposentado na CPI, o capitão ocupou as manchetes com uma nova entrevista bombástica. Vestido com o terno preto e os óculos escuros que lhe davam uma aparência entre mafiosa e ameaçadora, ele disse que "vender um rim na África do Sul era tão comum quanto comprar pão". Dessa vez, terminou polemizando com a advogada Maria Natal Evangelista Freire, posteriormente destituída.

— Se fosse tão simples vender órgãos na África do Sul, eles não viriam buscar doadores em Pernambuco — disse a advogada, interrompendo a segunda sessão da CPI de que seu cliente participou.

Maria Natal Evangelista Freire também obrigou seu cliente a reparar a informação de que a quadrilha iria comercializar fígado e coração, atribuída pelo capitão a uma inconfidência da repórter do *Diário de Pernambuco*.

Ivan sempre teve um grande poder de persuasão. E além de conseguir doadores em troca de um "agradozinho", convenceu Gady a ficar no Brasil mesmo depois das prisões ocorridas em Durban. Escutas telefônicas flagraram o major israelense querendo fugir, deixando aberta a passagem que a qualquer momento o levaria de volta a Israel. Essas mesmas escutas registraram uma frenética atividade do capitão, que em princípio duvidou das notícias provenientes de Durban e continuou articulando a transferência dos transplantes para o Real Hospital Português em desabridas conversas com o amigo Celso Jarbas Calumby.

Calumby foi criado no mesmo bairro que o capitão: Cordeiro. Como o capitão, também gostava de atirar. Reencontraram-se em uma sessão de tiros no Caxangá Golf Country Club, caso tenha sido verdadeiro o depoimento prestado pelo comerciante diante da CPI. Calumby era um dos principais representantes comerciais de aparelhos de hemodiálise de todo o Norte e Nordeste. Orgulhava-se de conhecer todos os nefrologistas da região.

Foi Calumby quem apresentou o capitão a William Stanford, responsável pelo setor de transplantes renais do Real Hospital Português. O Português faz transplantes renais desde 1976. Até julho de 2006, havia registrado 613 transplantes. A média de operações cresceu de ano para ano, alcançando quarenta operações por mês em 2005. Nancy Scheper-Hughes esteve no hospital em meados da década de 1990, no começo de sua pesquisa sobre o tráfico de órgãos. Na época, estranhou o número de transplantes intervivos feitos por pessoas sem parentesco, via autorização judicial. Em 2006, assustou-se com o espantoso crescimento do hospital, quando o visitou em julho. Chegou a se perder dentro dele.

William Stanford entrou nesse universo depois de uma crise renal do pai, que o levou ao Rio de Janeiro às pressas. Foi nessa época que resolveu se especializar em nefrologia. Foi então estudar em Nova York, no hospital Albert Einstein, na Yeshiva University. Conheceu na ocasião as maiores autoridades mundiais da nefrologia, dentre os quais destaca John Stein e Mark Hardy. Procurou Hardy quando foi abordado pelo grupo de Gedalya Tauber. O Albert Einstein de Nova York é um hospital de judeus ortodoxos, que, mais uma vez segundo a antropóloga Nancy Scheper-Hughes, tem ligações com o tráfico internacional de órgãos. Mas Stanford diz que foi desaconselhado a fazer negócios com o grupo de Gedalya por Mark Hardy.

Quando concluiu a residência em 1974, voltou para Recife. Apesar das tentadoras propostas para trabalhar nos Estados Unidos, resolveu cumprir a promessa feita durante a crise renal do pai. Criou então o setor de transplantes renais no Real Hospital Português. Foi aí que começou a trabalhar com Calumby. Como Stanford, Calumby é um pioneiro da nefrologia de ponta em Pernambuco. Como Stanford, Calumby entrou nesse universo por causa do pai.

Calumby é um simples comerciante, mas Stanford o chama de doutor Calumby. Todos chamam Calumby de doutor Calumby. Convive tanto com o universo da medicina que se sente um médico. Até mesmo Gady pensou que ele fosse médico, por causa da facilidade que teve para conversar com Eliezer Ramon. Segundo Gady, Ramon é um *nerd*, que só se interessa pelos assuntos ligados à ciência.

— Não sabe nem escolher as meias — ironiza Gady.

Eliezer Ramon mentiu tanto para a polícia quanto para a CPI quando disse que viera ao Recife a passeio. Mas estava sendo sincero quando disse que fora a Fortaleza ver um laboratório que trabalhava com dengue. Ramon, que é marido de Eva Ramon, sócia de Ilan Perry no negócio dos rins, estava no Recife quando a quadrilha foi desmontada. Estava na cidade com a missão de inspecionar os hospitais que faziam transplante, num momento em que a quadrilha desejava transferir as cirurgias para o Brasil. Passou um ano no Batalhão Henrique Dias, dividindo cela com Gady.

Segundo Gady, só uma coisa é capaz de tirar Eliezer Ramon dos livros e das experiências científicas.

— Ele adora atirar — diz o major da reserva israelense.

Calumby também é um amante das armas. Chegou a ser campeão brasileiro de tiro. Além de conduzir Ramon a hospitais na Paraíba, Ceará e Pernambuco, levou-o ao Caxangá Golf Country Club. O Caxangá é um clube da elite pernambucana. É lá que praticam equitação e tiro.

Calumby chegou a ser detido, mas sua prisão foi relaxada. O crime cuja preparação foi flagrada pelas modernas técnicas de investigação policial jamais foi executado, explicou posteriormente a juíza Amanda Torres de Lucena. Se ela estivesse julgando o marido, o conteúdo daquelas conversas seria o batom na cueca que justificaria o fim do casamento. Mas o Código Penal brasileiro só prevê punições para crimes já cometidos. E ali havia apenas a intenção.

Gady andava arredio com Ivan, mas continuava botando fé nos contatos que ele dizia ter. Os exemplos eram expressivos e numerosos. Ivan conseguira abrir portas na alta cúpula da polícia em 1998, arrumara quase cem fornecedores de rim (muitos deles foram reprovados nos exames laboratoriais) para o açougue de Durban e nos últimos tempos estava colocando-o em contato com os médicos e hospitais que permitiriam a transferência das cirurgias para Recife. Depois de tantas façanhas, por que não conseguiria conter a atuação da polícia em um país onde tudo era possível quando se tinha o dinheiro para se colocar nas mãos certas?

Gady voltou a pensar nos contatos de Ivan quando percebeu a diferença entre o tratamento dispensado a ele e ao seu sócio a partir de que foram presos. Incomodou-se com as algemas prendendo seus braços para trás, enquanto o capitão era conduzido com as mãos livres quando foram depor na Polícia Federal, na Justiça e na CPI. Chegou a pensar que o problema fosse da roupa, já que ele sempre ia de jeans e o capitão, num terno preto. Comprou então um terno azul, para ver se impressionava a juíza Amanda Torres de Lucena. A juíza, com quem o oficial da reserva israelense criara uma relação amistosa durante o julgamento, percebeu a diferença. E elogiou.

— Quem sabe a senhora não liberta minha mulher? — disse Gady, depois de citar uma passagem da Bíblia que faz referência à importância da roupa para o rei Davi.

Gady tinha urticárias ao pensar em Teresinha presa e em Eldênia solta. O procurador da República Samuel Miranda Arruda considerou "uma decisão responsável" ter soltado um personagem no seu entender secundário, o que num português mais claro seria um pau-mandado do capitão.

— Ela precisava tomar conta da filha, que acabara de dar à luz — justificou-se o procurador.

Porém, o procurador não teve a mesma clemência com Teresinha Medeiros, a namorada de Gady. Efetivamente, ela abrira a conta na qual era depositado o capital de giro da quadrilha e em seu carro foram confiscadas diversas anotações em que ficava claro que oficial ou extra-oficialmente era a contadora do grupo. No entanto, Teresinha jamais foi vista como uma possível coordenadora da quadrilha, como no começo de tudo o informante da delegada Beatriz Gibson via dona Eldênia.

— O capitão sempre foi um doidivanas — acusou Gady. — A bandida mesmo era Eldênia.

Gady sabe o que diz. Havia sido ele quem lhe dera o comando da quadrilha. Eldênia assumiu a gerência já na primeira leva para Durban. Essa foi a primeira das três viagens que fez para a África do Sul. Essas viagens estão registradas no seu passaporte.

O capitão voltou a fazer estardalhaço na mídia no dia 25 de janeiro de 2004, quando deu uma entrevista ao *Diário de Pernambuco* afirmando que a quadrilha estava se preparando para comercializar fígado e coração. Havia um subtexto nessa declaração que mais uma vez jogava a opinião pública contra os judeus, decifrado pelo presidente da CPI, o misto de médico e deputado Raimundo Pimentel.

— Para retirar o coração, é necessária a morte do doador — afirmou Pimentel, para em seguida questionar: — Como isso seria feito?

Ivan respondeu com um silêncio impregnado de sugestões. Pela primeira vez ao longo daquele período conturbado, o grupo de israelenses era associado à imagem mais cruel dos traficantes de órgãos, de cores mengelianas. Quem nunca ouviu falar de crianças brasileiras adotadas por estrangeiros, posteriormente encontradas com as entranhas abertas numa lixeira de capital européia? Os judeus são acusados de comer o fígado dos cristãos desde a Idade Média. Segundo a antropóloga Nancy Sheper-

Hughes, vem daí a temida figura do Papa-figo. O Papa-figo faz parte de um imaginário anti-semita.

O capitão tirou amplo proveito dessa aura de crueldade que criara para seus antigos comparsas, num momento em que estava tentando dividir a responsabilidade pelo crime com o grupo ao qual estava ligado. Mas Rubinho, como sempre bem informado, denunciou o grande teatro representado pelos comparsas.

— Basta olhar o registro das visitas no Batalhão Henrique Dias, onde Gady está preso.

O livro dos visitantes registra a presença de personagens como Marconi, Telinho, João, Zinho, Moisés e até mesmo familiares de Josué. O dia mais concorrido foi 10 de junho de 2006. Foi nesse dia que Gady completou setenta anos. Havia rum, charuto e guloseimas judaicas para comemorar o aniversário de um personagem cuja admiração cresceu exponencialmente no dia em que os agentes federais lhe perguntaram se queria desfrutar do privilégio de militar, indo para uma cela especial.

— Não — disse Gady. — Vou ficar com os meus amigos.

Agiu da mesma forma no Centro de Observações e Triagem Professor Everardo Lima (Cotel). O capitão, que já ficara numa cela especial na Polícia Federal, preferiu ir para o Batalhão Henrique Dias. Ficou lá até anunciar aos quatro cantos do mundo que fora ameaçado de morte por Chucky. A juíza Amanda Torres Lucena achou por bem transferi-lo para o Batalhão de Polícia Montada.

— Já recebi o recado que é para eu me preparar, que vem muito trabalho pela frente — disse Rubinho.

Pelo menos em princípio, o empreendimento discutido nessas reuniões aponta para negócios lícitos, como fazendas de camarão ou pousadas no litoral pernambucano. Mas também é possível que o negócio esteja relacionado ao estranho empreendimento de que não apenas Gady e o capitão são sócios, mas a própria Eldênia, Josué, Teresinha, Fernanda e alguns personagens israelenses citados na macabra história ambientada nos subúrbios do Recife.

Segundo um *folder* apreendido pelo agente federal Vilanova, a I&G está apta a negociar "aeronave de combate, material radioativo e veículos antifogo".

— Essas são armas usadas por guerrilheiros, terroristas e traficantes de drogas — avalia o policial.

Mirinho, o doador com mais visibilidade na mídia, teve em mãos o contrato social da empresa. Tentou vendê-lo à imprensa, que não demonstrou interesse em publicá-lo.

— Eles só comprariam essa documentação se ela estivesse acompanhada de um contrato deles com o governo — conta o doador, que por garantia pediu para que um amigo ligado à polícia o guardasse.

Não seria a primeira reconciliação do grupo, da mesma forma como não seria a primeira vez que os seus comparsas teriam problemas por causa de sexo.

— O capitão vivia me cantando — disse Teresinha em mais de uma ocasião.

Chegou a pensar que ele estava denegrindo a moral de Fernanda para jogá-la contra Gady e assim reinar absoluto com ela, Teresinha.

Na verdade, esse jogo de intriga começara anos antes e tivera na outra ponta do triângulo não uma suposta garota de programa, mas a mulher com a qual Gady vivia maritalmente na Holanda até fazer sua primeira viagem comercial para Pernambuco, em 1998.

— Eldênia ligou para ela, que veio ao Recife atrás de seu homem — contou Teresinha para os deputados, que invadiram sua vida pessoal com perguntas sobre sua relação com um professor particular pago por Gady, que segundo a advogada jamais existiu.

O barraco em uma das luxuosas suítes de um hotel de Boa Viagem deixaria Teresinha resistente a uma nova investida de Gady, quando ele reapareceu no Recife três anos depois, em meados de 2002.

— O capitão ligou para o meu celular, perguntando se eu era capaz de adivinhar quem queria jantar comigo — contou ela no mesmo fórum.

Terminou aceitando o convite, mais por pressão de Ivan do que por vontade própria.

Apesar da má vontade, o irresistível charme de Gady voltou a derrubar as barreiras do coração dessa advogada conhecida por sua atuação como defensora dos direitos do consumidor. Reiniciou então o romance com aquele homem de longos cabelos brancos, que conhecera num bar de Jardim São Paulo enquanto fazia hora para entrar no salão de beleza do bairro.

Nenhuma das pessoas presentes naquele dia em que entrara no bar para tomar uma cerveja com seus familiares, mesmo aqueles que rezam para que Gady morra e deixe Teresinha em paz, entendeu a mirabolante e desnecessária história criada pelo capitão sobre a longa relação que ela teria com Josué.

— Conheci Josué no mesmo dia em que conheci o capitão e Gady.

Todos estavam bebendo no mesmo bar quando foi fulminada pelos olhos do oficial israelense, com os quais entendeu que nascera para viver um amor de matizes hollywoodianas, com jóias caras, jantares à luz de vela nos melhores restaurantes e cruzeiros no Caribe. A dificuldade que tiveram de expressar com palavras a súbita paixão descoberta ali contornaram-na com a pele, com as mãos, com sorrisos e com olhares.

A apresentação foi feita pelo capitão, graças àquela inconveniência típica dos alcoólatras que tanto incômodo lhe causara ao longo desses anos.

— Ele se aproximou e disse que o Gady queria me conhecer — lembra a advogada.

Sentaram-se todos à mesma mesa: seus irmãos, o inconveniente do capitão e o seu inseparável amigo Josué. O que Ivan poderia ganhar ao inventar uma infância que ela teria compartilhado com o ferroviário aposentado é um enigma que ela só tentaria decifrar se não soubesse que quanto mais ele fala, menos tem a dizer.

Capítulo 6

AMOR BANDIDO

A Colônia Penal do Bom Pastor, única cadeia feminina do estado de Pernambuco, fica nas imediações do Cordeiro. No início de 2006, havia 382 presas em um coletivo aparentemente tranqüilo e produtivo — logo na entrada, há uma ampla sala onde as internas confeccionam rodas de bicicleta todas as manhãs.

Uma das 382 detentas era a advogada Teresinha Medeiros de Souza. Ela trabalhava no setor penal, o coração da cadeia. Apenas os concessionados de extrema confiança trabalham nesse setor. É nele que são expedidos os alvarás de soltura, por exemplo.

Teresinha conhecia a diretora Ana Moura de outros carnavais — da época em que era do Sedecon, que funcionava no mesmo prédio da Secretaria de Justiça em que a então diretora do Bom Pastor era defensora pública. O Sedecon é o órgão de defesa do consumidor da prefeitura do Recife. Posteriormente, passou a se chamar Procon-Recife.

Em nome dessa antiga amizade, Ana Moura a colocou na mesma cela em que se encontra a sua secretária, cujo nome é Lucicleide. Fernanda, com quem Teresinha mantém uma relação cordial, também está nessa cela.

Teresinha tem outros privilégios, além do quarto e do serviço que executa para remir sua pena — como os quinzenais pernoites com Gady no Batalhão Henrique Dias, para onde vai sentada no banco do carona e sem as algemas. Houve apenas um fim de semana em que se submeteu à humilhação de viajar na caçapa do camburão, com as demais presas que têm direito a visitas íntimas com outros presos. Foi durante uma operação padrão dos agentes penitenciários de Pernambuco, que durou dois meses.

Também provoca mal-estar no coletivo o fato de ela ter direito a visitas quase diárias. Apesar disso, Teresinha conseguiu fazer um bom ambiente com as presas por causa do serviço que presta ao presídio. O mulherio a procura com uma freqüência estressante, para saber em que ponto está o seu processo.

Também convive com elas na cantina — ainda que a maioria das presas comuns enfrente o que chamam de "comida de Jarbas" no refeitório. No Bom Pastor, é alta a incidência de homossexualismo, mas ele não é tão ostensivo como nas cadeias femininas de outras grandes cidades do País. No Rio de Janeiro, as homossexuais têm o domínio do coletivo. Exercem o poder que nas cadeias masculinas é ocupado pelas facções.

Nenhum dos familiares a abandonou, mas a visita mais fiel é a sobrinha Arúsia, que, como ela própria diz, está "tirando uma cadeia junto" com Teresinha. Arúsia é filha de Maria do Socorro, a irmã mais velha da advogada, mas, como morava com os avós, Teresinha participou ativamente de sua criação. Arúsia também visita Gady duas vezes por semana, ainda que o odeie por ter colocado a tia na cadeia. Para Arúsia, a tia vai sofrer muito mais no dia em que ele for solto e extraditado para Israel. Nem Gady nem Teresinha contam com essa possibilidade.

Além de funcionária pública, Teresinha era professora da Aeso, uma das mais importantes faculdades particulares de Pernambuco. Era uma professora eficiente, que, ao sair por vontade própria da faculdade, se tornou ouvidora dos alunos. Orientava-os principalmente em seus trabalhos sociais.

Todos na Aeso estranharam a notícia de que estava envolvida em tráfico de órgãos. Seu caso foi discutido inclusive em sala de aula, com os alunos do misto de delegado e professor José Durval. Durval, que na época era o coordenador do curso de direito da faculdade, perguntou aos alunos qual era o crime da ex-professora. Chegou a levar uma turma de Direito Penal para o Bom Pastor, a fim de discutir o seu processo.

O professor José Durval teve muita dificuldade para identificar o crime pelo qual a sua colega de escola estava pagando na Colônia Bom Pastor. Pelo que ele entendia de contratos cíveis, uma transação comercial só pode ser cobrada judicialmente no lugar em que a venda efetivamente é feita. Nesse caso, o crime seria na África do Sul, não no Brasil. A própria Nancy Scheper-Hughes, embora seja uma das maiores críticas do comércio de órgãos, só viu falsidade ideológica. Para a antropóloga americana, a quadrilha que atuava em Pernambuco só deveria responder por ter entrado em Durban com o visto de turista.

Teresinha ficou completamente descompensada com a prisão — pulando de um assunto para o outro, rindo e chorando ao mesmo tempo, negando-se a falar ao mesmo tempo que tinha uma verdadeira incontinência verbal. Essas crises se tornavam particularmente agudas quando recebia visitas das muitas pessoas importantes que conhece, no campo do direito. Para ela, é mais fácil lidar com a restrição à liberdade do que com a exposição pública.

Houve momentos particularmente difíceis desde que recebeu o telefonema de Gady no dia 2 de dezembro, dizendo que estava indo para a Polícia Federal. Pensou em ligar para a família, mas não teve coragem. Não conseguia imaginar nada mais terrível do que enfrentar os oito irmãos. Em alguma hora, eles iriam perguntar se sabia do envolvimento de Gady com a quadrilha. Não conseguiria mentir para eles.

A família desconfiou quando viu o noticiário, que falava da prisão de um oficial da reserva de Israel e de uma advogada pernambucana. As seguidas ligações não atendidas para o seu celular só fizeram confirmar as suspeitas. Eram muitas coincidências para uma cidade do tamanho de Recife.

Os irmãos procuraram Tota. Tota, no entanto, se negou a visitá-la naquela primeira noite. De alguma forma, ele encarnava a correção de uma família vencedora. Talvez a principal arma dos Medeiros para vencer no Recife tenha sido a união. Filhos de um funcionário dos Correios que gastava a maior parte do salário com bebida e mulheres, eles estudaram em escolas públicas. Não tinham dinheiro nem mesmo para comprar livros.

Tota apareceu na manhã de 3 de dezembro. Só ele, com seu prestígio de juiz aposentado, poderia furar o cerco da incomunicabilidade decretada pela juíza. Na verdade, a família tentou furar o cerco na noite de 2 de dezembro, quando a sua prisão fora decretada. Mas não conseguiu. Nem mesmo com uma carteirada de Luciano, marido de Arúsia e então diretor do Cotel.

Tota já havia tido uma grande decepção com Gady, na trágica virada do ano de 1998 para 1999. Foi neste dia que tomou conhecimento de Judith, poderosa empresária holandesa que Gady conhecera na condição de guarda-costas e com quem terminou se casando. Alertada por Eldênia, Judith desembarcou em Recife para levar o marido de volta para a Europa. A família Medeiros havia preparado uma grande festa, em uma tenda alugada a peso de ouro na praia de Boa Viagem. A chegada de Judith foi um banho de água fria.

Depois de três anos sem dar notícias, Gady reapareceu com sua irresistível simpatia. Não precisou de muitas garrafas de uísque para reconquistar Teresinha e a família. Tornou-se um assíduo freqüentador da casa de Itamaracá, onde os Medeiros se reuniam nos fins de semana. Saía sempre com Tota. Na opinião de Teresinha, Tota se sentiu traído pelo amigo. Um sertanejo não costuma perdoar traições. A família de Teresinha é de Custódia, e ela foi uma das primeiras a migrar para a cidade. Fez o ginásio e o científico no Colégio Estadual do Recife, que foi uma das melhores escolas da cidade até meados da década de 1970.

Tota ficou encafifado com as insinuações do capitão Ivan na CPI. O capitão disse que Gady havia usado Teresinha. Deixou entender que Gady queria usar seu prestígio como advogada e principalmente o prestígio do seu irmão. O juiz poderia dar a autorização judicial solicitada pelo médico William Stanford para fazer os transplantes no Recife. Transferir as cirurgias para o Brasil havia se tornado uma obsessão para Gady.

O capitão se sentiu usado por Gady. Esse uso teria durado até o momento em que o capitão deixou de ser útil — a rede de aliciadores já havia se consolidado, além dos próprios contatos com William Stanford. Gady, no entanto, diz que chegou sozinho ao Português.

— Quem abriu a porta do hospital para mim foi uma mulher chamada Sandra — revelou Gady.

Gady a conheceu no Recife Palace Hotel, lugar no qual se hospedava até se negar a pagar uma conta de telefone que no seu entender veio excessivamente alta. Sandra era a gerente da H. Stern. Viu-o conversando em hebraico pelo celular e, um dia, quando estavam em um elevador quebrado, perguntou se ele era judeu.

— Sim — disse Gady. — Como você sabe?

— Porque eu também sou — disse Sandra, que se convertera ao judaísmo ao se casar.

Começava ali a relação que o levaria até o Real Hospital Português. Teve que comprar jóias caras, algumas delas empurradas de um modo tão constrangedor, que por pouco não acabaram com a amizade regada a rodadas de vinho na Casa de Itália, a poucas quadras do Recife Palace Hotel. Quando decidiu otimizar seu negócio no Brasil, estava suficientemente íntimo para lhe pedir ajuda.

— Tenho contatos no Hospital Português — disse Sandra.

A primeira reunião, realizada não muito depois desse encontro, foi no próprio hospital. Participaram seis pessoas. Nessa reunião, teriam dito a Gady que era fácil alterar a ordem da lista única de doadores, quando se tem algum dinheiro e há a necessidade de se operar um turista. Os estrangeiros têm tratamento preferencial no tocante a transplantes de emergência. O problema seria criar a cena capaz de convencer as autoridades de diversos e seguidos casos de urgências renais ocorridas no Recife.

Gady sempre tem dificuldade para declinar nomes — talvez por querer proteger amigos, talvez por traição da memória. Mas ele se lembra de um dos executivos do Real Hospital Português completamente empolgado com o negócio proposto por ele. Esse executivo chegou a mostrar a ala que destinaria a essas operações. Teria sala de cirurgia, UTI e quartos para que o doador e o receptor fossem preparados para o transplante e se recuperassem da operação. O hospital também ofereceria estrutura para o que no jargão médico se chama de acompanhantes. Em geral, os receptores viajam acompanhados de pelo menos um parente.

Mais uma vez conforme o relato de Gady, o segundo dos quatro encontros mantidos com a direção do hospital ocorreu no restaurante Famiglia Giuliano, em Boa Viagem. William Stanford participou desse jantar. Esse teria sido o primeiro dos seis encontros admitidos pelo cirurgião, no depoimento prestado na Polícia Federal no auge das investigações.

Como o próprio Stanford admitiu, chegou lá depois de uma ligação de seu velho amigo Celso Jarbas Calumby. Ivan também estava presente, bem como Teresinha. Stanford não gostou de Ivan, como sempre bêbado e pedindo ao garçom os itens mais caros do cardápio. No entanto, achou Teresinha "uma senhora muito distinta".

Gady apresenta duas versões para a relação estabelecida com o cirurgião. Em uma delas, apresenta Stanford como um homem de fino trato, que conhece e cultua as boas coisas da vida. De acordo com esse relato, teriam ficado amigos a um ponto tal que o cirurgião se dispôs a retirar os estilhaços de granada nas costas de Gady, que começaram a incomodá-lo na longa estação de chuvas do litoral pernambucano. A operação, realizada no Real Hospital Português, teria sido feita gratuitamente. Stanford nega a cirurgia.

De acordo com a segunda versão, Gady saiu desse encontro com a sensação de que Stanford era a versão pernambucana de *O médico e o monstro*. Nesse relato, as negociações com Stanford teriam sido interrompidas naquele momento.

Além de uma excessiva preocupação com o dinheiro que poderia ganhar com a venda de um terreno atrás do hospital, Stanford insistira na ilegalidade dos transplantes propostos por Gady. Eles só poderiam ser realizados com autorização judicial. Segundo Gady, esta autorização judicial seria dada por um juiz conhecido de Stanford. Segundo Stanford, essa autorização seria dada por um juiz conhecido de Gady. Gady pensou que Stanford estava falando desta ilegalidade para aumentar o valor das operações. Em entrevista para a antropóloga norte-americana Nancy Scheper-Hughes, Stanford disse que não faria essas operações por qualquer dinheiro.

— Cinqüenta mil dólares podem encher os olhos dos médicos de Goa, na Índia — disse Stanford na entrevista com Nancy. — Mas aqui a história teria que ser diferente.

Para começo de conversa, teria que dividir esse dinheiro com a outra equipe médica — uma delas retira o rim do doador e a outra o coloca no receptor. Além da parte do hospital, teria que pagar o anestesista.

— Sendo assim, eu ficaria com US$ 5 mil — disse o cirurgião. — Não vou sujar o meu nome só por isso. Tenho muita coisa a perder. Se eu fizer uma coisa errada, a Central de Transplantes me tira da lista e eu nunca mais vou pegar um cadavérico. Não vou querer um negócio desse. Vivo minha vida pra isso.

Stanford não é contra o comércio de órgãos, mas recorre à cena final do filme *Os intocáveis* para explicar a recusa ao acordo proposto por Gady.

— Eliot Ness, que passou todo o filme lutando contra Al Capone, diz que vai comemorar o fim da Lei Seca tomando um drinque — explica o cirurgião.

Teria desenvolvido esse sofisma legalista a partir da relação com o pai. Para esse pai, não existiam o bem e o mal, mas o certo e o errado. Stanford podia fazer tudo, desde que amparado pela lei dos homens. A influência do pai chegara a um ponto tal que Stanford só pôde estudar medicina depois de ter concluído o curso de contador. O pai queria que o filho seguisse suas pegadas.

Gady desdenhou do amor de Stanford pelo pai.

— A consciência de Stanford custava US$ 500 mil em equipamentos — afirmou.

Segundo o oficial da reserva israelense, tudo já estava acertado entre as partes. Faltavam apenas alguns detalhes, que seriam definidos por Ilan numa viagem a Pernambuco abortada com as prisões.

— Se a Polícia Federal esperasse uma semana, teria pego ele aqui.

Quando foi presa, Teresinha não conseguiu pregar o olho nos primeiros 15 dias. Só dormiu com a medicação que não deixou de tomar enquanto cumpriu a pena. O Lexotan de 3mg foi receitado por Humberto, um dos oito irmãos de Teresinha. Ela resistiu ao tranqüilizante. Só admitiu tomá-lo quando o irmão disse que iria enlouquecer se não dormisse.

Em suas noites insones, não conseguia esquecer o momento em que o policial que acompanhava Gady lhe disse que iria levá-lo para a Polícia Federal. Gady dera o seu número no momento em que o policial lhe deu voz de prisão. Teresinha era a única advogada que conhecia em Pernambuco. Gady passou anos se torturando por causa desse telefonema. Ela estava com um amiga na OAB, quando o celular tocou.

— O que foi que aconteceu? — perguntou, aflita.

— O passaporte dele está vencido — anunciou o policial.

Teresinha teve medo de ir à Polícia Federal. Fez de imediato a conexão com um outro telefonema, feito por um dos funcionários do Mar Olinda Hotel. O funcionário ligara para alertar que um policial havia ido até o hotel e fizera perguntas sobre Gady. Gady procurou Ivan. Ivan acionou sua rede de informantes dentro da Polícia Federal e retornou dizendo que estavam atrás de um traficante de drogas. Gady se tranqüilizou. Teresinha, não.

Estava nervosa quando entrou no prédio do Cais do Apolo, no Recife Antigo. Foi até a portaria e se apresentou.

— Queria informações sobre dois israelenses que acabaram de chegar aqui — ela disse para a recepcionista. — Um deles se chama Gedalya Gady Tauber, e o outro, Eliezer Ramon.

Foi encaminhada para o quinto andar, para falar com a delegada Karla Gomes Matos Maia. Foi conduzida por um policial, que não a tratou como prisioneira. Sentia-se anestesiada enquanto caminhava pelos corredores da Polícia Federal. Aquilo parecia não estar acontecendo com ela.

— Gostaria de falar com a senhora — disse a delegada, no mesmo tom respeitoso usado por todos os agentes com que Teresinha cruzara até aquele momento. — A senhora poderia me responder algumas perguntas?

— Claro — disse Teresinha.

A delegada perguntou quando havia conhecido Gady, o tipo de relacionamento que mantinham, se já tinha ido para a África do Sul. As perguntas eram invasivas, mas, quando muito, teve a sensação de estar conhecendo uma mulher abelhuda. Não imaginava que havia um mandado de prisão contra ela ou que estava sendo interrogada.

— A senhora sabe que o seu marido está envolvido com tráfico de órgãos? — perguntou por fim a delegada.

— Eu preferia não responder a essa pergunta — disse Teresinha.

— A senhora aguarde um momento — pediu a delegada.

Teresinha assentiu e Karla foi para uma sala ao lado. Teresinha percebeu que ela estava falando com alguém ao telefone, mas em sua letargia não imaginou que do outro lado da linha estivesse a juíza Amanda Torres.

— A senhora se incomodaria de ir até o tribunal? — perguntou Karla, quando voltou. — A juíza gostaria de falar com a senhora.

Teresinha se sentiu num filme em câmara lenta, mas, apesar do torpor, estouravam alguns *flashes* na sua cara. Sempre soube que Gady estava ferindo a lei brasileira... Era um amor desesperado... Ela no mínimo era cúmplice dos seus crimes... Por que não agira como advogada, não deixando rastros de suas transgressões? Será que alguém acreditaria que jamais havia botado a mão no dinheiro ganho por Gady? Sentiu-se a vergonha da família.

Desceu para o hall do prédio acreditando que seria liberada logo depois de prestar esclarecimentos na Justiça Federal. A ficha só começou a cair quando viu Fernanda Callado, Eliezer Ramon e Gady na Polícia Federal. Estavam todos com as mãos algemadas para trás.

— Por que vocês estão fazendo isso com ele? — perguntou ao policial.

— Temos um mandado de prisão contra ele — disse o policial, enquanto o levava para a custódia da Polícia Federal.

Teresinha sentou-se no banco de trás da blazer da Polícia Federal. O capitão Ivan entrou logo em seguida. Evitou falar com o oficial reformado da Polícia Militar durante todo o trajeto para a Justiça Federal, no Curado. Não lhe ocorreu que o capitão estava indo confirmar o depoimento que acabara de dar à delegada Karla Gomes. Nesse depoimento, ela tinha sido apresentada como contadora da quadrilha.

Nem Teresinha nem Ivan estavam algemados. Quando chegaram ao tribunal, aguardou em um banco na sala da juíza enquanto a doutora Amanda tomava o depoimento do capitão. Foi cumprimentada por alguns advogados. Eles não perguntaram o que estava fazendo ali e ela não comentou nada. No entanto, a juíza, talvez com medo de que a incomunicabilidade de Teresinha estivesse sendo quebrada, determinou que a isolassem em uma sala ao lado.

O depoimento de Ivan foi demorado. Enquanto aguardava, o criminalista Emerson Leônidas tomou conhecimento do caso e abordou Fernanda. Teresinha não sabe como Fernanda chegou ali.

— Você é a noiva do israelense? — perguntou o advogado.

— Não — disse Fernanda. — A noiva dele está naquela sala ali.

Leônidas quis entrar na sala, mas os agentes tentaram impedi-lo. Ele só entrou depois de apresentar a carteira de conselheiro da OAB.

— Não estou aqui como advogado — ameaçou.

No entanto, Leônidas saiu dali como seu advogado e de Fernanda. Teresinha não depôs naquele dia. Ela não soube se a juíza considerara o testemunho do capitão suficiente para incriminá-la ou se estava sem tempo. O fato é que voltou para a Polícia Federal. Ninguém teve a prisão relaxada pela juíza.

Quando entrou na custódia, viu Gady juntamente com Eliezer, Moisés, Celso, Telinho, Marconi e João. Gady podia fazer como o capitão, que pediu uma prisão especial.

— Vou ficar com meus amigos — ele disse para os agentes federais, quando estes tentaram levá-lo para uma cela especial.

Essa atitude fez com que crescesse ainda mais o seu prestígio junto aos seus cúmplices.

— Gady — sussurrou Teresinha.

Os dois se abraçaram através das grades. E choraram copiosamente enquanto se beijavam.

Teresinha acredita que Gady é o grande e definitivo amor de sua vida, que espera que seja para sempre. Tudo começou em 1998, quando ele esteve no Recife para fazer negócios com o governo Arraes por conta de uma empresa de segurança australiana. Tiveram um *affair* de cerca de seis meses, do qual ela saiu em carne viva depois da trágica virada de ano de 1998 para 1999. Por isso, resistiu quando ele a procurou em agosto de 2002, por intermédio do mesmo Ivan, que, com seu jeito sempre petulante, facilitara a apresentação dos dois. Ivan era insuportável, mas tinha suas funções.

Lembra bem o dia em que se conheceram. Era um sábado e ela passou no Júnior, um bar de Jardim São Paulo. O Júnior é limpo, barato e serve um excelente tira-gosto. Sua numerosa família havia se reunido para comentar o aniversário de uma tia que mora no Rio de Janeiro e acabara de completar 80 anos. A numerosa família Medeiros (são nove irmãos) não perde um pretexto para se reunir. Como Teresinha gosta de dizer, "eles são a festa".

Uma das irmãs ligara para o seu celular, localizando-a no salão de beleza em uma rua próxima. Estava vestida com uma roupa simples, "de ficar em casa". Eram cerca de cinco da tarde quando adentrou o bar, em cuja porta havia um carro vistoso.

Uma blazer. O som do carro estava ligado. E havia muitos homens próximos a ele. Um desses homens era Orlando, um major da Polícia Militar também criado em Custódia, cidade do sertão nordestino na qual ela morara até os 14 anos. Teresinha deixara Custódia para estudar no Recife. Foi morar com Maria do Socorro, uma de suas irmãs mais velhas.

— Oi — Teresinha disse para Orlando.

Mas quem chamou sua atenção foi um senhor de longos cabelos brancos, presos num rabo-de-cavalo. Achou-o parecido com Tommy Lee Jones. Mas não somente ela. Nos sete meses que passaram se amando pela cidade, viu-o dar autógrafos para fãs do ator hollywoodiano. Teresinha foi para a mesa da família.

Algum tempo depois, Orlando se aproximou. Vinha junto com Ivan. O velho amigo da família apresentou o capitão ao irmão Tota, ao primo Roberto e, por fim, a ela. Ivan aproveitou a deixa e disse:

— Meu amigo é quem quer conhecê-la.

Gady já havia feito um brinde a ela, no momento em que passou uma segunda vez pela mesa daquele grupo de homens. Dessa vez, estava indo até o balcão trocar o copo por uma tulipa. Podem dizer que é frescura, mas ela não toma cerveja em copo.

— Por que você não o chama? — Teresinha sugeriu.

Ivan chamou-o.

Ela não falava inglês e ele não dominava o português. Mas conversaram até três horas da madrugada. A sorte é que Neide é uma amiga de fé. Quando a família começou a bater em retirada, ela ligou para a amiga. Ela estava em casa, no bairro da Madalena. Mesmo assim, foi lhe fazer companhia lá no Júnior, livrando-a do constrangimento de ser a única mulher numa mesa repleta de homens.

Quem não gostou foi Ivan, que na época estava morando com Gady em seu precário apartamento da praia do Setúbal. Tinha se separado de Eldênia, que, cansada das eternas confusões criadas por aquele pinguço, tinha ido morar com a filha nos Estados Unidos. Ivan queria voltar para casa, mas Gady ignorou seus pedidos. Enquanto isso, Neide conversava com Orlando. Neide ficou embriagada, e Orlando aproveitou o ensejo para levá-la até em casa.

Voltaram a se ver na segunda-feira, no Recife Antigo. Chovia torrencialmente. Orlando e Neide também estavam presentes. Dessa vez, foi Gady quem ficou de porre. Teresinha foi levá-lo em casa. Mas no meio do caminho entrou em um motel. Foi a primeira vez que Gady foi a um motel em sua vida. Não há motéis em Israel.

Teresinha estava saindo de um longo relacionamento com Luiz David, um engenheiro português. Luiz David era casado com Rosa. Rosa sabia da relação dos dois, mas nunca quis se separar. Teresinha chegou a pensar em se casar com Luiz David. Não se casou quando percebeu que ele era mulherengo.

Ficou com ele até o amor gastar, como havia prometido no dia em que ele anunciara que ia se separar de Rosa para se juntar a ela. Engravidou três vezes ao longo de uma relação de dezoito anos, que terminou em definitivo no início de 1999, um pouco depois da partida de Gady.

Quando ele voltou para a Holanda com Judith, Luiz David apareceu. Vinha de um período de seis meses em Portugal. Fora para se aposentar e pretendia ficar de vez. Luiz David imaginava que a aposentadoria seria redentora para um amor comprometido pela *débâcle* da economia provocada pelo intervencionismo do governo Collor. Como muitos brasileiros, Luiz David perdeu o emprego naquela época.

Desde então, ia ao Recife duas vezes ao ano. Agora ia ficar para sempre. Mas na primeira noite em que tentou transar com a ardente Teresinha Medeiros, percebeu que a perdera para sempre. Seu corpo havia ficado marcado pelos lábios e pelas mãos carinhosas de Gedalya Gady Tauber.

Durante a relação com Luiz David, tornou-se íntima de uma personagem que terá importância em seu caso. Trata-se de Mariinha, mãe de uma amiga do casal Luiz David e Rosa. Mariinha trabalhava com Teresinha no Serviço de Defesa do Consumidor (Sedecon). Ela também era irmã de Margarida Cantarelli, que Teresinha conhecera como professora de direito internacional na faculdade de direito do Recife, da Universidade Federal de Pernambuco.

Essa teria sido uma das razões para a angústia da desembargadora Margarida Cantarelli, testemunhada pela empresária Ivânia Barros Mello quando ligou para lhe desejar boas-festas. Além de acompanhar os bastidores do judiciário pernambucano, Ivânia estava lendo os jornais com voracidade. Dona da Aeso, mantinha-se a par de tudo o que se dizia de sua ex-funcionária e amiga. Portanto, sabia que o *habeas corpus* impetrado em nome de Teresinha Medeiros caíra na mesa de Margarida Cantarelli. Não podia haver presente de Natal mais amargo.

— Como está a situação de Teresinha? — perguntou Ivânia.

— Indefensável — lamentou a desembargadora.

O envolvimento da desembargadora com Teresinha Medeiros está registrado nas fotos tiradas no dia da sua posse em Brasília, ao lado do então vice-presidente Marco Maciel e da própria Ivânia. Algumas semanas depois, o cerimonial do vice-presidente de Fernando Henrique Cardoso mandou as fotos para a casa de Teresinha. Tinham uma simpática dedicatória de Marco Maciel.

É verdade que a liberação do representante comercial Celso Jarbas Calumby e do agente de viagens Moisés Araújo da Silva Júnior, presos juntos com o grupo, havia criado um novo fato jurídico. O advogado Emerson Leônidas tentou enquadrar sua cliente no mesmo status que o dos dois homens recém-liberados pela juíza Amanda Torres de Lucena.

Três anos depois da trágica virada de ano de 1998 para 1999, Teresinha e Gady se reencontraram no Boi Preto, churrascaria do Pina de frente para o mar, ao lado de um bingo na avenida Boa Viagem. A comida e o atendimento são maravilhosos, atraindo uma clientela selecionada. Só faltou a lua cheia.

Na época, Gady estava hospedado no Recife Palace Hotel, ainda que tivesse passado a maior parte do tempo no Mar Hotel. Estava no Mar Hotel no dia 2 de dezembro. Foi de lá que ligou para Teresinha, anunciando a prisão. Aquele telefonema do Mar Hotel era apenas um prenúncio de que o conto de fadas da terceira idade ia se tornar uma tragédia pessoal.

Tiveram noites suntuosas, que ela em apenas alguns momentos suspeitou que eram pagas com o dinheiro da "conexão Recife". Também passaram fins de semana em Porto de Galinhas, Natal, em Fernando de Noronha, todos inesquecíveis.

Ele viajava a cada 15 dias para Israel, onde passava mais ou menos uma semana. Apesar desse louco amor até hoje não entendido por seus familiares e amigos, no começo só falavam o que ela chama de a língua universal, com olhares expressivos, toques carinhosos e um sexo ardente. A dificuldade da língua, porém, não o impedia de dar atenciosos telefonemas dados tão logo ele desembarcava dos aviões que pegava para o outro lado do mundo. Respeitava somente o fuso-horário.

Por causa do desconhecimento da língua, não entendia as conversas que ele manteve com o capitão até outubro — os dois se reencontraram em agosto de 2002, mesmo mês em que haviam se conhecido em 1998. Perguntou então se o que estavam fazendo era ilegal.

— Sim — disse o capitão, depois de consultar Gady em inglês.

Teresinha reagiu com naturalidade à revelação, ainda que até um passado recente tenha se perguntado como a jornalista Marisa Raja Gabaglia pôde amar um homem como o médico Hosmany Ramos. A proximidade do crime levou-a a relativizá-lo. Parecia uma moradora das favelas cariocas, criada em um ambiente em que a convivência com o tráfico de drogas é inevitável. Nem parecia uma advogada culta, que sabe que as normas e as leis foram feitas para serem seguidas e obedecidas.

Parte de sua passividade, no entanto, se deveu à crença de que aqueles crimes seriam passageiros. Essa idéia era reforçada pelas pessoas que Gady trazia para o Recife, como um amigo disposto a abrir um *resort* em Porto de Galinhas, o grande empresário de comunicação israelense que pretendia investir num canal de TV a cabo no Brasil e a fazenda de camarões a que um dos seus irmãos se associaria.

Como Gady, ela jamais viajou para a África do Sul, não levou os doadores no aeroporto, nem foi a um médico, laboratório ou mesmo à Polícia Federal para tirar os passaportes expedidos para as vítimas da quadrilha. Acreditava que a conexão estava implantada, cabendo-lhe apenas alimentá-la pagando os aliciadores e desfrutando da vida fácil que Gady lhe proporcionava.

Não teve noção do perigo nos cerca de 16 meses em que a quadrilha funcionou a pleno vapor. Durante as noites insones na cadeia, Teresinha torturava-se com seu desleixo. Deveria ter monitorado melhor as operações, penitenciava-se. No entanto, preferiu se alienar com os programas proporcionados pelo amante, depois dos quais ia para o escritório de advocacia que mantinha em Boa Viagem.

Nunca pensou como o capitão, que acreditava na proteção de um alto funcionário da Polícia Federal. Sabe que sua vida foi arruinada. A OAB suspendeu sua carteira profissional. Teve seu nome jogado na lama. Jamais será perdoada pela família. E o pior de tudo é que ninguém acreditaria que jamais auferiu lucros com os negócios de Gady.

— Não tem onde cair morta — diz a sobrinha Arúsia.

Todos dizem que ele a destruiu. Mas muitas vezes se pergunta se foi presa por causa dele ou se foi por causa dela que ele foi preso. Gady se negou a aceitar os convites do governo de Israel para que voltasse para seu país porque sabia que, se saísse do Brasil, não poderia voltar mais para os braços de Teresinha. Em Israel, Gady estaria solto. A Justiça israelense só botou as mãos em Ilan Perry, o chefe da quadrilha, por problemas fiscais. Na primeira vez que foi preso, Ilan passou uma semana na cadeia. Na segunda, ficou apenas 24 horas. Ilan só veio a enfrentar um processo devido a seu envolvimento com o tráfico de órgãos em agosto de 2006 e, mesmo assim, na Alemanha.

Gady seguiu esse mesmo raciocínio na hora em que tomou conhecimento de que a Polícia Federal o procurara no Mar Olinda, o hotel no qual se hospedou em algumas passagens pelo Recife.

— Ele não fugiu com medo de não poder voltar mais — acredita Teresinha.

Para Teresinha, Gady só se envolveu com o tráfico de órgãos porque essa era a única alternativa de revê-la.

— Ilan tinha feito a mesma proposta quatro anos antes, quando ele veio para o Recife representando a empresa de segurança australiana.

Ilan é o empresário Ilan Perry. Dono de uma seguradora de saúde em Tel-Aviv, ele articulou a rede para sangrar os cofres públicos de Israel. A rede tirava partido da proibição de transplantes de órgãos, imposta pelos judeus ortodoxos em Israel. Ilan também se aproveitou da privatização do sistema de saúde da África do Sul. A ausência do Estado gerou dois problemas que facilitaram a adesão do empresário Roderick Frank Kimberley à proposta de Ilan: diminuiu o controle dos hospitais e a falta de investimentos públicos deixou ociosa uma equipe de médicos e cientistas mundialmente famosos, dentre os quais o de maior destaque foi o cardiologista Christian Barnard. Barnard fez o primeiro transplante de coração no mundo, em 1969.

É verdade que, com o bêbado Ivan por perto, o tráfico de órgãos jamais prosperaria no Recife. Mas a principal razão para Gady vir sempre ao Brasil era ela mesma, a sua vida. Sem ela, poderia muito bem dizer ao amigo que se virasse, como fizera quatro anos antes.

Teresinha ignorou o processo. O bloqueio chegou a um ponto tal que sequer conseguia ler as intimações recebidas ao longo do julgamento. Esse processo de alienação lhe permitiu acreditar que sairia da cadeia a qualquer momento. Foi assim desde o começo, quando o advogado Emerson Leônidas entrou com o *habeas corpus* negado seguidas vezes pela juíza Amanda Torres de Lucena e pelos desembargadores do Tribunal Federal.

A confissão que fez à juíza em seu segundo depoimento foi forçada pelo irmão mais velho, o juiz aposentado Tota Medeiros. Tota, que como ela e o irmão médico sempre estudou em escolas públicas, dizia que a juíza jamais acreditaria na inocência de uma advogada.

Tota condicionou sua ajuda a um rompimento com Gady. Teresinha ama e respeita o irmão, mas por Gady seria capaz até de matar. A juíza entendeu isso. E escreveu em sua sentença que ela entrou no crime por amor.

Capítulo 7

O SOBREVIVENTE

Talvez não tenha sido à toa que, em seu depoimento à "bela e jovem" juíza Amanda Torres de Lucena, o oficial da reserva israelense Gedalya Gady Tauber tenha solicitado um detector de mentiras. Trata-se de um personagem tão inverossímil quanto a quadrilha de traficantes de órgãos que formou e liderou no Recife.

Devia ter morrido há quase setenta anos, como diz com certo exagero ao lembrar as trágicas aventuras que protagonizou quando os nazistas invadiram a Polônia, durante a Segunda Guerra Mundial. Vivia com os pais num *shteitl* próximo à Ucrânia, chamado Rayvets. Um *shteitl* é uma minúscula comunidade judaica, típica da Polônia. O pai de Gady tinha uma barbearia em Chelm, também conhecida como Cidade dos Bobos. Dava para ir a pé de Rayvets a Chelm. Chelm foi varrida do mapa durante a Segunda Guerra Mundial.

Tinha menos de três anos quando foi levado para a Ucrânia. Ficou escondido no porão de um homem que mais tarde seria preso sob a acusação de colaborar com os nazistas. Só veio a tomar conhecimento da existência desse salvador ao ser procurado por funcionários do ministério das Relações Exteriores da Alemanha, entre os anos de 1957 e 1958. Pode parecer estranho, mas conheceu-o na condição de testemunha de defesa. Nada foi comum na história desse sobrevivente acidental.

Os soldados alemães descobriram o porão no qual vivera por cerca de um ano e o mandaram para um campo de concentração na Ucrânia. Viu então a morte em escalas industriais: cerca de 20 mil crianças foram dizimadas pela cólera, pelo tifo, pelo escorbuto e pela disenteria. Para ele, uma das imagens mais emblemáticas dessa época eram as crianças com as cabeças raspadas e pintadas. A pintura era feita para que os cabelos não crescessem. Os cabelos eram um solo fértil para a proliferação de piolhos.

— Apenas eu e outro menino sobrevivemos — lembra, emocionado. — Porque fugimos.

Não tinha cinco anos quando fugiu, assombrado com os enterros coletivos. Os corpos eram carregados em vagões e despejados em valas comuns. Teve como guia um menino de no máximo dez anos, cujo nome era Menek. Menek não era judeu. Voltou a encontrá-lo na mesma época em que soube de seu salvador ucraniano, por intermédio do ministério das Relações Exteriores da Alemanha. Com seu endereço em mãos, escreveu uma carta convidando-o para conhecer Israel. Menek foi visitá-lo.

Como a maioria dos sobreviventes do Holocausto, Gady tem uma estranha relação com esse período. Não consegue esquecer, mas tem pouquíssimas recordações. Para ele, o Holocausto é uma confusa seqüência de episódios pessoais. Com freqüência, confunde os cenários, as datas, os personagens. Também mistura lembranças com relatos feitos por outrem e fatos pertencentes à memória do povo judeu.

Uma dessas lembranças foi o dia em que fugira do *shteitl*, com o pai, a mãe e a avó materna em uma charrete. Fazia muito frio e a mãe o agasalhara embaixo de um cobertor. Ainda hoje, no entanto, não sabe se a mãe o cobrira por causa do frio. Talvez estivesse escondendo-o dos nazistas. Depois de deixá-lo no porão, os pais de Gady foram capturados e mandados para um campo de concentração em Nova Sibirsk, na Sibéria. Só voltaram a se encontrar depois da guerra, em uma delegacia em Bucara, no Uzbequistão.

Também tem poucas recordações do período posterior à fuga do campo de concentração, junto com Menek. Sabe que zanzou como um cão danado pelos países da antiga União Soviética. No Uzbequistão, por exemplo, as famílias abriam um buraco embaixo da mesa em torno da qual faziam as suas refeições. O cheiro do carvão queimado, que permitia que sobrevivessem àqueles invernos glaciais, ficou impregnado em seu nariz.

Também houve uma noite em que dormiu em uma estação de trem improvisada como abrigo para milhares de pessoas. Arrumaram-lhe um lugar junto a um ferido de guerra. A cama estava quente e Gady dormiu profundamente, abraçado ao seu companheiro de infortúnio. No dia seguinte, só conseguiu se levantar ajudado por vários homens. É que o ferido morrera durante a noite, com o corpo abraçado ao seu. Ficou preso dentro dos braços dele. Parecia uma vítima de um acidente de automóvel entre as ferragens.

Depois da guerra, saiu de Bucara, uma das maiores cidades do Uzbequistão, para a cidade de Khotyn, na imprecisa fronteira entre Ucrânia e Moldávia. Khotyn era melhor que Bucara. Lá restava-lhe ao menos a possibilidade de se passar por familiar de um moribundo no hospital e ficar próximo a sua cama, esperando que morresse. Nessa cidade polonesa, pelo menos os doentes tinham direito a um prato de comida. Fez muitas refeições dessa forma.

Em Khotyn, porém, os judeus voltaram a viver em campos de concentração. Esses campos não se comparavam aos campos da morte nazistas, mas Gady também se orgulha de ter sobrevivido a eles. Lembrar-se de sua capacidade de resistência é um dos antídotos para o suicídio nesse seu novo calvário. O amor por Teresinha também é um bálsamo para a alma.

O pai de Gady queimou suas últimas economias em duas tentativas de fuga, cujo objetivo era chegar a Berlim Ocidental.

Na primeira tentativa, conseguiram atravessar a fronteira da Alemanha, mas foram capturados pela polícia russa quando estavam saindo de Berlim Oriental. Ficaram dois meses presos e foram mandados de volta para Khotyn, mas logo estavam planejando uma nova fuga do campo. Tiveram mais sucesso nessa segunda tentativa.

Quando entrou na adolescência, estava em Berlim Ocidental. Morava próximo ao Portão de Brandenburgo. Tornou-se uma versão polonesa do protagonista do *Império do sol*, filme de Spielberg. Atravessava a fronteira quase diariamente. Usava a mochila escolar para acomodar cigarros, sabonetes, perfumes e lâminas de barbear. Os lucros obtidos no contrabando alimentavam a família e, mais importante, davam para comprar chocolates.

Um dia foi flagrado por um policial da KGB.

— A sorte é que ele também era judeu e com pena de mim me levou até meu pai — lembra Gady.

O pai, que jamais fora alfabetizado, levou-o para um passeio pela cadeia. Fez questão de mostrar o que aconteceria com ele, caso fosse preso de verdade. Tem outras lembranças marcantes do pai. Foi ao lado dele que comeu seu primeiro chocolate, em um mercado na cidade de Bucara. Só um sobrevivente do Holocausto entenderá a importância dessa associação entre pai e chocolate. Foram poucas as crianças judias daquela época que tiveram pai e comeram chocolate. Por isso, Gady se sente amado por Deus e jamais perde o bom humor. É um amor estranho, que lhe exigiu muitas provações ao longo dos seus setenta anos. Mas os judeus têm muitos pontos em comum com os nordestinos que levou para Durban, na África do Sul. Ambos os povos são adeptos do "nóis sofre, mas nóis goza".

Quando Gady foi preso em Pernambuco, seu pai tinha quase cem anos e a mãe, noventa. O pai continuava trabalhando como barbeiro, agora em Tel-Aviv. Como na cidade polonesa de Chelm, o pai continuava indo a pé de casa para o trabalho. Um dos grandes dramas de Gady durante a prisão é que não tinha um motivo para acordar. Aprendeu com o pai que o trabalho é mais importante do que o dinheiro. O pai não tem nenhum cliente, mas acorda como se houvesse uma fila quilométrica na porta do seu estabelecimento. Desde o desmonte da quadrilha, Gady acorda pensando em meios para tirar Teresinha da cadeia. Teresinha é seu muro de lamentações.

Gady só iniciaria a educação formal ao se mudar com os pais para o recém-criado Estado de Israel, num momento que entrou para a história com o nome de Aliá Beit. Foram anos muito duros, se vistos do momento em que foi preso no Recife, onde levava uma vida de rei. Além da dura oposição dos vizinhos árabes, havia um país inteiro a ser construído. Orgulha-se de ter participado do processo de civilização de uma paisagem milenarmente desértica, que no seu entender só podia ser habitada por povos místicos.

Submeteu-se a um longo tratamento psiquiátrico, ao fim do qual havia se tornado o melhor amigo do seu médico, Yoram Barak. Mas o Holocausto continua a ser um trauma pessoal, que o deixa abalado todas as vezes que o visita. Prefere falar sobre a misteriosa quadrilha com que se envolveu depois de ter caído em desgraça na polícia israelense e de se frustrar como empresário no setor de segurança. Recife foi um dos mercados para os quais tentou vender a arte da guerra.

Participou de pelo menos quatro guerras, que, como os episódios da infância, se confundem na sua cabeça. Em uma delas passou nove dias sendo torturado por soldados egípcios até fugir ajudado por um oficial inimigo que jamais voltaria a ver. O oficial não suportou ver os pregos cravados sob as unhas dos pés de Gady. Repreendeu os soldados e abriu as portas para que este sobrevivente acidental pudesse contar mais uma história a seus netos. Talvez a mais importante herança dos judeus seja sua capacidade de sobreviver.

Em 1972, foi ferido com um golpe de baioneta que abriu a ferida curada pelo amigo Eliezer Ramon. Ramon era o bioquímico que estava a seu lado quando foi preso no Recife, no dia 2 de dezembro de 2003. Ramon viajou para o Nordeste para supervisionar os hospitais da região. Fora designado por Ilan Perry, naquele momento interessado em transferir os transplantes de Durban para Recife. A Polícia Federal jamais conseguiu provar isso. Mas o cartão de visitas de Eliezer Ramon, apreendido no dia de sua prisão, apresentava-o como funcionário da TechCom. A TechCom é uma das empresas de Ilan Perry. O médico William Stanford admite ter recebido a visita de Ramon alguns dias antes do desbaratamento da quadrilha. Stanford é o responsável pelo setor de transplantes do Real Hospital Português, em Recife.

Gady tem dois filhos com Miriam, sua primeira mulher. A filha Limor migrou para os Estados Unidos e se tornou uma pacata dona de casa, mas o filho Doron ficou em Israel e seguiu a carreira militar. O filho, que escreveu um livro sobre a família Tauber, perdeu a promoção para general por causa da matéria de nove páginas publicada no *Yediot Acharonot*, sobre os crimes cometidos pelo pai em conluio com o corretor de seguros Ilan Perry e a advogada Eva Ramon, mulher de Eliezer e melhor amiga da ex-esposa de Gady. O *Yediot Acharonot* é o maior jornal israelense.

Não foi a primeira vez que a mídia israelense dedicou manchetes às confusões do pai de Doron. O próprio Gedalya atribui o fim do primeiro casamento à intensa campanha de que foi alvo depois do soco que deu em um bandido em fuga na cidade de Raana, da qual era chefe de polícia. O soco quebrou o queixo do jovem de origem árabe, que, para azar de Gady, era sobrinho do deputado Yossi Sarid.

Já tivera problemas com Sarid seis meses antes, quando o deputado foi fazer campanha em Raana e recebeu uma saraivada de tomates de militantes conservadores. O episódio dos tomates levou Sarid a pedir a cabeça de Gady, mas não lhe deram.

Sarid aproveitou o episódio com o sobrinho para se vingar. O escândalo antecipou a aposentadoria de Gady em três anos.

Começaria uma nova fase nebulosa na vida de Tauber, com passagens pela Holanda, pela Austrália e pelo Brasil. Na CPI instalada na Assembléia Legislativa de Pernambuco, admitiu ter trabalhado na Rússia, na Alemanha e em outro país cujo nome não declinou porque este último era conhecido por seu anti-semitismo. Jamais explicou seu envolvimento na derrocada da União Soviética, mas esteve na Letônia (que chama de Látvia), na Lituânia (que chama de Litha) e na Moldávia. Pode ser uma mera coincidência, mas esses três países são grandes fornecedores do mercado internacional de órgãos.

Gady sempre trabalhou treinando combate pessoal e manipulação de armas, suas grandes especialidades. Chegou a treinar a temida Unidade 14 do ministério do Interior da Rússia comunista. Segundo Gady, a Unidade 14 era tão temida e odiada quanto a KGB. Os agentes que treinou participaram intensamente da guerra do Afeganistão. Essa guerra teve uma grande influência na derrocada da União Soviética. O atentado contra as torres gêmeas é apenas um dos desdobramentos dessa guerra encarniçada, da qual Osama Bin Laden emergiu para se tornar um totem da pós-modernidade.

A conturbada relação que manteve com os agentes federais brasileiros teve origem no conhecimento que eles tinham de suas habilidades. Começaram a tratá-lo como uma versão da terceira idade de McGiver — o herói desarmado e perigoso do seriado da televisão. Só saía da cela com as mãos algemadas para trás. A polícia pernambucana conseguiu tirar o seu humor.

No começo, esta mesma polícia foi motivo de riso para

ele. Soube quando os federais estiveram no Mar Olinda Residence Hotel e só não fugiu porque aguardava a chegada de Ilan Perry para a semana seguinte. Ilan ia para o Nordeste, onde primeiro assinaria um contrato com o Hospital Português no Recife e depois fecharia o negócio acertado entre Gady e um hospital de Campina Grande, na Paraíba, cujo nome o militar reformado esqueceu ou tentou proteger. Depois, ia viajar para Cáli, na Colômbia. Segundo Gady, Cali é uma das conexões do tráfico internacional de órgãos. Quando soube disso, a antropóloga Nancy Scheper-Hughes pensou no cartel da cocaína. Para ela, o tráfico de drogas e de órgãos no mínimo fazem a mesma rota. Ela acredita em algum nível de sociedade entre as duas máfias.

Quando foi preso, Gady propôs uma cilada para capturar Ilan. Pedia em troca que a polícia liberasse o agente de viagens Moisés, o amigo Eliezer Ramon e acima de tudo a namorada Teresinha. A polícia não quis. Preferiu o espetáculo midiático. Com as manchetes internacionais, Ilan cancelou a viagem para o Recife. Gady passou a odiar Ilan desde que foi preso. O major israelense diz que foi traído pelo *big shot* do tráfico de órgãos, para quem ligou a cobrar no momento em que estava sendo levado para a Polícia Federal.

— Não tenho nada a ver com isso — disse Ilan, de Israel.

— Torça para que eu morra na prisão — disse Gady, em hebraico. — Se eu sair vivo daqui, só descansarei em paz depois de matar você.

Ilan fugiu para o Chipre, onde Gady imaginava que estivesse até saber da sua prisão na Alemanha, em agosto de 2006. O dinheiro da quadrilha está no Chipre. O de Gady também.

Gady percebeu a movimentação da polícia dentro do Mar Hotel, nos dias que antecederam sua prisão. Não se preocupou porque contava com as relações de Ivan dentro da polícia. De alguma forma, ele estava certo. Os agentes federais excluíram do inquérito as gravações autorizadas pela Justiça em uma das reuniões promovidas no *lobby* do hotel, da qual participaram membros da cúpula da segurança pública pernambucana e um desses membros é irmão de uma das principais assessoras do delegado Wilson Damásio, o superintendente regional da Polícia Federal. Ele esteve no hotel no dia anterior à ação policial. Gady acreditava que seria protegido por esse escudo.

Naquele momento, Gady imaginava que a polícia da nossa República das Bananas o confundia com um traficante de drogas chamado Gady Barak. Obteve essa informação com o capitão Ivan, para quem telefonou quando soube que os federais estiveram no hotel em que havia se hospedado anteriormente — o Mar Olinda. Não é à toa que devota um ódio todo especial ao capitão. É possível que o capitão tenha armado uma cilada para Gady. Escutas telefônicas feitas pela Polícia Federal revelam que o capitão estava tentando passar Gady para trás. Caiu como um patinho no que imagina ter sido uma armadilha do ex-sócio.

Como acreditava que a polícia estava atrás de um traficante de drogas, desdenhou quando viu dois policiais com as pistolas engatilhadas apontadas para seu coração. Eram nove horas da manhã do dia 2 de dezembro e Gady estava saindo apenas de sunga e com uma toalha no ombro direito. O encontro se deu no corredor do hotel.

— Tenho cem quilos de cocaína no quarto — Gady disse para os policiais, em tom jocoso.

Os policiais ignoraram a piada e começaram a revistá-lo. Era ridículo ser revistado estando apenas de sunga, mas foi. Ficou dias com esta roupa — a sunga e a toalha pendurada no ombro direito. Sentiu-se insultado. Quando chegou à Polícia Federal, também lhe tiraram o aparelho para surdez, os óculos e a dentadura, jamais devolvidos.

— Não sou traficante de drogas — ele disse ao ser algemado, dessa vez num tom sério.

— Nós sabemos — disse um dos policiais.

Na saída do elevador, foi abordado pelo gerente do hotel.

— Desculpe, sr. Tauber — ele disse, mostrando a conta.

Gady foi até a recepção e digitou o número do cartão de crédito. Aproveitou a oportunidade para ligar para Teresinha e para Ilan.

— Teresinha, estou indo para a Polícia Federal — ele disse quando ela atendeu o celular.

A dificuldade com a língua impediu que explicasse o que estava acontecendo com precisão. Os policiais aproveitaram a deixa e armaram a cilada que facilitaria a prisão dela.

— O passaporte dele está vencido — disse o policial.

Ligou a cobrar para Ilan, com quem conversou em hebraico. Cobrou a ajuda prometida no acordo selado antes de sua viagem para o Recife. Esse pacto previa o pagamento dos advogados para toda a quadrilha, caso tivessem problema com a justiça. Mas Ilan resolveu pechinchar na hora em que Gady anunciou uma conta de US$ 50 mil.

— Dou US$ 25 mil — regateou Ilan Perry do outro lado da linha, falando de Israel.

Teve início um período de revolta, insubordinação e mau humor. Não assinou o depoimento na Polícia Federal, recusou a comida oferecida na prisão e se indispôs com os agentes penitenciários. Disse várias vezes que podiam tirar a sua liberdade. Mas não a sua dignidade.

Houve pelo menos três grandes confrontos. Um deles foi na penitenciária Aníbal Bruno, a maior do estado. A máquina corrupta tirou o seu humor, mas fez dele um herói entre os bandidos.

Os agentes penitenciários sumiram com o colchão e os ventiladores que comprou depois da prisão. Ele pediu para falar com o diretor. Surpreendeu-se ao encontrar seus pertences na sala do diretor. Era ali o primeiro elo da rede de corrupção do sistema penitenciário.

Saiu da sala do diretor para o castigo. Além do calor e da total falta de conforto, os presos no castigo eram submetidos a sessões diárias de espancamento. Todos os dias, um agente penitenciário entrava na ala e mandava os presos colocarem as mãos nas grades. Depois, desciam a madeira sobre os dedos dos bandidos.

Gady deu o dedo, quando o agente ordenou que colocasse a mão nas grades. O policial puxou a arma. Gady apontou para a testa e disse:

— Atire.

Gady era um homem prestes a fazer setenta anos. Não tinha nada a perder. Perdera inclusive Teresinha — que insiste em dizer que é a mulher de sua vida. A única coisa que tinha a perder era sua dignidade. Resolveu lutar por ela como se estivesse defendendo a Terra Prometida.

— Atire — disse mais uma vez.

O policial não teve coragem de executá-lo. Começava ali a aura de herói que obrigaria o sistema a devolvê-lo para a custódia da Polícia Federal, no fim de fevereiro. Quando foi transferido para a Polícia Federal, o *Jornal do Commercio* publicou uma reportagem sobre as aulas de artes marciais que Gady estava ministrando ao coletivo de presos.

Cenas semelhantes se repetiram no Cotel e no Barreto Campelo. No Cotel, mandou que o agente penitenciário atirasse em sua testa depois que este último o impediu de ligar para Teresinha. Voltou a fazer a mesma provocação a policiais militares que o obrigaram a se despir, para que revistassem a ala do presídio Barreto Campelo que compartilhava com lideranças do PCC transferidas para Pernambuco depois de uma das rebeliões da facção criminosa de São Paulo.

Sua revolta ficou mais explícita no dia em que depôs na Justiça Federal na segunda vez, respondendo a um processo por desacato à autoridade movido pelo procurador Rafael Ribeiro Nogueira Filho. Quando as portas do elevador se abriram no quarto andar, ele saiu atracado com o agente federal que o conduzia ao tribunal.

A briga, assistida passivamente por juízes, policiais e jornalistas, começara no momento em que a blazer da Polícia Federal passou no Batalhão Henrique Dias, em Jaboatão dos Guararapes. Naquele momento, Gady estava preso no Batalhão Henrique Dias. Foi nesse batalhão que ele cumpriu a maior parte de sua pena.

Os policiais chegaram três horas antes da audiência, algemaram suas mãos e o colocaram na caçapa. Depois foram almoçar na sede da Polícia. Deixaram-no esperando sob um sol escaldante.

Algumas horas depois, o agente Roberto abriu a caçapa e obviamente o encontrou nervoso. Gady, como sempre disposto a lutar por sua dignidade, protestou.

— Vou foder você — Roberto disse, em inglês.

Quando entraram no elevador, Roberto botou Gady de cara para o espelho.

— Agora você tem todo o tempo para me foder — Gady disse, de costas para o agente.

— Judeu sujo — Roberto retrucou.

Gady respondeu com um beijo debochado e ganhou um joelhaço nas costas no momento em que as portas do elevador se abriram.

Quando a briga terminou, Gady tinha apenas algumas escoriações pelo corpo. Já Roberto, com uma mão fraturada e o saco inchado, teve que pedir uma licença médica de três semanas. Todos os golpes aplicados por Gady foram com os joelhos.

O juiz Frederico Pinto, responsável por aquele julgamento desde que a juíza Amanda Torres se argüiu suspeita, perguntou se ele queria prestar queixa contra o policial contra o qual lutara mesmo com as mãos algemadas para trás. Gady lembrou da campanha de que foi alvo em Israel e não quis prejudicar a carreira do agente. Apesar de odiar o anti-semitismo manifestado no xingamento "judeu sujo", prevaleceu a solidariedade militar.

— O senhor tem certeza que não quer processar o agente? — perguntou o juiz.

— Somos soldados — justificou Gedalya. — O senhor é um juiz e jamais vai entender como um soldado pensa. Eu posso matar um soldado num campo de batalha. Mas não vou prejudicar a carreira dele.

O espírito corporativista que soube preservar terminaria lhe trazendo dois benefícios: soube nesse mesmo dia que o agente Roberto era ninguém menos que o irmão do coronel Santos, comandante do Batalhão Henrique Dias. O comandante soube retribuir o gesto, dispensando-lhe um tratamento "cinco estrelas": televisão a cabo, DVD e, principalmente, tantos pernoites quantos Teresinha quisesse. Mas Teresinha preferiu limitar as visitas íntimas a pernoites quinzenais, nos quais chegava na manhã de sábado e dos quais só saía no domingo à tardinha. Esse privilégio podia lhe trazer problemas com o coletivo da Colônia Penal Bom Pastor. O amor por Gady já trouxera muitos problemas. Não queria mais um. Gady ficou irritado com Teresinha por causa de sua política de boa vizinhança na Bom Pastor.

O coronel Santos só pediu uma contrapartida.

— Não quero você conversando com jornalista.

O espírito corporativista também lhe serviu para se defender do processo movido pelo procurador Rafael Ribeiro Nogueira Filho, razão de sua presença ali no tribunal. O procurador estava processando-o por desacato à autoridade. Sentiu-se ofendido quando Gady perguntou se era amigo do capitão Ivan.

A pergunta foi feita no início de uma audiência para a qual fora convocado quase que por acaso, em um dia em que a corte se reuniu para ouvir Teresinha. Teresinha havia procurado a juíza para dar um novo depoimento. Foi seu irmão Tota quem a orientou nesse sentido.

— Quando perguntei se o procurador conhecia o capitão Ivan — Gady disse para o juiz Frederico Pinto, na audiência do processo por desacato aberto pelo procurador — não tinha a intenção de ofender ninguém. É que no meu país os réus têm direito de fazer esta pergunta aos promotores e juízes. Se as autoridades são amigas dos réus, elas são afastadas do caso.

Gady concluiu sua argumentação ao afirmar que as diferenças culturais podem levar a mal-entendidos. O juiz aceitou a sua tese e o absolveu. A absolvição nesse processo foi de fundamental importância para Gady. Se fosse condenado, perderia sua primariedade. Graças a esse status jurídico, só cumpriu um sexto da pena em regime fechado. Gady já foi prejudicado pela Justiça, que o manteve na cadeia por pelo menos seis meses depois de vencido o prazo de sua condicional. A Justiça brasileira deu poucas demonstrações de boa vontade para ele.

Gady é acima de tudo um militar. Como um senhor da guerra, não sofre com crises de consciência quando faz referências aos homens que teriam caído com os tiros disparados por ele em combate.

— Estava num campo de batalha — diz com frieza.

Não sabe quantas pessoas matou ao longo de sua vida. Nem o nome delas.

Aplicaria esse mesmo raciocínio ao negócio que implantou no Recife.

— Há pessoas precisando de um rim em Israel e outras dispostas a vendê-los no Brasil — avalia como se estivesse discutindo alvos militares com seus pares.

As doze horas de vôo até Tel-Aviv impedem o transporte do rim, pois o órgão se torna um músculo sem funções em quatro horas.

— O transplante só pode ser feito se o doador e o receptor se encontrarem em um mesmo hospital.

Ainda como um militar, Gady vê-se como um técnico a serviço do governo. Daí a importância que deu ao fato de o dinheiro sair legalmente de Israel, cujo governo usaria a empresa de Ilan Perry como um meio de burlar os judeus ortodoxos, aos quais Gady só se refere como "fanáticos". Viajou para Recife em uma missão.

— Nunca vi as pessoas — diz, usando o mesmo raciocínio aplicado para eximir-se de culpa dos soldados que matou no campo de batalha.

Dois dados de um acaso imprevisível atrapalharam os planos do estrategista: a paixão fulminante por Teresinha e os porres de Ivan, que o obrigaram a permanecer no *front* e lutar como um reles soldado. Não fossem esses lances fortuitos do destino, poderia usar em sua defesa o mesmo álibi que utilizou para contestar a acusação de que era o líder de uma quadrilha internacional.

— Aqui está meu passaporte — defende-se. — Veja se tem visto de entrada na África do Sul, na Romênia ou nos demais lugares em que tem tráfico de órgãos.

Talvez o álibi seja frágil, pois um homem envolvido com o serviço de inteligência poderia ter mais de um passaporte. Mas não deixa de ser um álibi.

Conheceu Teresinha em sua primeira passagem pelo Recife e alguns dias depois de ter matado o primeiro homem cujo rosto ele conhece. Foi um bandido que invadiu o apartamento dúplex que estava dividindo com Julian, empresário australiano que o trouxe para o Recife, nas imediações do Recife Palace Hotel. O Recife Palace Hotel fica na avenida Boa Viagem.

— Eles disseram que eram da polícia federal e eu abri a porta — explicou depois aos policiais que o interrogaram.

Apontaram uma pistola na sua cara e o imobilizaram antes de um deles subir as escadas, atrás de dinheiro e jóias.

Confiante, o bandido que o escoltou não percebeu quando se livrou das cordas e partiu em sua direção.

— Quando deu por si, ele já tinha levado os dois tiros que o matariam alguns dias depois no hospital — lembra Tauber com uma expressão piegas para quem participou de tantas guerras.

Foi atrás do outro bandido, mas ele conseguiu escapar. Pegou então o bandido alvejado, colocou-o nas costas e o levou até o Recife Palace Hotel. Queria usar a recepção do hotel para chamar a polícia. Mas foi barrado pelos seguranças, que não entenderam seu inglês ou não se sensibilizaram com sua dificuldade com a língua portuguesa. Gady previa que essa dificuldade lhe traria problemas na hora de depor na polícia. Terminou tendo mais problemas com a burocracia, pela qual foi obrigado a passar horas rodando de delegacia em delegacia até encontrar uma autoridade que pudesse responder por aquele caso.

— Foi por causa da burocracia que o ladrão morreu — acusa Gady. — Ele só foi conduzido para o hospital depois de sangrar durante horas.

No fim do périplo burocrático, Gady depôs na Delegacia de Boa Viagem. Segundo o capitão Ivan, foi nesse dia que Tauber conheceu o policial José Germano. Ainda segundo o capitão, o simpático e sedutor Gady se tornou amigo de Germano. Foi Germano quem mandou o enigmático *e-mail* para os agentes federais sediados no aeroporto do Recife, denunciando Gady Barak.

Gady narrou esse episódio de uma maneira diferente. De acordo com seu relato, parte do *tour* pelas delegacias do Recife se deveu à ignorância dos policiais. Nenhum dos policiais de plantão naquele dia sabia falar inglês.

— Tenho o telefone de um policial que fala inglês muito bem — disse Gady, lembrando-se enfim de José Germano.

Aquela seria a segunda vez em que Gady e Germano se falariam. A primeira fora na Delegacia do Turista, depois de um furto de que ele e o sócio australiano Julian foram vítimas na praia de Boa Viagem. A última foi no Recife Antigo, quando Gady e Teresinha o viram com uma diplomata que levaria o policial a se separar de sua esposa e a se transferir para a França. Esses três encontros ocorreram na primeira temporada de Gady na cidade.

Gady gostou de Germano logo no primeiro encontro e saiu da Delegacia do Turista com o telefone do policial no bolso. Na segunda vez que se falaram, saíram da Delegacia de Boa Viagem para tomar um chope. Soube nesse dia que Germano era um dos inúmeros marranos que freqüentavam a sinagoga da rua Martins Júnior, no Centro do Recife. Os marranos são os cristãos-novos de origem espanhola, que tiveram de se converter ao catolicismo para não serem queimados nas fogueiras da Santa Inquisição. Muitos deles voltaram a comungar a religião judaica, depois de descobrirem suas origens. A primeira mulher de Germano era uma católica fervorosa, que se opôs a sua reconversão. Ela também não admitia que criassem a filha do casal como uma judia. Com a diplomata francesa, tiveram fim os conflitos religiosos de José Germano.

Gady estranhou quando tomou conhecimento do *e-mail* de Germano. Demorou a acreditar que a investigação tivesse ganhado uma nova dinâmica com ele. Mas tão logo admitiu esse fato, associou-o a Ivan. Para ele, a abordagem de Tamir Cohen na sinagoga de Nantes jamais existira. Tamir Cohen, como Gady Barak, não tinha nada a ver com o tráfico de rins. Ambos eram traficantes de drogas, presos em meados da década de 1990 em Recife.

— O policial usou esses nomes como um subterfúgio — disse Gady.

Duas coincidências chamaram a atenção de Gady: apenas o capitão sabia do vínculo entre Gady e Germano e a data da denúncia coincide com o dia em que o oficial da reserva israelense ligou para Ivan e disse que ele estava fora do negócio dos rins. A razão do corte do capitão tinha sido uma denúncia feita por Josué.

— Ele me disse que o capitão ficava com US$ 6 mil dos US$ 12 mil que lhe dava por cada doador que conseguia — disse Gady.

Na verdade, ele deveria ficar com uma comissão de US$ 2 mil, e o doador, com US$ 10 mil. Furioso com a saída do negócio, especula Gady, o capitão se vingou entregando-o à polícia.

O apartamento assaltado em 1998 tinha sido alugado por Gady enquanto fazia negócios com o coronel Gustavo Neves, comandante geral da Polícia Militar durante o governo Arraes. Gady procurou o coronel, quando foi liberado pela Delegacia de Boa Viagem. O coronel o aconselhou a abandonar a cobertura que dividia com Julian.

— Os bandidos podem tentar se vingar — aconselhou o comandante.

Julian voltou para a Austrália e Gady foi morar com o capitão, no apartamento da praia de Setúbal. A praia de Setúbal fica depois de Boa Viagem. Tem uma parte nobre e uma pobre. O capitão morava na parte pobre. A foto do apartamento do capitão, tirada pelo agente federal Vilanova, foi usada como uma das grandes provas do seu envolvimento com o tráfico de rins. Em pouco mais de um ano de atividade, ele se mudou para um apartamento de luxo.

Gady chegara à cúpula da segurança pública pernambucana por intermédio do capitão Ivan, cujo desempenho como lobista era notável. Mas a aptidão para abrir portas era igual à capacidade de gastar dinheiro em farras intermináveis, que faziam dele um homem sempre desesperado por dinheiro.

— Por causa da vida perdulária de Ivan, gastei toda a minha poupança em dez meses — lamenta Gady.

O negócio terminou não saindo, e, em janeiro de 1999, teve que atender aos apelos da mulher Judith — a empresária holandesa que estragou a festa de ano-novo da família Medeiros, depois da fofoca de Eldênia. Mas saiu do Recife com a sensação de paraíso perdido no colo de Teresinha e três anos depois recebeu com outros ouvidos a proposta feita anteriormente por Eva Ramon.

— Ela era a sócia de Ilan Perry na Macabi, companhia de seguro de saúde que administrava o dinheiro dado pelo governo israelense para os doentes fazerem transplantes renais em outros países.

Ligou para Ivan de Israel, em um episódio que cada um deles narrará à sua maneira: na CPI, o capitão disse que atendera ao desesperado pedido de um amigo, com um caso terminal na família; o israelense disse que fora direto ao ponto com Ivan, perguntando-lhe se não tinha como conseguir fornecedores da matéria-prima para o negócio que pretendia abrir no Recife.

Teresinha disse que alertara Gady em mais de uma ocasião sobre a ilegalidade do que estava fazendo, mas pelo menos publicamente ele insistiu na tese de que fora enganado por Ivan. E dá como emblema dessa versão o dia em que ambos foram a um jornal pernambucano publicar um anúncio classificado solicitando doadores de rim. Segundo Gady, o ex-ferroviário Josué Luiz da Silva foi testemunha desse episódio inusitado. Nenhuma das autoridades envolvidas na investigação da quadrilha localizou o anúncio.

Embora se orgulhe dos seis idiomas que domina, Gady só aprendeu a falar português na cadeia e por esse motivo não sabe dizer o nome do jornal em que se apresentou como um empresário interessado em vendedores de rim. A disparidade entre o dólar e o real, graças à qual teve a sua vida de rei no Recife, não lhe permitiu perceber que o valor apresentado pelo capitão,

R$ 500, era muito alto para um simples anúncio classificado de um jornal pernambucano em meados de 2002.

Na CPI, ele disse que, além de bêbado, mentiroso e irresponsável, o capitão era uma pessoa pegajosa.

— Não consegui me livrar dele — afirmou perante os deputados.

A missão de Gady no Recife era formar o grupo que intermediaria o aliciamento de doadores. Depois voltaria para os negócios no campo da segurança, dando cursos para empresas de vigilância em cidades reféns da violência. Como se sabe, Israel é uma Meca para essas empresas.

— Só fiquei porque Ivan gasta tudo em bebida.

Essa tese tem pelo menos uma inconsistência: a necessidade que sempre alegou ter de Teresinha, razão da sua adesão à proposta da amiga Eva Ramon. Mas é compatível com o esforço que fez para inserir Fernanda Callado no negócio, apesar da oposição do capitão à bela mulher que ambos conheceram no *coffee break* de um seminário para corretores de seguro de saúde, no Mar Olinda Hotel. Aproveitou as manhãs que Teresinha passava no escritório para treiná-la e, segundo a própria Fernanda, fizera a seguinte imposição a Ivan:

— A cada três pessoas que você mandar para a África do Sul, a comissão de uma será de Fernanda.

Ivan não aceitou a reserva de mercado para uma concorrente que, embora jamais tenha deixado de levar uma passagem no aeroporto porque estava de ressaca, não falava inglês nem possuía a chave das portas que abrira para a quadrilha. Talvez venha daí a fama de prostituta que deixou Gady chocado. Primeiro Ivan a levou para os ouvidos de Teresinha e depois aos ouvidos da comunidade de aliciadores do subúrbio.

Muito provavelmente o agente federal Vilanova soube que Fernanda freqüentava as boates Cuba Café e Sampa, os pontos de prostituição feminina mais sofisticados do Grande Recife, por intermédio do informante Rubinho. Vilanova foi um policial determinado, que encheu os pés de calo atrás da quadrilha comandada por Gady. Mas não teve tempo para ir nas boates que Fernanda supostamente freqüentava. Descobriu Gady no dia 28 de novembro. As prisões foram efetuadas na manhã do dia 2 de dezembro. Entre esses dias, passou a maior parte do tempo fazendo campana no Mar Hotel.

— Eu jamais faria sexo com uma mulher mais nova do que minha filha — indignou-se Gady, quando informado de que a polícia trabalhou com a hipótese de que havia um triângulo amoroso entre ele, Fernanda e Teresinha.

Também alega em sua defesa a aliança entre as duas:

— Você acha que Teresinha ia ficar calada, se Fernanda fosse minha amante?

Talvez o triângulo amoroso esteja no campo do imaginário, mas há outros indícios do envolvimento entre Gady e Fernanda. Gerehmias Belarmino Azevedo Júnior, o professor de inglês Geré, lembra do dia em que Josué o levou ao hotel para que servisse de intérprete nas conversas que passou a ter com Gady, depois da ruptura do ferroviário aposentado com o capitão.

— Vi a Fernanda indo de biquíni para o hotel — conta Geré. — O Josué disse então: aquela galega é do Gady.

Numa outra visita a Gady, Geré pegou uma carona com o capitão. O capitão estava indo para a Associação dos Oficiais da PM, da qual era diretor à época. A associação fica na avenida Agamenon Magalhães, no caminho para Olinda. De lá, Geré podia pegar o ônibus Conjunto Beira-mar, que leva direto até o Janga.

— O capitão estava pau da vida — lembra Geré.

A irritação do capitão se devia ao fato de ter passado o dia ciceroneando Fernanda pelas melhores lojas de móveis da cidade, para que mobiliasse sua casa. Gady estava pagando tudo.

— O judeu está babando por aquela menina — disse o capitão a Geré.

Esse diálogo revela duas coisas: Fernanda era amante de Gady. E pelo menos até julho de 2003 Gady manteve a sociedade com o capitão Ivan. Foi mais ou menos nessa época que Geré deixou de ir ao hotel.

Ivan foi apresentado a Ilan e a Eva, que posteriormente o mandaram, juntamente com a esposa Eldênia, para uma temporada de nove semanas na África do Sul. Na volta, houve uma série de mudanças na administração da quadrilha, as quais Gady só teria tomado conhecimento por terceiros. Uma dessas alterações foi a drástica queda no valor dos rins, que no momento de implantação do negócio era de US$ 10 mil e, a partir da viagem de Ivan, passou a ser de US$ 6 mil.

Gady estranhou ainda a transferência do local do pagamento, que era sempre feito em Durban e a partir da viagem do capitão começou a ser realizado em Recife.

— Eu só pagava aqui se havia algum problema de caixa em Durban ou se, na pressa de voltar para casa, os doadores esqueciam de pegar o dinheiro.

Alguns relatos corroboram a versão do oficial da reserva israelense, segundo a qual a comissão de Ivan chegaria por intermédio dos doadores. Leandro Silvino Gomes foi um dos doadores que trouxe consigo um envelope destinado a Ivan. Esse também foi o caso de José Carlos Conceição da Silva, assaltado em São

Paulo ao fazer um *tour* pela cidade com o dinheiro do rim no bolso. Segundo o depoimento de José Carlos na Polícia Federal, os bandidos pouparam apenas a comissão do capitão.

O azarado Rogério tentou recusar o dinheiro que lhe foi entregue pela intérprete Dalila, enquanto essa tentava se livrar da polícia em Durban.

— O combinado foi eu pegar com o capitão, lá em Recife — dissera antes de esconder o pacote de dólares no meio do curativo, que posteriormente foi confiscado pela polícia como prova material do processo.

Outros relatos, porém, desautorizam Gady. Geré, que viajou sem saber se pegaria o dinheiro em Durban ou em Recife, disse ter pegado o dinheiro diretamente com Gady, na manhã seguinte ao seu desembarque. Ainda que em seu depoimento Telinho tenha afirmado que recebera o dinheiro em Durban, o informante Rubinho disse à mesma Polícia Federal que o ex-cunhado fora pago por Gady no hotel. Já Mirinho pegara seu dinheiro com o capitão, no *self-service* em frente à agência Marquês do Rio Branco do Citibank. O capitão estava saindo de um encontro com Teresinha dentro do banco.

Gady não tem como negar a existência da conta e do cofre, abertos no nome de Teresinha no Citibank. Mas o dinheiro movimentado na agência da rua Marquês de Rio Branco seria inferior a dez por cento do montante faturado pela quadrilha. Essa conta foi usada para cobrir as despesas com médico, exames, passaporte e o adiantamento dado a cada um dos viajantes.

— Foram poucas as vezes que Ilan me ligou, pedindo para que pagasse o doador no Recife — insiste Gady.

No começo, Gady trazia esse montante no próprio bolso. Mas depois de uma intriga de Ivan, conforme relatou na CPI, ficou com medo de ser morto por Josué. Quando quis confirmar a ameaça com o ferroviário aposentado, Gady acreditou na sinceridade das lágrimas com que defendeu sua inocência.

— Mas Ivan trouxe o filho, a esposa e a própria Teresinha para confirmar aquela ameaça e eu terminei acreditando — contou para os deputados, ao explicar o momento em que decidiu recorrer ao sistema financeiro.

Queria evitar novos episódios traumáticos, como o que resultou na morte do bandido que tentara assaltá-lo na cobertura alugada em Boa Viagem, vizinha ao Recife Palace Hotel.

Tentou se livrar de Ivan já na primeira remessa de doadores para Durban.

— Mandei Eldênia junto com eles — disse Gady.

Eldênia viajou sem o marido para a África do Sul, na condição de chefe da conexão em Recife. Mais tarde, ela voltou a viajar para Durban, agora na companhia do capitão. Gady voltou atrás em sua decisão por causa do olhar de cachorro faminto do capitão. Mas a chefia do esquema era feita por Eldênia. Gady jamais entendeu sua libertação. Uma das razões da sua revolta com a Justiça brasileira se deve à libertação de Eldênia e à prisão de Teresinha. No seu entender, a Justiça usou dois pesos e duas medidas.

Suportou o capitão até meados de 2003, quando ligou para Josué, a quem considerava uma "alma pura" desde o dia em que o aposentado depositou em uma mesa de bar os US$ 13 mil poupados ao longo de toda uma vida e pediu para ser sócio da I&G. A I&G era uma empresa de segurança, aberta em parceria com Ivan e daí vem a letra I do nome. O G era de Gedalya. A I&G foi aberta na primeira viagem de Gady ao Brasil.

— Josué, Ivan bebe demais — Gady disse ao telefone. — Não quero mais conversa com ele.

Mas teve que voltar atrás quando um dos funcionários do Mar Olinda Hotel procurou Teresinha, dizendo que a Polícia Federal estava atrás de Gady.

— Liguei de imediato para Ivan, perguntando se ele sabia o que os federais queriam comigo.

A resposta de Ivan chegou no dia seguinte. Era muito próxima do fato registrado pelo agente Vilanova no relatório apresentado à delegada Karla Mattos.

— Eles estão procurando um israelense chamado Gady Barack — disse o capitão. — Ele está envolvido com tráfico de drogas.

Gady pediu então para que procurasse o mítico primo de Eldênia, o delegado federal sobre o qual o casal tanto falara. Quando a juíza Amanda Torres de Lucena o inquiriu a esse respeito, o capitão confirmou a ida à Polícia Federal. Mas negou ter parentes na Polícia Federal.

Ilan ligou para Gady quando a polícia sul-africana começou a fazer as primeiras prisões, alguns dias antes de a quadrilha de Recife ser desbaratada.

— Acreditava que seria detido, interrogado e liberado em seguida — disse o israelense. — Se muito, passaria seis meses preso.

Mas não foi exatamente por isso que não viajou naquela ocasião.

— Minha mulher é minha vida.

Gady tinha consciência de que, se fugisse do país, não poderia voltar. Segundo Teresinha, seu namorado usou essa mesma desculpa para recusar a proposta para que cumprisse pena em Israel. Para Teresinha, Gady só continuava vindo ao Brasil para vê-la. A insistência no Brasil também motivou a ruptura com o filho Doron. Foi Doron quem acionou a Embaixada de Israel, a fim de que propusessem a transferência de Gady para Israel.

É possível, no entanto, que Gady tenha medo de voltar para o seu país. Em Israel, os militares presos em combate podem pegar até 20 anos de prisão, caso revelem segredos de Estado. A indiscrição perante a juíza Amanda Torres de Lucena, a quem disse que o dinheiro das cirurgias provinha do seguro saúde de Israel, provocou embaraços diplomáticos em seu país. Alguns dias depois da revelação de Gady, a Embaixada publicou um desmentido nos jornais.

— Quando fiz essa revelação, estava magoado com o governo que sempre servi com lealdade, acima de questões religiosas ou políticas.

Sentia-se lesado pelo funcionário da Embaixada que ligou de Brasília, dizendo que cuidaria do seu caso desde que pagasse as passagens e a hospedagem. O nome desse funcionário é Eitan Surkis. No seu cartão de visitas, consta que desempenha a função de ministro conselheiro da Embaixada de Israel.

— Eu pago — respondeu Gady, apesar da demora de quase dois meses para aquela oferta de ajuda.

No entanto, o emissário do governo de Israel chegou com um pedido que o deixou ainda mais revoltado. A solicitação foi apresentada numa audiência que durou dez minutos, se muito.

— Ele não queria que dissesse em juízo qual era a origem do dinheiro, pois poderia provocar tanto um constrangimento diplomático quanto problemas com os fanáticos de Israel.

O procurador da República Samuel Miranda Arruda desdenhou a denúncia de Gedalya Gady Tauber, que no seu entender estava criando uma cortina de fumaça com argumentos religiosos para justificar negócios escusos. Mas, para Tauber, o procurador era uma das muitas pessoas contaminadas pelas teses advogadas pelo capitão Ivan.

De acordo com essas teses, Gady faturara US$ 4,5 milhões à custa dos incautos moradores da periferia recifense. O mesmo capitão fez as pessoas acreditarem que Gady vivia no circuito Romênia, África do Sul e Irã, quando seu passaporte não registra nenhuma passagem oficial por esses países. Até mesmo o cruzeiro a Miami, na primeira viagem de Teresinha aos Estados Unidos, tornou-se uma viagem de negócios com parada em Nova York e Los Angeles.

Gady começou a se ver como vítima de um complô internacional, com conexões pernambucanas.

— Passei dois meses a pão e água na cadeia, com medo de ser envenenado.

Enxergava aliados do capitão em todos os lugares. Foi no auge dessa crise de perseguição que respondeu a um processo por desacato à autoridade, ao perguntar a um dos procuradores da República se ele era amigo de Ivan. Recusou-se a falar com os federais que tentaram interrogá-lo sem a presença do seu advogado. O comportamento paranóico corroborava o quadro pintado em cores vivas pela mídia.

Gady só se acalmou ao ser ouvido pela "bela e jovem juíza" Amanda Torres de Lucena. Criou uma relação de empatia com a juíza, que, segundo Teresinha, mal conseguia conter o riso com as tiradas de Gady. Uma dessas ocasiões teria sido quando a magistrada perguntou se era verdade que queria matar o capitão.

— Sim — Gady respondeu. E acrescentou com a irreverência que marcou o comportamento do réu ao longo do julgamento: — Pode?

Segundo o major israelense, todos têm uma lista de pessoas que gostaria de matar. E não o fazem porque a lei não permite. A juíza riu com as tiradas de Gady. Mas achou por bem transferir o capitão Ivan, que até então estava detido no Batalhão Henrique Dias. O capitão cumpriu a maior parte da sua pena no Batalhão de Polícia Montada, no bairro de San Martin.

Gady voltou a mostrar descontração durante o processo movido pelo procurador Rafael Ribeiro Nogueira Filho. Quando viu que seria julgado pelo juiz Frederico Pinto, voltou-se para o intérprete e disse:

— Por que tenho de aturar esse juiz chato e feio? Prefiro minha juíza jovem e bonita.

Gady teve vontade de se enterrar no chão quando o juiz disse que estava entendendo o que ele dizia e lamentava muito não poder ajudar.

Também chegou ao Batalhão Henrique Dias precedido da aura de monstro, mas, com a ajuda de 60 mg diários de Prozac, conseguiu criar um bom ambiente com os outros presos e os policiais. O banho de sol algemado ficou para trás, mesmo que o quartel de Jaboatão dos Guararapes esteja longe de ser uma unidade de segurança máxima. Também não precisou defender seus pertences com unhas e dentes.

No batalhão, mudou o foco das preocupações. A saúde se tornou prioritária desde a perda de alguns dentes por causa de uma periodontite e do alerta dado pelo urologista quanto à urgência de uma operação de próstata. Gady só se submeteu à cirurgia em abril de 2006, dois anos depois de sua prisão. Fez a operação com um dinheiro emprestado por Teresinha.

A falta de dinheiro para tratar da saúde tinha três possíveis significados: ou estava impossibilitado de movimentar sua fortuna, ou fora traído na hora da divisão do butim, ou não era o líder de um esquema pintado em cores fortes pela mídia, que teria faturado US$ 4,5 milhões em dois anos de atuação. Nem mesmo o ácido humor judaico seria capaz de conceber um fim mais irônico para Gedalya Gady Tauber.

Capítulo 8

O FERROVIÁRIO QUE CONHECE AS LEIS

O ferroviário aposentado Josué Luiz da Silva lutou bravamente para reparar os estragos provocados pelo capitão Ivan Bonifácio da Silva, um *tsunami* em sua vida. O esforço foi em vão. No dia 17 de dezembro de 2004, a juíza Amanda Torres de Lucena Araújo Diniz ratificou a acusação de que por trás da aparência de pacato pai de família estava um dos diretores da primeira quadrilha internacional de órgãos cuja existência foi comprovada.

Na verdade, o nome do aposentado apareceu em outras peças das cerca de 5 mil páginas do processo que teria 28 envolvidos, entre fornecedores e intermediadores dos rins vendidos no açougue de Durban. O tiro de misericórdia, que levaria à decretação do seu pedido de prisão em dezembro de 2003, foi o depoimento do personagem mais visível na mídia: o capitão Ivan afirmou que dividia a comissão de 2 mil dólares por cada cabeça mandada para a África do Sul. O beneficiário desse rateio era o amigo que conhecera na década de 1980, quando se tornaram vizinhos no conjunto residencial Cordeiro de Farias e companheiros de intermináveis cervejadas.

É possível que a acusação do capitão não passasse de uma *trap*, palavra da língua inglesa que Josué ouvira o capitão pronunciar inúmeras vezes e que poderia ser traduzida como cilada, armadilha. Outros relatos da quadrilha davam conta de que o capitão não dividia a comissão, não tendo sido por acaso o traficante cujo patrimônio mudou de modo mais significativo ao longo dos dezesseis meses em que a "Conexão Recife" funcionou a pleno vapor. Esses mesmos relatos registravam a ruptura entre Josué e Ivan, ainda que as razões do racha só fossem do conhecimento deles.

Com medo de represálias de um militar com fama de violento, Josué não ousou revelar as razões da briga que o manteve longe de Ivan entre os dias 29 de setembro de 2002 e o sábado anterior ao Dia das Mães de 2003. Chegou a oferecer a quebra de seu sigilo telefônico tanto à juíza da 13ª Vara Federal quanto aos deputados da CPI. Ninguém se interessou pelo seu álibi. Mesmo que, segundo o ex-ferroviário, esse tivesse sido o período de atuação mais intensa da quadrilha.

Josué tem a data exata da briga não por ser um homem de gravar esse tipo de detalhe, embora na prática o faça. Mas a decorou por duas razões. A primeira é que ninguém esquece uma ameaça de morte. E a segunda é que ela foi feita no dia em que Ivan finalmente se casou com a mãe de seus dois filhos, Eldênia de Souza Cavalcanti, a dona Dena.

Segundo Josué, o capitão telefonou enfurecido para sua casa.

— Quem entra no meu caminho — disse o ex-amigo — eu atropelo.

O telefonema foi uma represália à tentativa de Josué convencer Telinho a não embarcar para Durban. Josué interpelou o mecânico do bairro depois da crise de consciência em que mergulhou ao apresentar o primo de Telinho, o lanterneiro Marconi, ao capitão. Telinho foi o primeiro pernambucano a embarcar para Durban. Quando voltou, começou a trabalhar para a quadrilha. Chegou a ser preso, mas foi libertado 45 dias depois.

Há pelo menos uma contradição no episódio relatado por Josué. É que o ex-ferroviário, que até o julgamento alegou inocência, admitiu ter aliciado duas das três pessoas incluídas na sua sentença: Marconi e o próprio Telinho. Mas mesmo nesses casos ele minimizou a sua participação.

— Eu apresentei Marconi, mas não ganhei nenhum centavo. A apresentação foi feita por causa da insistência de Marconi, quando ele soube que o capitão daria "um agradozinho" de 10 mil dólares a quem doasse um de seus rins.

Josué também registrou o dia em que tomou conhecimento da adesão do oficial reformado ao negócio proposto por Gedalya Gady Tauber, que estava reaparecendo no Recife depois de três anos sem dar notícia.

— Eu estava em Olinda, consertando a impressora da irmã de um advogado que conheço de Boa Viagem — conta Josué, que depois da aposentadoria na Refesa (Rede Ferroviária Federal SA) se tornara técnico em computação para complementar sua renda.

Recebeu então um telefonema de Ivan, convocando-o para uma reunião de urgência no Spettus, uma sofisticada churrascaria na avenida Agamenon Magalhães.

Josué é um homem simples, criado com dez irmãos no bairro de Jardim São Paulo. E se sentiu intimidado naquela churrascaria que "tinha tudo do bom e do melhor" e era "freqüentada até por deputados", como mais tarde contou ao amigo José Cavalcanti do Nascimento Júnior, o Zinho. Zinho é irmão de João, marceneiro de Jardim São Paulo tido como um dos principais aliciadores da quadrilha. Zinho também fazia parte do esquema, mas não foi denunciado. Só chegou a ser incomodado pela CPI, que descobriu cheques assinados por Zinho no laboratório de análises clínicas Gilson Cidrim.

Entre uma fatia de picanha e uma lingüiça assada na brasa, Ivan disse que Gady deixara para trás a empresa de segurança australiana que o trouxera para o Recife e o negócio com lombadas eletrônicas com que tentou prorrogar a sua estada na capital pernambucana, igualmente falido.

— O nosso Gady aqui tem uns amigos que estão precisando de rim — disse o capitão depois de trocar algumas palavras em inglês com o oficial israelense. — Você ganha US$ 2 mil por cada pessoa que arrumar.

Havia duas grandes diferenças entre Josué e Ivan: o militar tinha a farda para protegê-lo e estava numa situação financeira trágica, tendo inclusive perdido o carro para os credores. Por essa razão, o ex-ferroviário não se empolgou com o empreendimento que em poucos meses deu um endereço nobre ao amigo, no edifício Tortuga, da rua Carlos Pereira Falcão, em Boa Viagem. Mas quis o destino que fosse comentar a proposta com o marceneiro Zinho.

— Mas rapaz, o mundo é cruel — disse ao amigo, dono de uma serraria uma rua depois da sua. — Chegou um cara aí, um gringo, fazendo esta proposta.

Segundo Josué disse ao se apresentar na Polícia Federal no primeiro dia útil de 2004, Zinho voltou a procurá-lo no dia seguinte para anunciar o interesse do lanterneiro Marconi.

— Rapaz, o Marconi tá doido pra ir — Zinho disse a Josué.

Posteriormente, Marconi e Zinho foram promovidos a aliciadores, ainda que apenas o primeiro tenha sido preso. A serraria de Zinho se tornou um importante ponto de agenciamento da quadrilha. Por coincidência, ali funcionava um bar onde Josué e o capitão tomaram muitos porres. O bar, chamado Bar do Estrela, tinha sido do avô de Zinho, o seu Estrela. Ainda se podem ver vestígios do bar no terreno onde na época funcionava a marcenaria.

Na época, Josué estava brigado com Marconi por causa de um galeto deixado por esse último no bar freqüentado pela turma e devorado na sua ausência. As pazes foram celebradas enquanto o amigo de cachaça insistia em ser apresentado ao capitão. Josué tentou convencer Marconi de que ele era um bom profissional e de que trabalhando duro poderia reverter a delicada situação econômica em que se encontrava.

— Que tem essa parada aí, tem — admitiu por fim. — Eu não sei como é, mas só digo uma coisa, Marconi: não vale a pena.

Desempregado e cheio de dívidas, Marconi só parou de pressionar depois que Josué prometeu apresentá-lo a Ivan. O capitão, que mandara Gady vir sem medo para o Recife, ficou entusiasmado com a confirmação da sua tese.

— Foi o mesmo que largar uma bola de ouro na mão dele — lembra Josué.

Marconi foi mimado de todas as formas pelo oficial reformado. Acompanhado de dona Dena, levou-o para fazer exames laboratoriais, tirar passaporte e comprar passagem.

Mas quis o destino que Telinho, o primo de Marconi, fosse o primeiro pernambucano a viajar para Durban com a finalidade de vender o seu rim. Como o primo, Telinho se tornou aliciador e foi preso em dezembro de 2003. Na Polícia Federal,

Telinho admitiu ganhar US$ 1 mil por cada pessoa indicada, mas não citou o nome de Josué. Já Marconi não falou dos ganhos obtidos com o agenciamento, mas incluiu o nome de Josué na "cúpula do tráfico de órgãos".

Telinho foi na frente porque só havia vaga para uma pessoa naquele vôo e Marconi não tinha coragem de ir sozinho. Na verdade, os dois primos deveriam ir juntos, mas, por uma razão que jamais foi explicada ao grupo, um dos lugares foi reservado para Carlos Bonifácio. Carlos Bonifácio é um sobrinho do capitão Ivan. Morava no Cordeiro, bairro no qual o capitão fora criado.

Telinho teve uma vida de rei em Durban, onde ficou cerca de um mês no Holiday Inn, uma das maiores cadeias de hotéis do mundo. A unidade de Durban fica na beira da praia, num prédio suntuoso. É tão suntuoso que Telinho jamais se perdeu em Durban. Bastava olhar para cima, quando se afastava do hotel e não sabia como voltar. Era só procurar o prédio mais alto. O único inconveniente foram os ventos de setembro. Eram fortes e gelados.

A guia da viagem foi Eldênia — a esposa do capitão. Eldênia trouxe muitos problemas para Gady, que recebeu um telefonema de Rody dizendo que não a mandasse mais. No entanto, ela foi perfeita para Telinho.

— Ela estava por perto todas as horas em que precisei de um intérprete.

Segundo a antropóloga norte-americana Nancy Scheper-Hughes, o tratamento dispensado a Telinho foi uma simples repetição da estratégia adotada pela quadrilha de Ilan Perry em todo o mundo. Ele tinha que se sentir um rei. Se voltasse satisfeito, conseguiria novos clientes para a quadrilha. De alguma forma, a rede dos rins funcionava da mesma maneira que a Amway e as igrejas evangélicas. Cada um que "chegava lá" atraía um número expressivo de seguidores.

Além do conforto da hospedagem, Telinho dispôs de dinheiro para tomar a boa cerveja da África da Sul, conhecer os lugares mais bonitos da cidade e falar com a família por telefone.

— Dei de com força — ele conta, usando uma expressão recifense que poderia ser traduzida para o restante do país como "usar e abusar".

Também contou com uma equipe médica eficiente, que lhe dispensou um tratamento impecável. Na manhã seguinte à sua chegada em Durban, passou o dia fazendo exames e depois foi liberado. Aguardou então a preparação da receptora, uma senhora que chegaria três dias depois dele ao hotel em um estado deplorável. Não conseguia nem falar.

Alguns doadores entraram em pânico à medida que se aproximava o dia da operação e pediram para voltar. Mas Telinho manteve o mesmo estado de espírito do primeiro dia, quando ouviu falar que estavam precisando de um "rins" em um bar de Jardim São Paulo.

— O cara que vai tá aqui — ele disse para o grupo de amigos com o qual estava tomando umas cervejas.

Sua única preocupação era com o dinheiro — que ele sempre chama de cacau. Gostava das coisas boas da vida e para tê-las pouco lhe importava se precisava fazer uma operação nos Estados Unidos, no Japão ou no Recife. De alguma forma, ele lembrava os meninos do tráfico das favelas cariocas. A diferença é que os meninos do Rio morrem mais cedo e se satisfazem com produtos diferentes, como um tênis Nike. Mas ambos só pensam no consumo.

Só parou de se divertir um dia antes da operação. Gostou de passear nas carroças puxadas por zulus, fez um safári e lamentou que a aids tivesse ganhado o status de calamidade pública na África do Sul. Passeou tanto que terminou fazendo amizade com um taxista brasileiro que fazia ponto em frente ao hotel. Sentiu-se um pioneiro quando colocou uma cédula de um cruzeiro e outra de um real por trás do balcão do bar do hotel, em cuja parede há moedas de todos os países do mundo.

A liberdade de que desfrutou revela uma faceta diferenciada em relação ao tráfico de seres humanos em geral e o de órgãos em particular. É que normalmente as vítimas têm os seus passaportes confiscados tão logo desembarcam na cidade para a qual são levadas. Também ao contrário do que se imagina com as vítimas de trabalho escravo e sexual, só não teve a passagem de volta em suas mãos quando dona Dena lhe pediu para marcar o vôo da volta. Aconteceu assim com todos os outros.

Estava tranqüilo no dia da cirurgia. Ele e a receptora entraram na sala de operações já anestesiados e não pôde desejar-lhe boa sorte. Mas quando viu a mulher depois, teve a sensação de que fizera algo de útil na vida. O fato de ter sido pago pela sua boa ação não diminuiu a emoção ao ver a receptora dois dias depois do transplante, na UTI.

— Ela até comendo estava.

Enquanto aguardava alta, recebeu a visita de Carlos e dona Dena no hospital. Quando voltou para o hotel, Carlos já havia sido internado. Antes de voltar para o hotel, perguntou ao médico se e quando poderia beber. Mas fez uma ressalva.

— Diga a verdade — brincou, com seu indefectível bom humor. — Só confio uma vez.

O médico liberou a bebida e quando Carlos voltou para o hotel, já o encontrou com uma tulipa de chope na mão. A bebida será um elemento fundamental na história do tráfico de rins no Recife. Foi em mesas de bar que a turma do capitão Ivan fez o maior número de negócios. Mas Telinho tinha outras razões para estar feliz.

— Quando entrei no quarto, dona Dena disse: "tá aqui teu cacau, ó."

Telinho passou os olhos no envelope e fez menção de guardá-lo no armário. Mas dona Dena o repreendeu.

— Conte — impôs.

Ele contou. Estavam intactos os US$ 10 mil. Sem desconto da passagem, hospedagem e dos inúmeros gastos durante o mês em que viveu como um homem rico em uma das cidades mais badaladas da África do Sul. Era muito para um dos 38 filhos do policial Pedro Ribeiro Oliveira Filho, dos quais doze eram do casamento oficial, com a mãe de Telinho. Os outros 26 foram feitos em outras três mulheres.

Feliz da vida, Telinho voltou para o Recife e se tornou o garoto-propaganda idealizado pela quadrilha de Ilan Perry. Além do primo Marconi, que viajou logo em seguida, mais quatro pessoas de sua família foram trocar o rim por um mês rico em Durban. Uma dessas pessoas foi o seu irmão Pedro.

Josué rebateu as acusações em todos os fóruns oferecidos a ele — inclusive a acareação na CPI. Mas o capitão conquistou o status de fonte disposta a colaborar com as investigações e o seu depoimento, registrado nas folhas 92 a 97 do processo, teve o peso de prova incontestável. Chegou ao ponto de dizer que a ruptura entre os dois se dera por causa da ameaça de Josué de que mataria Gady junto com seu companheiro de aliciamento Zinho.

— Foi naquele dia na Associação da Polícia Militar, lá no Derby — afirmou Ivan. — Você queria matar Gady porque ele não queria pagar uma dívida de US$ 4 mil que tinha com você.

O brioso Josué não esmoreceu com a acusação de latrocínio. E em sua defesa recorreu ao perfil de homem bem casado, pai de dois filhos que não o abandonaram nem mesmo naquele momento de linchamento moral, que comprara com o suor do rosto o apartamento em que sua estruturada família morava e não apenas se aposentara por uma respeitável empresa pública, como tinha uma ótima clientela como técnico de computação.

— Com esse perfil, será que agora vou dar pra roubar e matar?

Para corroborar esse perfil inofensivo, fez com que o advogado Francisco das Chagas Lemos anexasse ao processo os comprovantes de uma motocicleta comprada em 2001 em prestações de R$ 103, como uma forma de contestar a acusação de que fora Gady quem comprara o veículo com o qual visitava seus clientes. Seguindo essa mesma estratégia de defesa, comprovou uma renda média de cerca de R$ 2 mil e o recebimento de indenização de duas causas trabalhistas. A primeira, ganha em novembro de 2002 na 11ª Vara Cível, rendera R$ 6 mil; a segunda, ganha em maio de 2003, engordara sua conta bancária em R$ 42,7 mil.

— Eu fui o único que mostrou tudo o que tinha — orgulha-se.

A criminóloga carioca Elizabeth Sussekind, com quem discutiu o seu caso com a mesma autoridade com que falaria numa roda de cerveja em Jardim São Paulo, lembrou que o fato de alguém comprovar como ganhou o dinheiro oficialmente registrado em seu nome não descarta a possibilidade de que ela disponha de uma renda ilegal.

O argumento da criminóloga, que negociara em nome do governo Fernando Henrique Cardoso o texto da Convenção de Palermo em 1999/2000, foi confirmado por Gady.

— O filho de Josué levou uma queda da moto e ela teve perda total — disse o oficial da reserva israelense, cuja passagem pelos hotéis recifenses seria descoberta pelo agente Vilanova por causa da sua obsessão em ajudar os mais pobres, traduzida em generosas gorjetas de que os hoteleiros jamais esqueceram. — Dei uma moto nova para ele.

A defesa de Josué também não convenceu a delegada Karla Gomes, o procurador Samuel Miranda e a juíza Amanda Torres. Como fugira para João Pessoa imediatamente depois das primeiras prisões, o aposentado não teve tempo para discutir com os outros envolvidos os seus respectivos depoimentos. E o seu nome foi aparecendo em todas as instâncias da investigação.

Nas anotações confiscadas em uma pasta dentro do carro de Teresinha Medeiros, Josué aparece como um dos diretores da organização e em pelo menos seis fichas de fornecedores constava o pagamento de sua comissão como agenciador. Na folha 167 do processo, Fernanda Gabriela Martins Callado afirma que "Josué também conseguia pessoas para encaminhar à África".

O técnico em computação também não teve tempo para combinar nada com Alberty José da Silva, o Afonso, que, ao ser interrogado, disse que "a pessoa de Josué foi quem fez a proposta". Outra pessoa que "também sabe que Josué Luiz da Silva foi quem mandou Afonso para fazer a doação" é Tiago Pereira da Silva, conforme se pode ler na folha 243.

Afonso não perdoou Josué desde o dia em que o ex-ferroviário deu em cima de sua mulher. Tiago refez o depoimento na Justiça Federal, com medo das ameaças de Afonso. Afonso disse que o mataria se mantivesse a acusação feita na Polícia Federal. Inicialmente, Tiago dissera que fora encaminhado por Afonso.

O professor de inglês Gerehmias Belarmino de Azevedo citou Josué pelo menos duas vezes no seu depoimento: vendeu o rim depois "que falou na marcenaria com a pessoa de Josué"; ele também se tornou intérprete porque "Josué sugeriu que trabalhasse para Gady".

Na verdade, Geré chegou a Josué por intermédio da irmã Dida. Dida teve um caso com Josué, que lhe deu US$ 200 pela indicação. Geré também não denunciou a visita que recebeu alguns dias depois do seu depoimento na Polícia Federal.

— Não sei como eles descobriram o meu endereço — conta Geré. — Mas o fato é que bateram na minha porta o Zinho e o Weber, filho de Josué. Queriam que eu mudasse meu depoimento.

Segundo o advogado Leônidas da Silva, a Polícia Federal encontrou as planilhas que Josué mantinha no computador confiscado em meados de dezembro de 2003, enquanto estava foragido.

Josué só tomou conhecimento de todas essas provas durante a acareação com o capitão Ivan na CPI, quando os deputados apresentaram os depoimentos e documentos anexados ao inquérito policial. Ainda assim, ficou chocado no dia 17 de dezembro de 2004. Apesar da sua aparência de cidadão acima de qualquer suspeita, a juíza Amanda Torres de Lucena Araújo Diniz condenou-o a uma pena de sete anos e quatro meses, misturando numa mesma sentença os artigos de formação de quadrilha, crime continuado e agenciamento de órgãos humanos. Ele foi libertado em setembro de 2006, pouco mais de um mês depois de o Tribunal Federal de Pernambuco confirmar a sentença da juíza.

Promulgada a sentença, teve início uma nova batalha, dessa vez num campo totalmente desconhecido.

— Eu só tenho o segundo grau completo — diz, com humildade. — Mas sei defender meus direitos — acrescenta com a convicção de quem se tornara íntimo das causas perdidas à medida que concluía o curso de enfermagem num hospital da marinha no Rio de Janeiro, dominava a linguagem Cobol por meio da qual se tornara programador do Banco Banorte e superava os demais obstáculos que separavam aquele ignorante rapaz do subúrbio do pai de uma família sólida, bonita e harmoniosa.

Em nome desses direitos, revirou o Código Penal, a lei 9.034/97 e a Convenção de Palermo, nos quais a juíza se baseou para puni-lo pelo crime que jamais admitiu cometer, apesar de todas as evidências. Cumprido um sexto da pena, tornou-se também um estudioso dos mecanismos e procedimentos da Vara de Execuções Penais, cujo juiz regula a vida dos apenados. A obsessão pela liberdade levou-o a discutir seu caso com a advogada Lúcia Figueiredo — que contratou depois de cinco meses de seguidas decepções com o advogado Francisco das Chagas Lemos — como se fosse um companheiro de profissão, não um cliente.

Passou a usar sonoras frases de grandes juristas, em cujos textos caça jurisprudência para seu caso.

— Não importa a gravidade do crime, não importa o clamor público, não importa a reverberação — cita com ar de autoridade, fazendo uma pausa antes de concluir de maneira espetacular. — Têm que se preservar os direitos e as garantias da Constituição, que é a lei maior.

Insere-as não apenas nas conversas com a advogada. Incute-as também na cabeça da filha Ruth, uma adolescente de 14 anos que percorreu os corredores da Justiça pernambucana tentando convencer os magistrados de que "a sociedade se tornará mais acreditada quando a Justiça começar a fazer justiça". O filho Weber, que trabalha na mesma Faculdade Integrada do Recife em que estuda ciência da computação, não deixa de visitá-lo aos domingos. Além de acompanhar os filhos no fim de semana, a esposa Alanisa larga as clientes dos produtos Avon para compartilhar o leito do marido às quartas-feiras.

Uma de suas principais obsessões é a Convenção de Palermo, tratado internacional que definiu o comércio humano. Riu com ironia quando a advogada ligou para o ministério das Relações Exteriores, que na ocasião não sabia o número de países signatários da Convenção.

— Esse número é importante porque ele só entrou em vigor depois que o quadragésimo país entregou seu protocolo, conforme o item I do Artigo 32 da Convenção.

Essa informação, que só obteve ao consultar o *site* da ONU pelo computador da seção para a qual presta serviços no Cotel, anularia a sentença porque seu crime fora cometido na África do Sul, não no Brasil. Não se deu por convencido nem mesmo quando teve como interlocutora a criminóloga Elizabeth Sussekind, representante brasileira na elaboração do texto da Convenção. Para a ex-secretária nacional de Justiça do governo Fernando Henrique Cardoso, a convenção está em vigor desde dezembro de 2000.

Sua missão é uma amarga mistura das angústias kafkianas com patéticas aventuras quixotescas. Esse explosivo coquetel filosófico terminou prejudicando-o, pois, por ter recorrido às instâncias superiores, o juiz da VEP (Vara de Execuções Penais) não tinha a carta de guia. Essa carta é um instrumento da burocracia judiciária sem o qual o alvará de soltura não pôde ser assinado, quando cumpriu um sexto da sua pena. Como primário, só deveria cumprir um sexto da pena em regime fechado.

Mas não conseguiu se conter ao perceber a contradição em que a juíza Amanda Torres de Lucena incorreu ao absolver os doadores de órgão por entender que não havia prova documental da venda.

— Ela fala isso textualmente na sentença — afirma.

Para o ferroviário que conhece as leis, ela só poderia condená-lo com base no artigo 15 da lei 9.034/97 se aplicasse a pena, de três a oito anos de reclusão, aos doadores.

— Se não há venda, não há aliciamento.

Josué entende que o acessório tem que seguir o principal. E o acessório, que ele sabe de cor, seria o parágrafo único do Artigo 15: "incorre na mesma pena aquele que intermedeia, oferece ou facilita ou dá qualquer tipo de vantagem."

Ele também propôs um desafio teórico ao juiz Adjar Francisco de Assis Júnior, que visitou o Cotel em 17 de novembro de 2005. Abordou-o valendo-se do bom ambiente de que gozava entre os funcionários da unidade prisional e logo foi reconhecido pelo juiz da VEP. Para o seu algoz, "por aquele ser um crime federal, ele não poderia se pronunciar". Josué não se deu por vencido.

— Invoquei a súmula 192 do Supremo Tribunal de Justiça, segundo a qual quem executa a sentença da Justiça Federal, Militar e Eleitoral é o juiz da VEP de cada estado.

Esse mesmo juiz não se sensibilizaria com o seu caso nem mesmo quando leu o *habeas corpus* no qual alegou que a pena em regime fechado terminara com 26 meses e 26 dias. O pedido foi negado em dezembro, quando, somando-se a remissão da pena a que todo concessionário tem direito, já tinha cumprido o correspondente a trinta meses de reclusão.

— Na prática, estou cumprindo uma sentença de quinze anos — protestou.

Mais uma vez em vão.

Capítulo 9

O VERÃO ESTÁ SALVO

Quando foi escalado para cobrir a coletiva do superintendente regional da Polícia Federal, o premiado jornalista Eduardo Machado pensou em uma piada muito comum entre os colegas de redação: o vaidoso delegado Wilson Salles Damázio sorri até quando abre a geladeira, pois confunde a lâmpada do eletrodoméstico com a luz das câmaras de televisão.

Não imaginava que o chefe da Polícia Federal iria salvar os jornalistas do tradicional tédio de fim de ano, época em que, por absoluta falta de notícia, os editores se dedicam a fazer retrospectivas e inventar musas de verão.

— Todo mundo ficou chocado com a quadrilha de traficantes de órgão na periferia do Recife — diz.

Mas a história de contornos surrealistas rendeu grandes reportagens até o Carnaval.

— Ninguém deu furo — narra com sua fala mansa esse repórter formado pela Universidade Federal de Pernambuco em 1998, que desde então cobre polícia para *o Jornal do Commercio.*

Os repórteres espremeram o delegado, mas saíram dali como adolescentes na praia. A Operação Bisturi podia ser espetacular como uma *top-model*, mas lhes pareceu frustrante noticiar a prisão de onze pessoas, dentre as quais nove eram brasileiras e duas, israelenses. O único detalhe picante da história era que, para ganhar de US$ 6 a 10 mil por cada rim, os doadores viajavam até a cidade sul-africana de Durban.

O processo corria em Segredo de Justiça e sequer se podia saber o nome dos envolvidos — diante da dificuldade de se chegar ao aposentado Josué Luiz da Silva, que só se apresentaria à Justiça no começo de janeiro, os procuradores chegaram a questionar o anúncio das prisões feitas por Damázio.

O leitor queria notícia, mas os jornais pernambucanos só podiam oferecer vagas manchetes obtidas em longos plantões na porta da sede da Polícia Federal, no Cais do Apolo. Ali caíam a conta-gotas notícias incompletas, como a de que um mecânico de Jaboatão dos Guararapes poderia ter sido preso.

A primeira fonte veio do Instituto Latino-Americano de Direitos Humanos (ILADH), ONG que até aquele momento era a única no Brasil a trabalhar com o conceito de tráfico de seres humanos. Os agentes da Polícia Federal posteriormente se sentiriam usurpados com os holofotes acesos na direção da delegada Beatriz Gibson, mas os jornalistas fizeram fila para ouvir a então chefe do distrito policial do Ipsep.

Beatriz Gibson revelou detalhes importantes, como a miserável região da cidade em que os doadores eram cooptados. Ela também atiçou a curiosidade popular quando falou de um oficial da Polícia Militar que dava proteção à quadrilha e citou os US$ 150 mil ganhos com a venda de cada rim. Foram essas informações que deram início ao inquérito, em março daquele mesmo ano.

Essas revelações lhe custaram uma chamada ao gabinete de Aníbal Moura, o temível chefe da polícia pernambucana. Bufando de raiva, ele perguntou quanto a delegada havia recebido para mandar a investigação para a Federal. Beatriz Gibson foi transferida para Itapissuma, praia no litoral norte do estado onde ficou dois anos apartando brigas de bêbados.

No sábado, o *Jornal do Commercio*, cuja cobertura Eduardo Machado estava fazendo juntamente com João Valadares, abriu a manchete para a descoberta de que a advogada Teresinha Medeiros, ex-diretora do Serviço de Defesa do Consumidor da Prefeitura do Recife, movimentava o dinheiro da quadrilha em uma conta aberta no Citibank. O mesmo *Jornal do Commercio* deu a lista quase completa dos integrantes da quadrilha e uma carta do bioquímico Eliezer Ramon. Na carta, o israelense disse que estava no Brasil "para conhecer um lugar novo".

O grande furo do dia foi dado pelo *Diário de Pernambuco*, que noticiou a libertação de Celso Jarbas Calumby, cujo alvará de soltura chegara ao Cotel às 22h30. O mesmo *Diário de Pernambuco* visitou o bairro de Areias e localizou alguns doadores, que falaram em *off*. Um comerciante do Mercado Público disse que, em Areias, "todo mundo tem parente ou amigo que já fez a cirurgia".

A chamada dominical dos principais jornais da cidade foi salva por causa da espetacular operação de busca e apreensão na casa do médico Sílvio Boudoux, no bairro dos Aflitos. Apesar de falar de policiais armados de metralhadoras no sofisticado condomínio Costa Azevedo, as reportagens careciam dos detalhes capazes de saciar a fome da opinião pública. Não havia sequer uma foto do histórico engarrafamento da avenida Rosa e

Silva, interditada durante os cerca de 45 minutos em que os federais caçavam computadores, agendas e contas telefônicas de um médico igualmente ligado à Polícia Militar. A operação foi realizada às oito horas da manhã.

Além da dificuldade de trabalhar em uma história em que nem mesmo os advogados das vítimas tinham acesso aos autos, os jornalistas pernambucanos enfrentavam a desleal concorrência da Rede Globo.

— Eles entraram com tudo no caso — conta Machado, que se frustrava ao ler as notícias de segunda mão publicadas tanto pelo *Jornal do Commercio* quanto pela concorrência. — A gente praticamente só reproduzia o que eles tinham dado no *Jornal Nacional* na noite anterior.

Nos primeiros dias da cobertura, as melhores informações foram colhidas do outro lado do oceano. E somente a Globo tinha bala na agulha para deslocar um correspondente para Durban.

Um exemplo do poder de fogo da Rede Globo foi exibido no *Jornal Nacional* da noite de 8 de dezembro de 2003, que o *Jornal do Commercio* repercutiu na manhã seguinte com esta manchete: "Quadrilha já aliciou 78 pessoas." A informação, obtida junto à direção do hospital St. Augustine, confirmava a linha de investigação da Polícia Federal: "desse total, pelo menos trinta são de brasileiros. Exatamente o número de pernambucanos que a Polícia Federal acredita que foram aliciados pela quadrilha comandada pelo israelense Gady Tauber."

Nessa mesma matéria, revelavam o nome do israelense Agania Robel, que recebera o rim de Rogério Bezerra da Silva. Rogério estava se recuperando da cirurgia quando a conexão sul-africana da quadrilha foi desbaratada.

O impacto da reportagem veiculada no *Jornal Nacional* tirou o brilho de um dos grandes feitos de Eduardo Machado ao longo daquele verão. Era o seu domingo de folga e ele, depois de escolher o nome de um dos prisioneiros noticiados pelo seu jornal na quinta feira, foi para a cidade de Abreu e Lima com uma de suas roupas mais fubentas. É que nessa bucólica cidade pertencente à região metropolitana do Recife se encontra o Cotel, destino obrigatório de todas as pessoas detidas nas proximidades da capital pernambucana.

Na porta do presídio, o repórter apresentou-se como cunhado do detento cujo nome lera na edição da quinta-feira.

— Minha irmã está grávida — disse Machado para o agente responsável pela portaria. — Não pôde vir.

Mas só depois de muita insistência conseguiu vencer a resistência do funcionário. No centro de triagem, só pode entrar parente de primeiro grau, como irmão, filho e pai.

Vencida a primeira etapa, Eduardo Machado entrou munido de uma caneta no bolso, algumas folhas de papel ofício dobradas na carteira e uma grande dúvida:

— Como é que eu ia localizar uma pessoa que eu não sei nem qual é o nome nem a cara?

Apesar de óbvia, demorou a encontrar a solução.

— Só me restava perguntar se alguém sabia onde estava o pessoal envolvido com tráfico de órgãos.

Alguns minutos depois, estava diante de Marcondes Lacerda de Araújo, o Marconi.

— Disse que era jornalista e que até aquele momento a gente só sabia um lado da história.

Porém, Marconi e o grupo de quatro pessoas presas na mesma cela resistiram até Eduardo Machado sacar o santo nome da mãe do marceneiro João Cavalcante Nascimento. Chegara a ela por intermédio de uma de suas fontes na Polícia Federal.

Quando saiu do pavilhão dos presos comuns, tinha a confirmação de que uma grande reportagem depende de uma audácia que muitas vezes ultrapassa as fronteiras do bom senso.

— Tinha na minha mão a história de três aliciadores e do agente de viagens da Mapa Mundi, empresa que fornecia as passagens para a quadrilha.

Na terça-feira, 9 de dezembro, o *Jornal do Commercio* deu três pequenas entrevistas com a banda pobre da quadrilha e a lista de todos os presos. Uma das entrevistas continha um dado importante, que poderia ser usado como mais uma prova contra o até então desconhecido Josué Luiz Silva. Trata-se da revelação de Marconi de que conhecia o capitão da época em que ele morara em Jardim São Paulo. Caía por terra o álibi do ex-ferroviário de que sua participação na quadrilha se limitara a apresentar Marconi ao capitão.

Sentindo-se com o dever cumprido, Machado resolveu tentar a sorte no pavilhão ao lado, destinado a presos com formação superior, altos funcionários públicos e militares, como era o caso do oficial Gedalya Gady Tauber e do bioquímico Eliezer Ramon. Apresentou-se mais uma vez com aquela velha conversa de "ninguém tem a versão de vocês" e conseguiu entabular a entrevista com os dois israelenses publicada abaixo da matéria reproduzida do *Jornal Nacional* da noite anterior.

Machado teve mais sorte com o bioquímico Eliezer Ramon, que revelou ser amigo de Gady "há mais de quarenta anos" e ter "pós-PhD nos Estados Unidos". Do oficial da reserva israelense, porém, só conseguiu tirar a razão para não ter assinado o seu depoimento na Polícia Federal. Gady também lhe pediu uma Bíblia em hebraico. Eduardo Machado a mandou por intermédio de um dos advogados de Gady.

No dia 9 de dezembro, toda a imprensa da cidade noticiou em letras garrafais a prisão de José Sylvio Boudoux da Silva, o misto de médico e coronel que tivera o apartamento vasculhado no sábado anterior. Até mesmo o advogado José Siqueira, que até aquele momento também estava defendendo o capitão Ivan Bonifácio da Silva e sua esposa, ficou surpreso e chocado com a frieza da delegada Karla Gomes Matos Maia, a presidente do inquérito.

— Em nenhum momento ela me disse que ele seria preso — disse o advogado, que havia conversado com a delegada antes de levar o cliente até o prédio da Polícia Federal.

A prisão de Boudoux só deixou de render matérias quando ele foi solto, após depor em juízo em meados de janeiro de 2004. Quando foi solto, Boudoux já estava sendo defendido pelo advogado Emerson Leônidas. Leônidas defendeu seis envolvidos no caso. Mas só foi a júri com Boudoux. Boudoux foi condenado a sete anos, mas recorreu. Não havia sido preso até julho de 2006.

Com menos destaque, os jornais de Recife de 9 de dezembro publicaram a entrevista com o representante de vendas Celso Jarbas Calumby, o primeiro acusado a ser solto. O representante, preso em conseqüência de escutas telefônicas realizadas nos dias 27 e 28 de novembro, foi acusado de participar do processo de transferência das cirurgias de Durban para o Brasil, que estava em curso no momento em que a quadrilha foi desbaratada.

As notícias sobre ele nunca serão muito precisas, mas na verdade foi solto pela juíza Amanda Torres de Lucena porque o ato preparatório flagrado pelas modernas técnicas de investigação não chegaria a ser consumado. Na entrevista, que concedeu depois de passar o feriadão descansando fora da cidade, ele se disse "atordoado com tudo isso".

Nesse mesmo dia, apresentou-se voluntariamente à Polícia Federal o vigilante Alberty José da Silva, o Afonso. Descoberto no domingo pela *Folha de Pernambuco*, Afonso foi o primeiro fornecedor do açougue de Durban a se apresentar à Justiça, ainda que pesasse contra ele a acusação de ser um dos aliciadores da quadrilha e pudesse responder ao processo preso, como os demais comparsas de Gady.

Afonso iria encantar os deputados da CPI e a antropóloga norte-americana Nancy Scheper-Hughes, uma das maiores estudiosas do tráfico de órgãos. Nancy foi convidada pela CPI, à qual deu uma esclarecedora palestra sobre a atuação das grandes quadrilhas internacionais do ramo. A antropóloga dedicou pelo menos dois artigos à relação entre Afonso e Luanna Hubbard, uma negra do Brooklyn. Nancy não deu muita atenção ao fato de que, segundo o pedreiro José Carlos da Conceição, Afonso teria sido o guia do capitão Ivan pelo Mercado Público de Areias.

A segunda semana das investigações foi dominada pelo anúncio de que haveria mais nove mandados de prisão, uma infrutífera chuva de *habeas corpus* dos advogados e pelas sombrias notícias sobre o paradeiro dos quatro pernambucanos flagrados em Durban no momento das prisões. A foto da cicatriz do pintor de automóveis Rogério Bezerra da Silva é o típico caso de imagem que vale mais do que mil palavras. Os esparadrapos enfileirados perpendicularmente formavam uma estranha gargalhada do destino.

A mídia acompanhou com angústia o destino dos últimos quatro pernambucanos em Durban, ainda que nenhum veículo de comunicação tenha se detido no drama de Rogério. Até se noticiou o confisco dos US$ 6 mil que ele recebeu na África do Sul, mas o fato de que o grupo fora abandonado pela quadrilha e corria risco de morte ofuscou o drama do pintor de automóveis. O adido de imprensa da Embaixada do Brasil em Pretória, Francisco Luz, chegou a divulgar que os rapazes teriam sido presos pela polícia de Durban, mas depois informou que estavam escondidos em um lugar desconhecido.

O mesmo Francisco Luz voltaria a confundir alhos com bugalhos, anunciando a volta de Rogério para a quinta-feira, 11 de dezembro. Nesse dia, porém, chegou Carlos Wesley da Silva Campelo, de 22 anos. Apontado como um vendedor desempregado que queria trocar o rim por leite para uma filha de 2 anos, ele foi recebido no aeroporto pelo pai.

— Meu filho não precisava disso — disse para a imprensa.

A mãe do Xuco (esse era o seu apelido) chegou a tentar suicídio quando soube o que o filho fora fazer na África do Sul.

Nessa mesma quinta-feira, a advogada Conceição Oliveira Jansen entrou em cena de forma espetacular. Representando quatorze pessoas supostamente envolvidas com a venda de rins para a rede internacional de órgãos humanos, a advogada afirmou que o capitão Ivan Bonifácio havia aliciado cerca de cinqüenta pessoas no bairro de Areias. No mesmo dia em que o oficial reformado divulgara uma carta inocentando o médico Sylvio

Boudoux, ela assegurou que as negociações entre o capitão e os fornecedores de rim aconteciam abertamente no Mercado Público do bairro.

— Em Areias, de dez pessoas, nove conhecem pelo menos duas que já fizeram a cirurgia — afirmou Conceição Jansen por trás de seus inseparáveis óculos escuros.

Afirmou também que o capitão não era um homem de palavra, pois tinha prometido US$ 24 mil a seus clientes Leandro e Leonardo e pago apenas US$ 16 mil. Jansen também defendeu o pedreiro José Carlos Conceição da Silva, que teve US$ 6 mil roubados em São Paulo. O capitão bufou de ódio.

Talvez o dia mais rico em notícias, esse 11 de dezembro registrou ainda a instalação de uma CPI pela Assembléia Legislativa de Pernambuco e as revelações do coordenador da conexão Durban, Roderick Frank Kimberley, o Rody. A CPI, presidida por Raimundo Pimentel, teve o mérito de manter o tráfico de órgãos em pauta até o fim de fevereiro. E a matéria sobre o Rody de que as vítimas tanto falavam, assinada pelo repórter Farook Kahn, detalhava as 38 negociações de que teria participado, sempre envolvendo brasileiros e israelenses.

De acordo com Kimberley, os pacientes chegavam a Durban sempre numa segunda-feira e cumpriam uma agenda de exames médicos até a sexta, quando o transplante se realizava. Rody também ressaltou o envolvimento da equipe médica do hospital St. Augustine, inclusive de Ariff Ahmed Haffejee, cirurgião que realizou o primeiro transplante de rim em KwaZulu-Natal, província cuja capital é Durban. Essa mesma equipe teria feito 78 transplantes ilegais.

No dia seguinte, a primeira página de todos os jornais

pernambucanos destacava a prisão preventiva de todos os envolvidos, decretada pela juíza Amanda Torres de Lucena. A juíza substituta da 13ª Vara Federal acatava o pedido feito pela delegada federal Karla Gomes na noite do dia em que terminaria a segunda prisão temporária de cinco dias, por ela mesma autorizada para apoiar as investigações iniciadas nove meses antes. A polícia agora dispunha de trinta dias para concluir o inquérito.

Nesse mesmo dia, os jornais noticiaram o pedido de quebra de sigilo bancário e telefônico do médico Sylvio Boudoux, anunciado pelos deputados Raimundo Pimentel e Neucimar Fraga, presidentes da CPI estadual e federal, respectivamente. O rosto dos dois foi amplamente divulgado em todos os meios de comunicação, juntamente com o do superintendente regional da Polícia Federal, Wilson Salles Damázio.

O deputado Neucimar Fraga (PL-ES) viu no caso pernambucano a oportunidade que esperava há meses para instalar a CPI no Congresso, que até então vinha sendo boicotada pela bancada médica. Fraga se indisporia com o então ministro da Saúde Humberto Costa, para quem o deputado capixaba estava prestando um "desserviço à causa do transplante no Brasil".

Deputados em CPI são sempre motivo de festa para os jornalistas, com os quais fazem um pacto muitas vezes perverso de trocar informação privilegiada pela matéria que os apresentará como paladinos da justiça para seus eleitores. E talvez prevendo a farra que garantiria um mês de janeiro farto em reportagens explosivas, Marcel Tito, da *Folha de Pernambuco*, deu amplo destaque à solicitação dos deputados à juíza Amanda Torres de Lucena, para que desse acesso ao sigiloso inquérito policial instaurado nove meses antes.

No mesmo dia, o *Diário de Pernambuco* destacou a presença dos advogados na Justiça Federal. Eles tinham ido assinar documentos comprometendo-se a não revelar o conteúdo dos autos, aos quais só puderam ter acesso depois de liminar do desembargador federal Petrúcio Ferreira. Mesmo depois de sua determinação, a ranheta delegada Karla Gomes não queria disponibilizar os autos para que os advogados pudessem fazer a defesa dos acusados.

No segundo domingo depois do desmonte da quadrilha, o repórter Paulo Goethe começou a fazer jus ao prêmio que receberia do Instituto Latino-Americano de Direitos Humanos (ILADH). A matéria "Quadrilha fez oferta por córneas" aliava humor, informação e um pouco de sociologia ao resgatar todas as informações amealhadas ao longo de doze dias de trabalho duro. Havia novidades na matéria, como a de que os médicos propunham US$ 25 mil pela córnea do mesmo paciente que ia vender o rim. Segundo Goethe, pelo menos três pessoas teriam recebido essa oferta e os seus familiares estavam sendo ameaçados por integrantes da quadrilha, em Jardim São Paulo.

Goethe ofereceu mais detalhes saborosos no texto de capa do caderno "Vida Urbana". Segundo ele, a intérprete, uma portuguesa chamada Dalila, orientava os pernambucanos a tomarem banho de sol e ficarem morenos a fim de que fossem aceitos pela equipe médica. Mas "a sensação de estar a passeio na África do Sul aos poucos era substituída pelo medo". Um dos doadores teria ingerido grandes quantidades de sal para ficar com a pressão alta e cancelar a cirurgia, mas, na última hora, um aumento de dez por cento no valor do órgão devolveu-lhe a coragem. Ainda segundo o texto de Goethe, Rody fora mais generoso com os primeiros grupos, para os quais pagava um *flat* à beira-mar e não fazia parcimônia na hora de pagar as despesas.

No mesmo domingo em que essa premiada matéria era publicada, o jornalista Eduardo Machado se deslocava até São Lourenço da Mata a fim de conversar com Orley, um dos quatro pernambucanos retidos na África do Sul depois do desmonte da quadrilha no Recife. Conseguira o endereço com uma de suas fontes na Polícia Federal e fora para o interior do estado em companhia do repórter inglês Andrews Downie, correspondente da revista *Christian Science Monitor* no Rio de Janeiro. Essa não seria a última apuração que Machado faria ao lado daquele adepto do *new journalism*, uma escola de reportagem para a qual detalhes como um teto de palha e o pôster de Zezé de Camargo e Luciano na parede da sala são tão importantes como quem pagou as despesas da viagem de um borra-botas como Orley.

Eduardo também estava ao lado de Andrews Downie durante as negociações com um cada vez mais esperto Hernani Gomes da Silva, o Mirinho, o vendedor de rim mais assediado pela mídia, juntamente com Alberty José da Silva, o Afonso. Com um discurso apurado nos contatos com jornalistas de todas as partes do mundo, Mirinho topava falar tanto com a *Christian Science Monitor* quanto com o *Jornal do Commercio*, desde que ambos comprassem a farta documentação de que ainda dispunha.

Machado terminou conseguindo R$ 800 com seus editores para fazer um breve pingue-pongue com Mirinho e seu vizinho Márcio, identificados na matéria como Pedro e Francisco. Mas o real interesse do repórter do *Jornal do Commercio* estava nas fotos do casal Ivan e Eldênia em um restaurante na Zona Sul do Recife e do médico Jeff Kallmeyer e do onipresente Roderick Frank

Kimberley no *flat* de Durban. Em ambas as fotos, os doadores apareciam sorridentes.

— As fotos eram uma prova cabal da existência da quadrilha — explicou o repórter.

Essa matéria foi publicada na quarta-feira, 17 de dezembro.

Eduardo Machado é uma ave rara dentro de uma categoria que muitas vezes se considera mais importante do que o tema ou o personagem sobre o qual vai escrever. Dificilmente assina as suas matérias. E não se sente desprestigiado quando é designado para cobrir um acidente de carro banal.

Aquela entrevista com Orley, personagem que o deixou impressionado por causa do contraste entre a miséria e o programa turístico registrado nas fotos que estava mostrando para os amigos quando foi abordado por Machado, virou um breve pingue-pongue no canto inferior da página, em uma segunda-feira.

O mesmo personagem foi descrito com uma riqueza de detalhe muito maior, no rebuscado texto de Andrews Downie. Machado guardou aquele exemplar da *Christian Science Monitor*, que o repórter inglês teve a delicadeza de mandar quando publicou a matéria sobre o tráfico de rins em Pernambuco. Machado voltou a encontrar Downie no Rio de Janeiro, ao fazer uma viagem a passeio. Tomaram cerveja na noite de Copacabana e trocaram impressões sobre a miséria do povo pernambucano.

Aquela era uma maneira auspiciosa para começar a terceira semana de investigações de um caso que ainda interessava à opinião pública e renderia muitas manchetes até o fim de 2003. Essa semana ainda teve uma tonitruante manchete com Mirinho, embora seu depoimento tenha sido em *off*.

Mirinho foi o personagem que teve de se refugiar temporariamente na casa de parentes por estar falando demais. De acordo com a matéria ilustrada com a patética cicatriz de Rogério, a esposa de Mirinho recebera a visita de pessoas ligadas ao esquema e fora "aconselhada" a mandar o marido calar a boca.

O superintendente regional da Polícia Federal, Wilson Salles Damázio, declarou que qualquer pessoa envolvida no caso que se sentisse ameaçada deveria procurar a PF.

— Se essas pessoas estiverem se sentindo realmente ameaçadas e tiverem condições de denunciar os responsáveis, nós iremos escoltá-las até a nossa sede, tomar os depoimentos e pedir a prisão preventiva dos autores — assegurou o delegado.

Daisy, a esposa de Mirinho, rebateu.

— A gente não tem segurança nenhuma.

Depois de ouvir os quatro vendedores de rim retidos em Durban, a delegada Karla Gomes deu por concluído o inquérito cuja presidência assumira no dia 28 de novembro, poucos dias antes da decretação da prisão dos primeiros onze envolvidos. Teoricamente, terminava ali o trabalho de nove meses da Polícia Federal. Na prática, porém, sua equipe voltaria à cena com a apresentação do aposentado Josué Luiz da Silva, no dia 2 de janeiro de 2004. Essas últimas cinco oitivas foram feitas na sede da Polícia Federal no Recife, no Cais do Apolo.

Como o processo corria em Segredo de Justiça, a imprensa só veio a saber que os agentes federais continuavam no encalço do aposentado da Refesa no sábado, quando o Ministério Público ofereceu denúncia contra as 28 pessoas arroladas no processo e a juíza Amanda Torres de Lucena deu início à ação penal. Os procuradores da República chegaram a cogitar uma pena de cinqüenta anos de prisão para os três principais integrantes da quadrilha.

Na quinta-feira, 18 de dezembro, ocorreu a primeira audiência da CPI estadual, comandada pelo deputado Raimundo Pimentel. Pelo menos quatro novos nomes surgiriam nos depoimentos dos inseparáveis Hernani Gomes da Silva e Márcio César do Nascimento, conforme destacou o *Jornal do Commercio* do dia seguinte: os "doadores" Clayton, Juca e André, além do aliciador Josué, que até aquele momento passara despercebido pela imprensa, apesar das inúmeras vezes em que aparecera tanto nos depoimentos quanto nas entrevistas publicadas até aquele momento.

Também teve destaque a prisão do mecânico Gerson Luiz Ribeiro de Oliveira e do marceneiro João Cavalcante Nascimento. Instruídos pelo advogado Emerson Leônidas, recusaram-se a falar e foram conduzidos da CPI para a Delegacia de Crimes Contra a Administração Pública. Era uma prisão estranha, porém. Era uma prisão para quem já estava preso. O deputado Raimundo Pimentel passou o dia inteiro rodando por delegacias, atrás de algum delegado que prendesse pessoas que já estavam presas. Segundo Gérson e João, já tinha anoitecido quando o titular da quarta delegacia por que passaram se dispôs a fazer a autuação solicitada pelo presidente da CPI. Os três personagens voltaram a fazer o mesmo périplo na CPI nacional, alguns dias depois.

A CPI deu grandes manchetes até mesmo no dia 24 de dezembro, quando vieram a público duas requisições de exames assinadas pelo médico José Sylvio Boudoux da Silva em nome de pernambucanos que comercializaram seus rins em Durban.

A audiência do dia 14 de janeiro teve como estrela o capitão Ivan Bonifácio da Silva, que se apresentou como um grande benemérito:

— Só fiz ajudar a salvar vidas lá (Israel) e a tirar o pessoal da miséria aqui (Recife).

A quarta audiência, realizada no dia 28 de janeiro, foi marcada pela acareação entre o capitão Ivan e o aposentado Josué Luiz da Silva: o primeiro insistia em dizer que era comparsa do segundo, que por sua vez insistia na sua inocência.

O bate-boca facilitou a tarefa da advogada Teresinha Medeiros, que sentia mais vergonha da exposição pública do que culpa pelos crimes cometidos em nome do amor. No depoimento da corretora de seguros Fernanda Callado, falou-se mais do entrevero entre o advogado Emerson Leônidas e o deputado Raimundo Pimentel. O deputado ficou possesso quando viu o terceiro cliente do advogado avocar o direito constitucional de ficar calado. Posteriormente, a corretora se disse arrependida pelo silêncio feito na CPI.

— Leônidas na verdade estava mais preocupado com Boudoux do que comigo — lamenta.

A quinta audiência, realizada em 11 de fevereiro de 2004, reuniu os israelenses Gedalya Gady Tauber e Eliezer Ramon, mas a grande notícia do dia foi a descoberta da falsidade ideológica de José Cavalcante Nascimento Filho, irmão de João Cavalcante Nascimento e, como ele, um dos aliciadores da quadrilha. Conhecido como Zinho, José Cavalcante Nascimento Filho passou cheques sem fundo para pagar os exames no laboratório Gilson Cidrim, ponto de parada obrigatório para todos os interessados em viajar para Durban. Zinho passou incólume pela Justiça.

A CPI não produziu relatório, mas rendeu manchetes espetaculares até a última audiência, realizada em 17 de fevereiro.

Dessa vez, o show foi da antropóloga norte-americana Nancy Scheper-Hughes. A pesquisadora da Universidade da Califórnia disse que a quadrilha comandada por Gady atuava há cerca de 12 anos, realizara pelo menos trezentas cirurgias e era financiada pelo governo de Israel.

Nancy, que deu entrevista para os principais jornais do País durante sua passagem por Recife, provocou um constrangimento diplomático com o governo de Israel. No dia seguinte, a Embaixada de Israel divulgou nota oficial repudiando suas declarações. Era a segunda vez que o governo israelense rejeitava "veementemente" a denúncia do seu envolvimento com o tráfico de órgãos. Seus diplomatas assim o fizeram quando Gady explicou a origem do dinheiro operado pela quadrilha à juíza Amanda Torres de Lucena.

Dois dias depois da primeira audiência da CPI, a expectativa pelo pronunciamento da juíza Amanda Torres de Lucena fez com que apenas o *Diário de Pernambuco* noticiasse a libertação do agente de viagens Moisés Araújo da Silva Júnior. O alvará de soltura de Moisés tinha sido assinado pela mesma magistrada na sexta-feira 19, por volta das 18h.

Como era de se esperar, a juíza acatou a denúncia oferecida pelo Ministério Público Federal e deu início à ação penal que garantiria pautas apetitosas para todo o mês de janeiro. Em uma entrevista coletiva em que se fez acompanhar pelos procuradores Wellington Cabral Saraiva, Ronaldo Sérgio Chaves Fernandes e Fernando José Araújo Ferreira, o procurador Anastácio Nóbrega Tahim Júnior explicou para a imprensa os motivos do enquadramento dos traficantes nos artigos de formação de quadrilha, crime continuado e agenciamento de órgãos humanos. Eles podiam pegar até cinqüenta anos de prisão.

No começo de 2004, a apresentação de Josué rendeu letras garrafais na pior semana do ano — a primeira. Mas no dia 14 os corações e as mentes dos jornalistas pernambucanos se dividiram entre a Assembléia Legislativa e a sede da Justiça Federal. Imprimindo o mesmo ritmo avassalador com que a delegada Karla Gomes presidira o inquérito policial, a juíza Amanda Torres de Lucena começava a ouvir os integrantes da quadrilha. Ouviu todos os indiciados em apenas três dias.

Logo no primeiro dia, a sociedade pernambucana ficou chocada com a revelação do major da reserva israelense: o governo israelense financiara, por meio do seu sistema de saúde, o tráfico internacional de órgãos.

— Fui um idiota — disse Gady. — Não imaginei que o governo de Israel estava patrocinando um ato ilegal.

Nem ele nem a opinião pública brasileira. Mas sua denúncia só foi levada a sério depois de confirmada pela antropóloga Nancy Scheper-Hughes. O longo depoimento de Gady (três horas e meia) obrigou a juíza a reformular a agenda de oitivas: ela colheu apenas três dos dez depoimentos previstos para aquela quarta-feira.

No dia seguinte, o capitão Ivan ganhou quase o mesmo destaque ao afirmar que fora ameaçado de morte pelo israelense conhecido apenas como Chuck. Militar como Gady e o próprio Ivan, Chuck teria ligado para o celular do filho do capitão durante uma visita e usado um dos códigos para matar. Esse código, do qual Ivan ouvira falar em um jantar compartilhado com Gady e o próprio Chuck, consistia em repetir uma mesma frase duas vezes. A juíza achou por bem transferir o capitão para outro quartel.

No mesmo dia, depuseram a advogada Teresinha Medeiros, a corretora de seguros Fernanda Callado e a esposa de Ivan, Eldênia de Souza Cavalcanti. A corretora negou o desabrido depoimento dado na Polícia Federal, afirmando que as respostas teriam sido digitadas pela delegada Karla Gomes à sua revelia.

— Ela não leu em voz alta o conteúdo do depoimento — denunciou, mais uma vez orientada pelo advogado Emerson Leônidas.

Já a esposa do capitão voltou para as picuinhas pessoais responsáveis pelo grande racha da quadrilha.

— Gedalya queria arrumar mulher para o meu marido e exigia que ele me deixasse para continuar participando do esquema.

No último dia dos depoimentos, a juíza voltou a surpreender os jornalistas. Depois de resistir à avalanche de *habeas corpus* dos advogados, ela mandou soltar nada menos do que cinco pessoas no fim daquela cansativa sexta-feira: Sylvio Boudoux, Eldênia, Telinho, Marconi e João.

— Concluí que eles não poderiam dar continuidade às atividades da quadrilha sem a ajuda dos que permaneceram presos.

Nesse mesmo dia, a magistrada resolveu desmembrar o processo e criar uma nova ação penal para acolher apenas os vendedores de rim que não participaram do esquema de aliciamento.

No dia 25 de janeiro, Paulo Goethe confirmou o prêmio do ILADH com a matéria "Poderoso chefão operava negócio na ilha de Chipre". O foco da reportagem era Ilan Perry e a Black Dhalia, grupo de administração e equipe médica especializados em doenças renais. No texto, ele reconstituiu as atividades do mafioso israelense, que em 2000 chegara a fazer uma "consulta a um hospital na Cidade do Cabo, na África do Sul, para avaliar a possibilidade de realização de cirurgias deste tipo em pacientes estrangeiros".

Em fevereiro de 2004, Eduardo Machado ainda publicou a reportagem "Detento israelense terá tratamento mais severo", que fez com base nas suas fontes na polícia. O gancho da matéria era a transferência de Gady para a carceragem da Polícia Federal, depois de ter sido flagrado "ensinando técnicas de ataque e imobilização a outros detentos" no Aníbal Bruno. O Carnaval estava chegando, enfim. E depois dele a vida iria voltar ao normal.

Capítulo 10

Sigilo telefônico

— A polícia descobriu tudo — disse Carlos Wesley da Silva Campelo, o Wesley. — O senhor não está sabendo de nada?

Ele estava fazendo uma chamada internacional a cobrar de Durban. Do lado de cá da linha e do oceano, estava o capitão Ivan Bonifácio da Silva.

— Não — disse um descansado Ivan, achando que aquele menino estava se assustando à toa.

— A gente estava querendo ligar desde ontem para o senhor — voltou à carga Wesley, um vendedor de 22 anos que o capitão descobrira nas proximidades do Mercado Público de Areias. — Porque desde ontem está acontecendo.

— Era pra vocês terem ligado — retrucou o militar, com o jeito paternal com que conquistara aquela comunidade na Zona Oeste do Recife.

Uma voz ao fundo se confunde com a de Wesley. É Ricardo Bezerra da Silva, irmão de Rogério. Mas o oficial só vai reconhecê-la depois.

— A gente tava com medo do telefone do senhor tá grampeado — disse Wesley, depois de ouvir as instruções de Ricardo.

— Eu não sabia de nada até vocês me dizerem — disse Ivan, interrompendo um breve silêncio na linha. Mas logo em seguida se corrigiu. — Minto. Gady me disse que o pessoal ia fazer uma revista. Mas com vocês não tem problema. O problema era com o pessoal que tava chamando, entendeu? Porque não estavam pagando o imposto. Não estavam pagando uma taxa ao governo, entendeu?

— A Dalila — disse Wesley, desiludido.

— Que é que tem ela?

— Ela já cancelou tudo... E está providenciando a passagem pra gente voltar o mais cedo possível pro Brasil.

— Viu? Eu não disse que não ia sobrar nada pra vocês?

— O senhor não tá entendendo, capitão.

— Como não, menino?

— Eu estou ligando pro senhor porque a gente saiu do Brasil com um propósito, capitão. A gente deixou tudo aí. A gente deixou emprego, tá entendendo?

— Quando vocês chegarem aqui, a gente analisa o caso — desconversou Ivan. — Vou falar com Gady, pra ver como é que fica.

— Ontem chegou mais um rapaz — disse Wesley, sem entender ao certo a razão para anunciar o crescimento daquela comunidade de desesperados pernambucanos.

— Eu sei — animou-se o capitão, lembrando da conversa que tivera no dia anterior com Gady. — É o de Fernanda.

— Não, capitão. Esse foi Telinho que mandou.

— Telinho? — estranhou.

Telinho é o apelido de Gerson Luis Ribeiro de Oliveira, primeiro pernambucano a viajar para Durban. Depois se tornou um aliciador. Trabalhava para Fernanda.

— Ontem os policiais ligaram pra Dalila — disse Wesley, mais uma vez com a voz perdida. — Está uma confusão muito grande aqui.

— Vocês podem ficar tranqüilos. Eles já viram que vocês não têm nada a ver. Ó, vou ligar agora pra ele. Amanhã ou qualquer coisa ligue pra mim.

— Nós estamos muito aflitos, capitão.

Essa patética conversa telefônica faz parte do inquérito policial 427/03 e sua escuta foi autorizada pela juíza Amanda Torres de Lucena, atendendo a uma solicitação do delegado Daniel Grangeiro de Souza, feita em 24 de outubro de 2003. O diálogo entre Wesley e Ivan, capturado no plantão iniciado às 15h51 de 29 de novembro e encerrado às 10h55 do dia seguinte, está gravado no lado A da fita 5.

Nesse momento, o inquérito policial estava sendo presidido pela delegada Karla Gomes de Matos Maia. Ela o assumiu em 24 de novembro, em virtude das férias de Grangeiro. Entre as suas primeiras providências, estava a designação dos agentes "Romero, Benilton, Waldson e Elder para cumprir a interceptação já autorizada".

A autorização da escuta vigorou pelo período de 15 dias e interceptou as comunicações de seis terminais — dois da Telemar, dois da OI e dois da TIM. Visava a monitorar as conversas de que participavam o capitão Ivan Bonifácio da Silva e sua esposa, Eldênia de Souza Cavalcanti; João Cavalcante do Nascimento; Gerson Luis Ribeiro de Oliveira e Marcondes Lacerda de Araújo. Por causa de um problema de digitação na documentação, que trocou o número 81-99123247 por 81-99123347, o grampo desse último celular foi suspenso tão logo os agentes se aperceberam do erro.

As gravações tiveram início no dia 26 de novembro de 2003, às 9h30. O relatório, encaminhado à Justiça Federal no dia 15 de dezembro, continha 29 páginas. As principais conversas registradas foram interceptadas no terminal instalado em nome de Eldênia de Souza Cavalcanti, na rua Carlos Pereira Falcão, 500/ 902, Boa Viagem. Os agentes só anexaram dois breves diálogos ouvidos no telefone de João. Esse anexo consistirá em duas peças que determinarão a prisão da quadrilha. A outra será o depoimento do mecânico e motorista Rubens Farias dos Santos Filho, o Rubinho.

A primeira conversa importante, registrada no plantão iniciado às 11h15 de 27 de novembro e encerrado às 8h50 do dia seguinte, envolveu a filha do casal e Eldênia.

— Ivan saiu agora pela manhã nas carreiras e viajou — disse a esposa.

— Pra onde? — perguntou a filha.

— Ele viajou para o Ceará de avião.

— O que painho foi fazer no Ceará?

— Foi fazer um negócio lá com o sócio de Gady.

Esse negócio seria a inspeção do hospital de Mecejana, uma das mais importantes referências quando o assunto é transplante de órgãos no Nordeste. O diálogo, reforçado posteriormente por um telefonema igualmente interceptado entre o capitão Ivan e o empresário Calumby, revelou o desejo da quadrilha de transferir as cirurgias para o território brasileiro. Também deixava claro que o bioquímico israelense Eliezer Ramon não era apenas um amigo de priscas eras de Gady, tese defendida com firmeza pelo advogado Emerson Leônidas. Solto em 2005, o cientista voltaria para Tel-Aviv com o firme propósito de processar o governo brasileiro. Considerou a prisão uma arbitrariedade de nossa Justiça, ainda que na prática fosse o herdeiro do dinheiro usado pela esposa Eva para financiar a operação da quadrilha mundo afora. Os pais de Eliezer eram banqueiros em Israel.

O telefonema da filha para Eldênia, que em determinado momento se queixou das contas telefônicas, eliminou qualquer dúvida que ainda restasse quanto aos vínculos do capitão com Durban.

— A gente gasta mais de mil de telefone.

— Por que vocês não economizam, mainha?

— Não, é porque Ivan liga pra África, que precisa.

Mas a escuta mais importante desse segundo dia de trabalho aconteceria mais tarde. Interceptou uma nova conversa de Eldênia, dessa vez com Ivan.

— Gady ligou — disse o marido, falando do Ceará. — Ele disse que o pessoal que estivesse na África seria preso.

Segundo o capitão, "um cara" estaria dando com a língua nos dentes, "dizendo tudo". Por uma razão não explicada, pelo menos nessa ligação, o oficial israelense não queria que Ivan comunicasse esse fato a Roderyck Frank Kimberley, o Rody Ivan, que o agente responsável pela transcrição da fita chamou de Lorde.

— Mas aí eu liguei e avisei — continuou Ivan. — Disse que até o [doador] de Fernanda, que ele tinha mandado pra lá, ele mandou parar em São Paulo... Mandou voltar, que a polícia ia prender o pessoal lá.

A ligação para Rody, "que ia ver o que era", abria uma trilha pouco explorada nas investigações.

— Eu não sei se é onda de Gady — acrescentou Ivan. — Porque ele tá vendo que tá perdendo, entendeu?

O capitão deixou uma ordem antes de desligar, que devia ser extensiva a Evan (seu filho) e a Tarciana (sua neta).

— Se Gady ligar pra aí, diz que tá tudo normal e que não fale comigo e nem tem necessidade, entendeu?

No dia 29 de novembro, o capitão já estava em casa para receber a chamada internacional a cobrar de Wesley na qual ficou sabendo que Gady não estava "de onda" e que "o de Fernanda" não havia parado em São Paulo, como pretendia o oficial da reserva israelense. Falou nesse mesmo dia com Dalila. Queria confirmar com a intérprete portuguesa as informações obtidas com Wesley.

— Como estão as meninas? — perguntou Ivan.

— Mais ou menos — respondeu Dalila.

— Os colegas voltam quando?

— Parece que deve ser dia quatro ou mais tarde porque estão na lista de espera no avião.

— Tem um menino que fez o trabalho?

— Sim.

— Então ele também virá?

— Sim.

— Qualquer coisa liga pra mim, hein?

— Pronto, capitão, não tem problema.

— O menino está viajando? — insistiu Ivan. — O principal?

— Sim — confirmou Dalila mais uma vez.

— Qualquer coisa, liga pra mim.

A preocupação com "o menino", o Rogério, não tinha nada de altruísta da parte de Ivan. No dia seguinte, até fez uma chamada mais humana para Dalila, sensibilizado com o abandono do mesmo Rogério no hospital. Mas imediatamente depois do telefonema de Wesley, ele começou a se preocupar com seus ganhos financeiros. Para o capitão, Rogério era uma mercadoria cujo pagamento só seria feito no ato da entrega.

O plantão iniciado às 16h45 de 30 de novembro foi marcado pela chamada internacional a cobrar de Ricardo, irmão de Rogério. O lado A da fita 7 gravou mais um diálogo patético entre Ivan e seus fornecedores. No fundo, os dois conversaram como empregado e empregador indignados com a interrupção de uma rota comercial que afetava o interesse de ambos.

— É meu irmão — disse Ricardo. — Ele está chorando e sofrendo muito.

Ivan já estava nesse negócio há mais de um ano e sabia como lidar com esse tipo de situação. Os "meninos" entravam em pânico com freqüência — tanto antes quanto depois da cirurgia. Ligavam muito para ele, em busca de apoio emocional. Como se fosse um pai para eles.

— Com todo mundo é assim, mas a partir do quarto dia melhora.

O capitão sugeriu que começasse a andar e não pegasse peso. Mas insistiu, com um tom de voz tranqüilizador:

— Com todos eles é assim, mas no máximo no quarto dia melhora.

Ricardo foi direto ao ponto.

— Wesley não falou o que ele queria falar — disse, estudando as palavras. — Ele tinha emprego certo...

— Ainda não está definido que vocês venham — interveio o capitão, tentando dar esperança.

— A Dalila pegou a passagem... Ela quer que eu volte imediatamente para o Brasil... E quando chegar aí, eu acho que vou perder o emprego por justa causa.

Aquela conversa devia estar mexendo com os nervos do capitão e ele recorreu a uma filosofia de mesa de bar para confortar Ricardo.

— Não seja pessimista, meu filho. E ele, se pensar que vai morrer aí, pode até ser que morra, mas vocês têm que pensar que vai dar tudo bem. — Ivan tentou botar um fim naquela conversa. — Oh, diga a Rogério que não passa de quatro dias.

Mas em vez de desligar, Ricardo começou a falar aos borbotões, entrando em um assunto e saindo por outro.

— Eu vim pra África com um motivo, pra pegar um dinheiro forte. Mas com 5 mil reais eu consertava a minha casa... Eu fazia a minha casa na casa da minha mãe... A minha mulher tá grávida. Ela tá com cinco meses de gravidez. Ela soube de tudo, tá entendendo? Eu tinha dito que ia viajar a trabalho... Pra trabalhar com esquadrias de alumínio. Eu menti. Mas só que alguém falou lá pra ela. Quando eu liguei pra lá um dia desses, ela disse: "mas rapaz, tu fosse pra aí vender um rins?" Eu digo: "não, quem foi que te disse isso?" Ela disse: "Ah, não sei. Sei que tá a conversa aqui, que eu sei." Aí eu digo: "Quem é que sabe dessa onda?" E ela: "Eu, sua mãe e a outra pessoa que me disse. Rapaz, tu vai ser preso..."

— Não vai ser nada — disse Ivan, enfim encontrando uma brecha para interromper Ricardo. — Ninguém nunca foi nem nada. Então agora se eu pensar que eu vou morrer ainda agorinha, eu vou pensar...

— Eu queria falar com o senhor — interrompeu-o Ricardo. — Mas eu queria falar pessoalmente. Porque eu vim com a vontade assim pra doar mesmo.

— Eu sei, meu filho. E quando você chegar aqui, eu vou ajudar você.

— Eu vou ajudá-lo e alguém pode ganhar alguma coisa com isso também — atropelou-o mais uma vez Ricardo. — Porque o senhor podia ganhar o seu, mas eu também, nem que eu desse um argumento, entendeu? Eu ia vim com a excursão e a vontade de fazer...

— A gente fala isso quando você chegar...

— Quando o meu filho nascer.

— Quando chegar...

— Depois que a poeira baixar.

— Vou fazer o que puder. Mas não garanto nada.

— Tô tentando ligar pra Dalila, mas o celular dela só recebe mensagem. Se o capitão puder ligar pra ela, peça que ela arranje alguma injeção para dor ou um remédio e que apareça por lá amanhã.

— Vou tentar. E diga a Rogério que não se preocupe, que com todo mundo é assim.

Aliviado, o capitão resolveu fazer a vistoria do seguro de seu carro, um Honda Civic automático, como registra a mesma fita na qual foi gravada a conversa com Ricardo. Ele disse a uma mulher, que os agentes entenderam como Bega, que só ia dispor do carro às 14h, pois "está transferindo o seguro do Corsa". Nessa mesma fita, há um rápido diálogo entre o capitão e Dalila.

— O menino ligou ontem, dizendo que estava com muitas dores e não tinha remédio.

— Vou tentar dar um jeito — diz Dalila.

— Quando eu vou poder falar com o chefe?

(Nesse ponto, o relatório afirma que "Dalila muda de assunto". Não revela, porém, para que assunto.)

— Quando o Rogério virá? — perguntou o capitão.

— Lá pelo dia 5.

— E os outros?

— Não está nada confirmado.

— Pois veja. Para que eu possa me organizar por aqui.

— Vou ver.

— E o rapaz, como é que ele está?

— Soube que ele está mais ou menos.

— Ligo depois de amanhã.

A oitava fita, gravada entre 9h e 10h31 do mesmo dia 1º de dezembro, contém as conversas mais reveladoras de todo o processo de interceptação telefônica. Essas conversas demonstram claramente a tentativa de transferir os transplantes para o Brasil. E deixam clara a participação do Real Hospital Português, no Recife. Tudo indica, porém que pelo menos um hospital de Campina Grande participaria do esquema. No seu depoimento à CPI, o capitão Ivan fez explícitas referências a negociações com hospitais de Campina Grande e João Pessoa. Os deputados, no entanto, não morderam a isca.

Não há registros de visitas de Eliezer Ramon e Calumby aos hospitais paraibanos, mas William Stanford, que admitiu ter recebido a visita do bioquímico às instalações do Real Hospital Português, disse que a proposta de Gady abrangia essas outras cidades do Nordeste brasileiro. O mesmo Stanford comanda a equipe de transplantes do hospital Antonio Targino (Campina Grande) e Santa Casa de Misericórdia (João Pessoa).

Em sua maneira sempre imprecisa de narrar os episódios que protagonizou, Gady faz referência a uma viagem a Campina Grande. Essa viagem teria sido feita no carro do capitão, que para ele ficou mais marcada pelo telefonema de Evan, o filho de Ivan, quando já estavam chegando no Recife.

— A filha dele estava doente — lembra Gady. — Precisava de R$ 300 para comprar remédios.

Como sempre, Gady se sensibilizou com a história triste contada por Ivan ou um de seus familiares. Também como sempre, Gady se arrependeu de ter sacado a carteira para resolver o problema apresentado pelo capitão.

— No dia seguinte, Evan ligou para mim ainda mais desesperado, dizendo que o pai ainda não havia chegado com o dinheiro que eu havia mandado — conta Gady.

Gady imaginou a cena: o capitão parou em um bar para tomar uma cerveja e foi tragado pela compulsão de beber. Não seria a primeira nem a última vez que Ivan abandonaria compromissos inadiáveis para ficar enchendo a cara. Gady testemunhou algumas dessas cenas.

— Fui até a portaria do hotel e pedi que um taxista da minha confiança levasse o dinheiro do remédio para o filho de Ivan. Deixei ordens explícitas para que o motorista só entregasse o dinheiro para Evan.

Gady não lembra como chegou àquele hospital — suas narrativas sempre misturam os fatos e os personagens. Talvez tenha chegado a esse nome por intermédio de Calumby, cujas relações dentro da nefrologia no Nordeste só eram comparáveis às do capitão no âmbito da segurança pública. Uma das viagens até o estado da Paraíba foi feita na companhia de Calumby. Gady não sabe precisar se essa viagem tinha como destino João Pessoa ou Campina Grande. Na viagem a João Pessoa, que ele diferencia de Campina Grande por causa da lembrança do mar e por ter sido feita em direção ao Norte, o dono do hospital pediu uma soma tão alta que não dava nem para fazer uma contraproposta. Mas as negociações em Campina Grande evoluíram e seriam fechadas tão logo Ilan Perry chegasse ao Brasil. Ilan chegaria ao Brasil alguns dias depois do desmonte da conexão Recife.

Segundo a pouco confiável memória de Gady, ele conheceu o diretor do hospital de Campina Grande na sauna do Mar Hotel. Ia pegar uma cerveja no bar e, por educação, perguntou ao estranho com o qual compartilhava os vapores da sauna se não queria que lhe trouxesse uma bebida.

— Sim, obrigado — disse o estranho, que em poucos minutos se tornou amigo de infância desse irresistível sedutor.

As informações foram sendo colhidas aos poucos.

— Estou de férias com a família — disse o empresário.

Algumas cervejas depois, o mais novo amigo de infância de Gady declinou a condição de herdeiro de um dos mais importantes hospitais da Paraíba.

— Faz transplante de rim no seu hospital? — perguntou Gady, levando a conversa para o campo que o interessava.

— Claro que sim — disse o empresário, orgulhoso da infraestrutura do seu negócio.

— E se um amigo meu estivesse precisando de um transplante com urgência?

A naturalidade com que o empresário em questão começou a negociar as condições para entrar no negócio fez com que Gady estranhasse todo o alvoroço em torno da quadrilha organizada por ele, em dezembro de 2003.

— Ele não parecia estar falando de uma atividade proibida no Brasil — diz Gady.

Gady teve essa mesma sensação tanto no Recife quanto em João Pessoa, Campina Grande e Fortaleza, cidades pelas quais sua trupe passou. O trecho das escutas a seguir, que deram sustentação à prisão de Calumby e à intimação de Stanford, mostra a desfaçatez com que os atores desse sombrio espetáculo agiam.

— Gady perguntou quantos nomes têm que ser — disse Ivan. — Eu disse três.

— Três é um número bom — disse Calumby.

Em seguida, há um trecho confuso no relatório produzido a partir das fitas. Mas dá para se depreender que Ivan está ensinando Calumby a negociar com Gady.

— Aqui, Gady, eu ganho R$ 2 mil por esse pessoal que eu faço agora — simulou Ivan no trecho já compreensível. — E como vou me dedicar mesmo a isso (...), não posso cair dos R$ 2 mil, entendeu?

— Entendi — disse Calumby.

— Se você disser R$ 1 mil, ele vai querer cair para R$ 500. Por isso, eu tenho de dizer R$ 2 mil para pelo menos ele cair para R$ 1 mil.

— Você está coberto de razão.

— Oh, eu falei para Gady que é por cada operação, não é por mês, não. É por cada operação, entendeu?

Calumby voltou a concordar com a linha de raciocínio de Ivan.

— Gady quer saber se vocês têm preferência entre o pessoal de Israel ou o da Romênia.

— Pode vir de qualquer lugar.

— Preciso saber se é preciso visto da Romênia. Preciso saber disso agora.

— Isso a gente tem que ver na Polícia Federal — sugeriu Calumby. — É a Polícia Federal que controla os vistos, essas coisas.

Ivan lembrou das orientações de Gady, que quer mandar o nome dos pacientes o quanto antes. Tanto o dos receptores quanto o dos doadores. Calumby disse que ia passar uma semana no interior e deu um número de telefone e o melhor horário para encontrá-lo em casa: 20h.

— Agora, qualquer coisa que seja necessária, eu venho de imediato — prometeu.

— Tá certo, um abraço.

Mas Calumby não desligou. Estava preocupado com os seus ganhos na transação.

— Eu preciso acertar isso hoje com ele — tranqüilizou-o Ivan. — Para poder fechar o negócio mesmo...

Voltaram a discutir estratégias de negociação com Gady. Havia a preocupação de que o israelense desconfiasse de que Ivan ia ganhar por fora, como vinha fazendo com os doadores que aliciava no subúrbio. Gady afastou Ivan da gerência da quadrilha quando soube que ele entrava no dinheiro dos fornecedores de rim.

— Se ele disser qualquer coisa a respeito de quanto o dr. William vai pagar, diga que acha que o dr. William vai dividir o dinheiro comigo. Pode dizer que o que os outros médicos vão ganhar, entendeu?, o Celso vai ganhar igual. É para dizer que eu vou ganhar mais que você. Não é melhor assim?

— Não, rapaz. Ele pode pensar: "Não, ele vai dar dinheiro também a Ivan." Entendeu?

— Qualquer coisa, Ivan, diga: "Eu tenho pra mim que dr. William, do jeito que paga aos auxiliares, eu tenho pra mim que ele vai pagar ao Celso."

— Certo.

— Diga: "Entre os dois é uma contabilidade que ninguém entende, que são amigos de 25 anos e tanto."

— Certo.

— Hoje e amanhã eu estou aqui. Mas na quarta-feira pela manhã eu estou viajando. Se você quiser, pode me ligar na quarta à noite.

— Eu ligo.

— Um abraço.

Poucos minutos depois, Eldênia ligou para o serviço de informações da Telemar e solicitou o telefone do consulado da Romênia. De posse do número, ligou para o consulado, perguntando se era preciso visto para vir da Romênia para o Brasil.

A nona fita, gravada entre 10h31 e 17h32 do dia primeiro, registrou uma conversa doméstica entre o capitão e uma de suas filhas. Um pequeno detalhe, porém, pôde demonstrar conivência dos agentes designados para um evento no hotel em que Gady estava hospedado.

— Estava trabalhando — disse Ivan. — Estava em uma reunião até agora lá no hotel. Depois houve um coquetel lá.

É possível que essa reunião tenha sido a mesma para a qual a delegada Karla Gomes de Matos Maia pediu "autorização judicial de captação e interceptação ambiental de sinais eletromagnéticos, óticos e acústicos", em documento com a data de 29 de novembro. No relatório de interceptação de ambiente, o agente Waldson Cabral da Fonseca registrou que, ao chegar no hotel no dia e na hora marcados com o também agente Romero, foi informado de que a reunião havia sido cancelada.

Participariam dessa reunião, segundo relatório de 28 de novembro assinado pelo agente Fernandes Vilanova, "uma média de sete pessoas". Dentre elas, dois oficiais da PM/PE e dois delegados federais.

Capítulo 11

O LONGO DIA 2 DE DEZEMBRO

Quando a delegada Karla Gomes de Matos Maia assumiu a presidência do inquérito policial 427/03, a investigação da quadrilha comandada por Gedalya Gady Tauber estava em compasso de espera. O motivo para a paralisação foi explicado pelo delegado Daniel Grangeiro de Souza, no despacho em que renunciou ao trabalho que vinha coordenando desde agosto: estava dedicando "todo tempo e esforço" à apuração do "lançamento ao mar de clandestinos", pelo comandante Xu Chang Quan, do navio *Tu king*. Posteriormente, o comandante Xu Chang Quan dividiu cela com o capitão Ivan no 6º Batalhão da Polícia Militar.

Um dos sinais mais evidentes de que a investigação do tráfico de órgãos estava sendo sacrificada pela investigação do rumoroso caso dos clandestinos lançados ao mar foi a demora para se "cumprir a interceptação já autorizada" da comunicação dos principais suspeitos. Essas escutas foram determinantes para a decretação da prisão de todos os envolvidos. Solicitadas em outubro, aguardavam a designação de agentes para monitorar as conversas entre os suspeitos. Se não fossem essas escutas, o israelense teria fugido no dia 2 de dezembro. De acordo com os investigadores, ele estava com a passagem aberta e havia pedido que fechassem a conta do hotel no dia da sua prisão.

No primeiro dia de trabalho, a delegada Karla Gomes tomou cinco providências que deram um novo ritmo às investigações. Uma das medidas tomadas por essa cearense de 26 anos foi a convocação dos agentes Rosivaldo e Fabíola, que passaram a dar suporte ao trabalho de campo até então realizado apenas por Vilanova. A delegada também determinou que os agentes Romero, Benilton, Waldson e Elder se revezassem no monitoramento do grampo dos suspeitos.

Nesse mesmo dia, ela anexou aos autos as fotografias apresentadas pelo informante Rubinho ao onipresente Vilanova. Essas fotos eram tipicamente turísticas, mas identificavam a intérprete Dalila, o *flat* Windemere, no qual os doadores se hospedavam, e os três pernambucanos que acompanharam Rubinho em sua aventura na África: Romildo, Vladimir e Pedro Gervásio.

Talvez Vilanova estivesse querendo mostrar serviço à delegada Karla Gomes, que naquele momento tinha apenas um ano na superintendência regional de Pernambuco da Polícia Federal e jamais trabalhara com ele. Qualquer que fosse a razão, Vilanova apresentaria seu mais importante relatório quatro dias depois de ser confirmado na investigação.

Depois de descrever doadores e aliciadores com riqueza de detalhes, ele dedicou as duas últimas páginas do documento à sua maior descoberta, depois de Rubinho. Chegara enfim ao israelense que dizia ter procurado em todos os hotéis e pousadas da cidade, cuja existência era citada desde a denúncia do Programa Global de Prevenção e Enfrentamento ao Tráfico de Seres Humanos. Ele também era apontado no *e-mail* do policial civil José Germano.

O relatório de Vilanova, datado de 28 de novembro de 2003, só foi lido pela delegada no dia seguinte, um sábado. Acreditando estar sendo municiada por um gênio da investigação, ela digitou às pressas as duas páginas em que fundamentou o pedido de "captação e interceptação de sinais eletromagnéticos, óticos e acústicos" do salão de eventos do Mar Hotel. Tinha que correr.

Segundo informações colhidas pelo agente com o funcionário identificado apenas como Marconi, Gady reservara o local das 10h às 11h30 do dia 1º de dezembro. Participariam dessa reunião cerca de sete pessoas. Duas delas seriam oficiais da Polícia Militar de Pernambuco e duas, delegados da Polícia Federal. Como o israelense, essas misteriosas autoridades policiais eram citadas desde a primeira denúncia. Por causa delas, aquele inquérito corria em Segredo de Justiça.

O pedido foi recebido pelo procurador Rafael Ribeiro Nogueira Filho, que estava de plantão na manhã de domingo de 30 de novembro. Ele refletiu sobre aquelas informações entre 7h55 e as 11h14, quando mandou, por fax, o seu parecer para a 13ª Vara Federal. Em uma hora, a juíza plantonista, a dra. Paula Emília Moura Aragão de Sousa Brasil, decidiu interromper o fim de semana da juíza Amanda Torres de Lucena. Segundo o artigo 11 do Provimento nº 08, da Egrégia Corregedoria do TRF da 5ª Região Quinto Regional, "em sendo requerida (...) alguma medida reputada de natureza urgente (...) o juiz plantonista deverá remeter os autos imediatamente ao juiz do feito".

Apesar da correria, a interceptação ambiental frustrou as expectativas. "Fomos informados pelo supervisor de segurança do hotel", escreveu o agente Waldson Cabral da Fonseca no seu relatório, "(...) que o estrangeiro havia cancelado o seu pedido de utilização da (...) sala." Esse é um dos episódios mais obscuros da investigação, que talvez tenha passado despercebido pela delegada.

Na conversa aparentemente doméstica com a filha, gravada entre 10h31 e 17h32 do mesmo dia 1º de dezembro, o capitão revelou que "estava em uma reunião até agora lá no hotel". Também é possível que essa reunião tenha sido a mesma que, segundo disse o superintendente Wilson Damázio em matéria no *Jornal do Commercio* do dia 8 de dezembro, fora filmada pelos investigadores. Segundo a reportagem, quatro oficiais da PM participaram dela. Damázio não identificou os participantes da reunião, mas eles eram de fato oficiais e delegados federais.

Esse foi um descuido aceitável apenas porque o mesmo relatório das escutas telefônicas, que poderia fundamentar as suspeitas sobre o nível de comprometimento do seu agente, trazia informações bombásticas sobre a quadrilha. E deram conteúdo à representação que a delegada enviou ao Ministério Público Federal, pedindo a prisão temporária de sete envolvidos e, ainda, uma operação de busca e apreensão na residência do capitão Ivan Bonifácio, na agência de viagens Mapa Mundi, no Laboratório de Análises Clínicas Gilson Cidrim e no quarto de hotel em que se encontrava hospedada a pessoa que identificaria como "Gady Tauber ou Gedalya Tauber".

Além de as escutas revelarem a inquietação da quadrilha com

as prisões efetuadas na África do Sul, o agente Vilanova obtivera duas informações que obrigaram o abortamento das investigações. Gady teria uma passagem em aberto e, segundo a gerência do Mar Hotel, "avisou que encerraria a conta no dia 2 de dezembro de 2003", conforme alertou a delegada na representação.

Gady negou essas informações.

— Eu estava no elevador, quando o gerente levou a conta para mim. Paguei a conta com as mãos algemadas.

Ele também contestou a informação de que tinha uma passagem aberta.

— É mais cara.

Quando a representação da delegada chegou ao Ministério Público, o procurador Anastácio Nóbrega Tahim Júnior ainda estava em seu gabinete. O seu parecer, concordando "com o pedido de decretação da prisão temporária das pessoas nominadas", foi apreciado pelo dr. Arthur Napoleão Teixeira Filho, o juiz federal plantonista, às 21h27 daquela segunda-feira. O parágrafo único do artigo 11 da Resolução nº 08, da Egrégia Corregedoria do TRF da 5ª Região, mais uma vez foi invocado para que a juíza Amanda Torres de Lucena se pronunciasse, já às 22h45.

A decisão da juíza veio em seis páginas, cuja conclusão decretava as prisões temporárias e autorizava as operações de busca e apreensão representadas pela delegada. Segundo os autos de arrecadação mais detalhados, a quadrilha começou a ser desmontada às 10h do dia seguinte, com a chegada do agente Marcos André Soares à agência de turismo Mapa Mundi. Era nessa agência que trabalhava Moisés Araújo Júnior.

A decretação de uma prisão temporária pode impedir a fuga dos suspeitos de determinado crime, mas traz uma série de complicações para uma investigação.

— A gente passa a trabalhar com prazos muito apertados — disse essa delegada oriunda da Polícia Civil do Ceará, na qual trabalhou dois anos até fazer o concurso para a Polícia Federal e se transferir para o Recife.

Ela precisava de um misto de trabalho duro e sorte para produzir os resultados necessários para primeiro conseguir uma nova temporária de cinco dias e em seguida a preventiva, com a qual ganharia mais 30 dias. Vale lembrar que nove meses de investigação não haviam sido suficientes para levantar os elementos decisivos.

Karla Gomes já conhecia o amadorismo da quadrilha cujos cabeças iam até o aeroporto entregar e receber os transplantados, repetiam as rotas e sequer tomavam o cuidado de esperar que os operados se recuperassem para embarcar de volta para o Recife, sem precisar recorrer ao privilégio de descer do avião antes dos demais passageiros. Mas ela se surpreenderia com as informações obtidas nos depoimentos.

— A Fernanda foi uma que deu muitos detalhes — disse a delegada.

Fernanda é a corretora de seguros Fernanda Gabriela Martins Callado, uma das coordenadoras da quadrilha.

Também estranhou a revelação das vítimas, que sempre diziam que "Fernanda levou no laboratório" ou que "dona Eldênia mora em Boa Viagem". Mas ninguém seria mais ingênuo do que o capitão Ivan, que por essa razão foi intimado a uma oitiva com o procurador Anastácio Nóbrega Tahim Júnior e a juíza Amanda Torres de Lucena. "Quando do cumprimento do mandado de prisão [ele] informou ao agente Casimira que Teresa seria responsável pela organização financeira da quadrilha, tendo muitos documentos em sua residência", escreveu a delegada na representação contra a advogada Teresinha Medeiros de Sousa, o agente de viagens Moisés Araújo Júnior e o bioquímico Eliezer Ramon.

O depoimento de Ivan, colhido pelo procurador e pela juíza às 14h15 do dia 2 de dezembro, resultou em um único documento. Nesse documento, o Ministério Público e a Justiça mais uma vez corroboraram um pedido de Karla Gomes. E os fatos mostraram que, mais uma vez, a policial cearense estava certa: no carro de propriedade da advogada Teresinha Medeiros havia, em uma pasta, uma detalhada movimentação financeira dos negócios empreendidos por cerca de um ano e um organograma da quadrilha. Para facilitar a atuação da Polícia Federal, Teresinha entregou a chave do carro para um dos agentes e pediu que o estacionasse no pátio da Polícia Federal.

A primeira luta contra o relógio terminava no dia 7 de dezembro, um novo domingo. Mas, no dia 4, Karla Gomes redigiu uma nova representação, agora tendo como base o depoimento de pelo menos 12 envolvidos — além dos 11 detidos, surgiu o mecânico Tiago Pereira da Silva. Tiago só não foi detido porque se apresentou no momento em que se ia solicitar um mandado de prisão contra ele.

Ainda faltavam muitas peças para montar o quebra-cabeça, mas, ao se sentar diante do computador, chegou à seguinte conclusão: em apenas três dias de trabalho, o número de prisões subira de sete para doze e, por intermédio das informações colhidas nos depoimentos, tinha elementos para representar contra o aposentado Josué Luiz da Silva, o coronel médico José Sylvio Boudoux da Silva e o pintor de automóveis Hernani

Gomes da Silva, o Mirinho. Lembrava, por fim, que somente naquela sexta-feira, 5 de dezembro, enfrentaria oito oitivas. "Solicito que seja prorrogado o prazo de prisão temporária concedida", escreveu.

O procurador Anastácio Nóbrega Tahim Júnior entendeu as alegações da delegada e voltou a lhe fazer todas as concessões, exceto a prisão temporária de Hernani Gomes da Silva. "No que concerne a Hernani", escreveu o procurador, "só há a informação policial de que ele teria agenciado o doador de nome Márcio. E isso é insuficiente." Além de acatar o teor do parecer do procurador, a juíza Amanda Torres de Lucena presenteou a delegada com o alvará de soltura em favor de Celso Jarbas Calumby. Desde esse dia, o representante comercial não voltaria a ser incomodado pela Justiça. A delegada teve que engolir o sapo, mesmo quando ele foi aos jornais dizer que fora preso por causa de um "bate-papo".

As oitivas da sexta-feira, 5 de dezembro, foram dedicadas às personagens da periferia do Recife. O ajudante de pedreiro Pedro Gervásio de Oliveira Vasconcelos foi o primeiro deles. Pedro é irmão do também doador Vladimir de Oliveira Vasconcelos e primo de Marcondes Lacerda de Araújo, que, por sua vez, é primo dos irmãos Gerson Ribeiro de Oliveira e Pedro Ribeiro de Oliveira Neto. Pedro viajou junto com Rubinho, o informante. Rubinho era casado com Vera Lúcia, uma das primas de Pedro.

Em seguida, foi a vez do técnico de telecomunicação José Paulo Marques de Lira. Paulo disse ao delegado Marcelo Conceição Aires que desistira de vender o rim depois de um churrasco na casa de Dalila, intérprete do grupo em Durban. Segundo o ex-futuro doador, participava dessa confraternização um brasileiro que "tinha feito a cirurgia há apenas quatro dias, e mostrou o corte da cirurgia para o declarante". A cicatriz o deixou assustado.

No caminho para o aeroporto, Dalila confidenciou a Paulo que a sua opção era a mais acertada.

— Os exames mostravam (...) que um dos seus rins não tem bom funcionamento — disse a intérprete portuguesa.

Mesmo cientes da má condição de um dos rins, segundo Dalila dissera a Paulo, os médicos fariam o transplante.

Nesse mesmo dia, Karla acompanhou o incrível depoimento do ambulante José Carlos Cardoso da Silva. Os jornais deram grande destaque a esse caso, iniciado no dia 20 de setembro de 2003. O ambulante estava vendendo adesivos no bairro de Jardim São Paulo, quando foi abordado por "um cidadão que lhe ofereceu emprego na África do Sul". Esse cidadão seria o marceneiro João Cavalcanti do Nascimento, tido como um dos mais ativos aliciadores da quadrilha.

Interessado no negócio, José Carlos deixou o número do telefone com o grupo de pessoas que estavam bebendo com João. No dia 30 de setembro, uma moça chamada Fernanda ligou para ele, dizendo que "precisava fazer todos os exames para assumir o tal emprego na África do Sul". Marcaram um encontro na Estação do Barro, onde o ambulante foi pego por um amigo dela.

José Carlos tirou o passaporte no dia 13 de novembro, sempre assessorado por Fernanda. Viajou no dia seguinte, ainda pensando que encontraria o emprego dos sonhos na África do Sul. Ao chegar lá, porém, a intérprete Dalila "ficou todo o tempo convencendo-o a fazer a cirurgia". Ele "ficou nervoso e começou a chorar", dizendo que queria voltar para o Brasil. Voltaria enfim no dia 25 de novembro, já sem um dos rins.

No Recife, foi "ameaçado de morte por João Cavalcanti e todos os seus amigos, (...) caso abrisse o bico". Ninguém desconfiou que todos esses detalhes, inclusive a conversa por telefone, foram protagonizados por um surdo-mudo.

No sábado, 6 de dezembro, um furacão varreu a avenida Rosa e Silva e a rua do Sossego, endereços residencial e profissional do coronel médico José Sylvio Boudoux da Silva. Os agentes Adilson Ricardo Tavares e Reynaldo José Ramos levaram o mandado de busca e apreensão ao apartamento 707 do condomínio Costa Azevedo, um dos endereços mais exclusivos da cidade do Recife.

Como o médico havia viajado para João Pessoa, os policiais não apresentaram o outro documento que traziam na carteira: o mandado de prisão temporária contra o fornecedor de requisições médicas da quadrilha, que deixara rastros no Laboratório de Análises Clínicas Gilson Cidrim e na casa de Fernanda Callado. O médico também foi alvo das indiscrições do capitão Ivan, ainda que posteriormente o oficial viesse a se arrepender de envolver Boudoux em suas denúncias, e escrevesse um bilhete jurando que ludibriara seu antigo superior. Tarde demais.

Na volta do feriadão de 8 de dezembro (em homenagem a Nossa Senhora da Conceição), Boudoux procurou Karla Gomes acompanhado de seu advogado. A delegada tomou seu depoimento e, no fim, lhe deu voz de prisão. Apesar das liminares impetradas pelo advogado José de Siqueira Silva Júnior, o coronel ficou detido no Quartel do Derby até meados de janeiro de 2004. Só depois de ouvi-lo a juíza Amanda Torres de Lucena mandou soltá-lo, juntamente com a esposa do capitão, Telinho, Marconi e João.

No mesmo dia em que foi efetuada a operação de busca e apreensão na residência e no consultório de Boudoux, chegou ao conhecimento da delegada um relatório do disque-denúncia que, se recebido um dia antes, mudaria o destino de Hernani Gomes da Silva, o Mirinho. A pormenorizada acusação veio com CPF, RG, os possíveis locais em que o suposto criminoso poderia estar escondido e o número de pessoas que aliciara (24, no total). De acordo com as denúncias, Mirinho recebia R$ 5 mil por pessoa.

Quando a delegada se preparava para voltar à carga contra Mirinho, entraram em cena a advogada Conceição de Maria Jansen de Oliveira e seus anunciados quatorze clientes (na verdade, foram cinco). Um deles seria o próprio Mirinho, que, segundo a advogada, se apresentaria naquela mesma semana. Karla Gomes deixou Leonardo Silvio Gomes, José Carlos Conceição da Silva e Leandro Silvino Gomes serem interrogados por outros delegados, enquanto fundamentava o pedido de prisão preventiva dos integrantes da quadrilha já presos, mais o então foragido Josué Luiz da Silva.

Mas na hora em que a advogada Conceição de Oliveira chegou com Mirinho, ela mesma o ouviu. Outro caso que fez questão de acompanhar foi o do professor de inglês Gerehmias Belarmino de Azevedo Júnior, o Geré. Segundo o capitão Ivan, Geré era o intérprete que o substituíra na quadrilha. Apertou-os nas oitivas, mas não conseguiu confirmar nenhuma das duas hipóteses — a de que Mirinho havia aliciado 24 doadores e a de que Geré substituíra o capitão Ivan.

De oitiva em oitiva, a delegada conseguiu montar um quadro preciso no pedido de prisão provisória — que se estenderia por mais trinta dias, a partir do dia 10 de dezembro. Já podia detalhar cada passo do processo de transplante: aliciamento, contratação, requisição dos exames preliminares, realização dos exames no laboratório Gilson Cidrim, emissão de passagens aéreas pela Mapa Mundi, viagem a Durban, cirurgia, retorno ao Brasil e realização do pagamento acordado. Havia também uma hierarquia, com sete níveis.

Mas a delegada encontrou a munição de que precisava para manter toda a quadrilha presa nos depoimentos do capitão Ivan (sempre ele) e do ambulante José Carlos Cardoso da Silva, o mudo. "Sérias e fundadas ameaças partiram dos investigados Gedalya, Eliezer e João", escreveria o procurador Anastácio Nóbrega, no parecer em que solicitou a prisão provisória à juíza substituta da 13ª Vara Federal. O mesmo procurador desaconselhou a libertação de Fernanda, Moisés e Teresinha. Soltos, poderiam representar "sérias ameaças aos envolvidos, na condição de *longa manus* de ambos os israelenses". A juíza acatou o parecer no dia 11 de dezembro.

Entre os dias 12 e 15 de dezembro, Karla se dedicou à produção das 19 páginas do relatório com que encerraria sua participação no Inquérito Policial 427/03 (quando da apresentação de Josué Luiz da Silva, em 2 de janeiro de 2004, o delegado Daniel Grangeiro de Souza já havia voltado de férias e reassumido as investigações). Chegou a tomar o depoimento do estranho técnico industrial Lírio Gatto, que aproveitou a exposição da advogada Teresinha Medeiros para exumar as mágoas deixadas pelo violento despejo de que sua mãe fora alvo, em casa de propriedade de uma tia da diretora da quadrilha. Administrou o restante do tempo com pequenas medidas burocráticas, como determinar o exame de ultra-sonografia abdominal nos doadores de rim, no hospital da Restauração.

No dia 15 de dezembro, os procuradores da República receberam o relatório escrito no estilo econômico e objetivo de Karla. O caso estava todo ali, desde a denúncia da psicóloga Anália Belisa Ribeiro às oitivas dos últimos dias, passando pelo sigilo judicial decretado para o inquérito. Naquele momento, o depoimento de Rubens Farias dos Santos Filho não era mais um conjunto de palavras quase inverossímeis, concatenadas pelo rancor alimentado contra a família da mulher que o abandonara. Pedro Gervásio, Rogério, Tiago e Vladimir haviam deixado de ser vagas fotos tiradas em Durban e anexadas aos autos no dia em que assumira a presidência do inquérito.

Karla refez o longo trajeto do agente Vilanova pelos subúrbios do Recife, cujas descobertas iam sendo registradas em relatórios escritos com um português primário e que inevitavelmente terminavam com o seguinte bordão: "é a informação." Trabalhando de domingo a domingo e muitas vezes deixando a blazer da Polícia Federal a dois quilômetros de distância dos locais investigados, ele identificaria Carlos Bonifácio da Silva (sobrinho do capitão), Pedro Bezerra de Figueiredo, a dramática carta de Eliane Gomes da Silva para o irmão Mirinho, pedindo que a apresentasse aos coordenadores da quadrilha. Viu Eldênia, Telinho e João levando Wagner Silva e João Araújo ao aeroporto, como se estivessem conduzindo uma criança para o jardim da infância. O mesmo João que recepcionaria Pedro Bezerra Figueiredo, o Pedrinho, que era cunhado de Geré, o professor de inglês do Barro.

Eram tantos os nomes que de vez em quando se confundiam na sua cabeça: Carlos Wesley Silva Campelo, José Paulo Marques Lira, Orley José Santana, Márcio José Nascimento... Mas depois de caminhar como um judeu atrás da Terra Prometida, o determinado agente, enfim, chegaria ao cabeça que articulava e dava sentido a todo aquele povo: o major israelense Gedalya Gady Tauber, o "homem do dinheiro" inicialmente procurado pelo nome de Gady Barak. Levava uma vida de rei no Mar Hotel, onde também estavam hospedados a advogada Teresa Medeiros de Souza e o bioquímico Eliezer Ramon, cujo nome o agente imaginava ser Tamir Cohen.

Teresa foi uma personagem escorregadia, que passou despercebida ao longo de toda a investigação, ainda que a pasta descoberta em seu carro a identificasse como a diretora da quadrilha. Eliezer também fora um excelente ator, desempenhando o papel de cientista com pós-doutorado nos Estados Unidos que viera ver o amigo Gedalya no Brasil e desfrutar de nossas mulheres, nossas praias e nosso sol a convite do capitão Ivan.

Mas Karla não ia bancar a falsa modesta justamente no relatório em que indiciou 27 acusados — era tão xiita com o Segredo de Justiça, que deixou para incluir o nome de Josué quando este viesse a ser capturado pela polícia. O dia central para o inquérito havia sido 2 de dezembro, quando usou toda a sua astúcia para ouvir, um a um, os primeiros oito presos da quadrilha. Aquele foi um dia longo, que só terminou depois de preparar a representação contra os nomes a que chegara depois das oitivas iniciais.

Naquele momento, sabia como a quadrilha funcionava, identificara grande parte de seus integrantes e chegara à rede de fornecedores. Porém, o exame de corpo de delito nas vítimas comprovava apenas que haviam sido submetidas ao transplante do rim. O crime só viria a se confirmar por meio de confissões habilmente obtidas por ela, que tirou amplo proveito do amadorismo de seus adversários.

Gerson Luiz Ribeiro, o primeiro a viajar e supostamente um dos mais ativos aliciadores, incriminou o capitão Ivan dizendo que ele "fez a proposta de viajar para a cidade de Durban (...) para fazer a doação de rim". Não admitiu os aliciamentos de que era acusado, mas as "três pessoas" apresentadas "para a Fernanda", que lhe pagaria "mil reais" por cabeça, eram a confissão de que a delegada precisava para enquadrá-lo nos três artigos aplicados a todo o grupo: formação de quadrilha, comercialização de órgãos e crime continuado. De quebra, o mesmo Gerson entregou o primo Marcondes e o amigo João, que trilharam o mesmo caminho: "inicialmente doaram e depois passaram a indicar pessoas para a Fernanda e para o capitão Ivan."

O representante de material hospitalar Celso Jarbas Calumby minimizou sua relação com o capitão, apesar das escutas telefônicas e da arma registrada em seu nome encontrada na casa do oficial reformado, na operação de busca e apreensão. O marceneiro João Cavalcante do Nascimento também tentou sair pela tangente, mas suas respostas no mínimo reforçavam a existência do crime: "foi na oficina de Gérson e ele perguntou se o interrogado queria viajar para a África do Sul para fazer doação de rim, mediante pagamento de US$ 8 mil."

Eldênia de Souza Cavalcanti, a esposa de Ivan, também tentou minimizar seu envolvimento com a quadrilha. Mas admitiu uma viagem a Durban para trabalhar como intérprete dos doadores e colocou tanto o marido quanto Fernanda, Telinho, Marconi e Josué na linha de tiro. Segundo ela, todos eles "conseguiam pessoas para viajar e doar os rins".

O agente de viagens Moisés Araújo da Silva Júnior, preso na leva de mandados expedidos depois do depoimento do capitão ao procurador e à juíza, naturalizou as freqüentes visitas tanto ao hotel quanto ao aeroporto, colocando-as no plano de ossos do ofício. Mas, ao mencionar as pessoas que encontrava nesses dois lugares, ajudou a reforçar a acusação contra Marconi ("que estava no Mar Hotel com Gady na última sexta-feira"), Telinho ("também já encontrou com Gerson no Mar Hotel, em companhia de Gady"), bem como contra Ivan e Fernanda. Além de ser o fornecedor exclusivo das passagens aéreas, o agente de viagens "ficava incumbido de passar um fax para o sr. Rody, na África do Sul, (...) e para o sr. Nir, em Israel". Nir não apareceu nem nas investigações feitas no Brasil nem na África do Sul.

A descrição do dia em que Marconi recebeu os seus US$ 10 mil confirma a tese da delegada de que a quadrilha estava longe de ter o profissionalismo dos traficantes de drogas. Segundo o mecânico, estavam na casa do capitão todos os integrantes da "cúpula do tráfico de órgãos: um israelense conhecido como Gady, a esposa do capitão Ivan, dona Dena, uma conhecida como Fernanda, uma advogada chamada Tereza, um outro sujeito conhecido como Josué". Ele sabia inclusive que "Tereza era encarregada de levar o dinheiro para o capitão Ivan pagar as pessoas que vendiam os órgãos".

Mas os depoimentos mais arrasadores foram os do falante capitão Ivan e da sempre segura Fernanda Callado, que só perdeu o controle da situação no interrogatório registrado à folha 167. A solidão deve ter pesado, concluiu a delegada, quando a ouviu falar com naturalidade sobre o convite de Gady para "entrar num negócio" que seria "legal pela leis da África e Israel". Fernanda praticamente colocou o médico Sylvio Boudoux na cadeia, ao dizer que era ele "quem requisitava os exames" e tinha "conhecimento para que eram feitos os exames". "Ivan era quem pagava os exames", acrescentou, comprometendo de vez o coronel reformado. Ela também teve um grande peso na prisão da amiga Teresinha Medeiros, que até aquele momento era vista como uma das pontas do triângulo amoroso do qual Gedalya Gady Tauber era o epicentro. "A participação de Tereza era no sentido de substituir Gady na realização dos pagamentos."

Como não poderia deixar de ser, a grande estrela do relatório da delegada federal foi o capitão Ivan. Apenas a última linha da nona página não é dedicada ao oficial reformado da Polícia Militar de Pernambuco, que iniciou o interrogatório declarando-se disposto a colaborar. E a primeira informação preciosa, que deu ensejo ao mandado de busca e apreensão apresentado pelos agentes aos gerentes da agência Rio Branco, foi a de que a quadrilha tinha um cofre no Citibank, em nome de Teresinha.

Ivan pesou ainda na conta de Geré, um endividado professor de inglês com o qual cruzara em algumas ocasiões no Mar Hotel. "Gerehmias fala muito bem o inglês e conseguiu fazer viagens, tendo ficado um tempo na África", declarou Ivan.

O capitão tinha uma relação menos paranóica com o coronel Boudoux, mas ele também foi acertado pela sua metralhadora verbal. "Sylvio dava a ele, a Fernanda e a Josué a requisição médica independentemente de ver o paciente", registra a folha 192 dos autos do processo. "Dr. Sylvio recebia [dinheiro] para dar as requisições", acrescentou. E concluiu, fornecendo a justificativa para que cerca de dez policiais federais fortemente armados entrassem no seu apartamento, na Rosa e Silva: "Era o Gady quem pagava o médico, (...) mas ele preferia receber de mim."

Duas informações adicionais tiveram um peso decisivo nesse período: o ferroviário aposentado Josué coordenava os aliciadores "Zinho, João e Jorge", mas eles "brigaram e ficaram atuando independentemente"; Gady e Eliezer o teriam "ameaçado através de gestos". Logo na manhã seguinte foi elaborada uma representação contra Josué e a recusa dos *habeas corpus* impetrados pelos advogados dos israelenses seria fundamentada por uma possível ação intimidatória dos chefes da quadrilha. O próprio tratamento dispensado a Gady, tanto no tribunal quanto na CPI, onde sempre compareceria com as mãos algemadas para trás, foi influenciado por essa denúncia. Gady ficou revoltado.

Karla terminou o relatório desculpando-se pela impossibilidade de analisar todos os documentos confiscados nas operações de busca e apreensão, mas na décima página enumerou pelo menos seis tópicos decisivos para o indiciamento dos suspeitos: "existência de ligações entre parte dos envolvidos, através da análise de extratos e agendas telefônicas"; "anotações referentes aos pagamentos efetuados às pessoas que viajaram, com detalhes sobre datas de viagem e exames"; "ocorrência de convergência entre o médico requisitante de todos os exames realizados pelos doadores no laboratório Gilson Cidrim"; "arma registrada em nome de Celso Jarbas Calumby, em posse de Ivan Cavalcanti"; "fotos demonstrando ligações entre parte dos envolvidos"; e "extratos telefônicos com ligações internacionais para países envolvidos, notadamente África do Sul e Israel".

No dia 17 de dezembro, os procuradores deram a entrevista coletiva acatando o relatório em sua totalidade. E pediram penas de até cinqüenta anos de prisão para os cabeças da quadrilha.

Capítulo 12

Cadê o fígado do meu filho?

Quando a conexão Durban-Recife-Israel foi descoberta, o deputado Neucimar Fraga (PL-ES) ligou para o delegado Wilson Damázio e agendou uma visita ao superintendente regional da Polícia Federal de Pernambuco. Aquele caso parecia ser a justificativa de que precisava para instalar a "Comissão Parlamentar de Inquérito com a finalidade de investigar a atuação de organizações criminosas atuantes no tráfico de órgãos". A CPI estava sendo torpedeada havia cerca de seis meses tanto pela bancada médica quanto pelo Governo Federal.

O deputado capixaba chegou ao Recife na quinta-feira, 11 de dezembro, dois dias depois da prisão do coronel médico José Sylvio Boudoux da Silva. Foi conduzido ao prédio da Polícia Federal pelo deputado estadual Raimundo Pimentel, que na semana seguinte se tornaria presidente da CPI regional. Ambos se propunham a investigar o escândalo pernambucano em um contexto maior, vinculando-o a outros casos de tráfico de órgãos já denunciados no País.

A imprensa pernambucana deu ampla cobertura à passagem do deputado pelo Recife. Noticiou o encontro com Damázio, abriu-lhe as páginas de domingo para uma entrevista polêmica e, por fim, repercutiu a reação do então ministro Humberto Costa. Para o ministro da Saúde, a "cruzada" do deputado capixaba era um "desserviço à causa do transplante no Brasil".

Mas a tragédia de Jardim São Paulo serviu apenas como ponto de partida para a CPI presidida por Neucimar Fraga, até então conhecido pelas posturas homofóbicas durante projeto de reversão de homossexuais em heterossexuais. Mereceu apenas oito das 245 páginas do relatório assinado pelo pastor Pedro Ribeiro.

A primeira vez que Neucimar manifestou preocupação com o tráfico de órgãos humanos foi em 8 de maio de 2003, quando ocupou a tribuna da Câmara dos Deputados para um breve pronunciamento sobre uma máfia que estaria atuando em diversos estados brasileiros.

Até dezembro, o grupo de trabalho liderado pelo deputado capixaba havia se reunido três vezes para analisar o tráfico de órgãos, supostamente realizado nos porões do bem-sucedido programa de transplante brasileiro. Particularmente, chamava sua atenção o uso indevido que essa máfia estaria fazendo do conceito de "morte encefálica", ensejado pela Resolução 1.480/97 do Conselho Federal de Medicina. De acordo com o deputado, "90 por cento dos casos de morte encefálica ocorridos nos hospitais brasileiros poderiam ser evitados".

O primeiro caso estudado pelo grupo de trabalho foi o do menino Paulo Veronesi Pavesi, que no dia 19 de abril de 2000 dera entrada no hospital Pedro Sanches, em Poços de Caldas, Minas Gerais, com traumatismo craniano. O menino morreu cinco dias depois, na Santa Casa de Misericórdia da mesma cidade. Esse caso foi o primeiro ocorrido no País em que médicos responderam criminalmente pela morte de um paciente, cujo óbito fora assinado com base na resolução 1.480/97 do Conselho Federal de Medicina.

O Ministério Público Federal apresentou denúncia contra quatro médicos (José Luiz Gomes da Silva, José Luiz Bonfitto, Álvaro Ianhez e Marco Alexandre Pacheco da Fonseca), acusando-os de homicídio doloso qualificado. A ação penal correu na 4ª Vara Federal de Minas Gerais. A CPI convocou todos os personagens envolvidos nesse caso, discutido ao longo de 54 páginas no relatório do pastor Pedro Ribeiro.

Chamado de Paulinho pela família e pelos amigos, o menino caiu de uma altura de aproximadamente dez metros quando brincava no *playground* do prédio onde morava. Socorrida imediatamente, a criança, de dez anos, recebeu os primeiros cuidados no hospital Pedro Sanches, onde foi submetida à primeira arteriografia. Mais tarde, o menino foi encaminhado para a Santa Casa de Misericórdia, onde não teria recebido medicamentos para elevar a pressão.

Para complicar ainda mais o quadro clínico, Paulinho foi sedado novamente e submetido mais uma vez ao mesmo exame, que constatou a sua morte. A realização da arteriografia é um dos procedimentos definidos da Resolução nº 1.480/97. O procedimento, no entanto, exige sedação. E no caso de vítimas de traumatismo craniano isso diminui as chances de sobrevivência, uma vez que provoca a queda da pressão arterial e intracraniana.

Mesmo após esse trágico desfecho, a família chegou a entregar uma placa de prata aos médicos, em agradecimento aos serviços prestados à família. Mas a sensação de gratidão desapareceu na hora do pagamento da conta do hospital, apresentada com uma série de irregularidades. A mais gritante irregularidade foi a cobrança do procedimento de retirada dos órgãos.

Além de não ter sido realizado pelo hospital Pedro Sanches, esse procedimento já havia sido pago pelo SUS. Desconfiados, os pais de Paulinho fizeram uma análise rigorosa da conta. E começaram a suspeitar de um conluio para declarar fraudulentamente a morte encefálica de Paulinho, cujos órgãos serviram para alimentar a máfia que à época estava se instalando na cidade.

Uma auditoria do ministério da Saúde descobriu que o hospital Pedro Sanches não tinha autorização para manter pacientes em UTI, nem para realizar procedimentos cirúrgicos de grande complexidade. As irregularidades comprovadas forneceram as pistas de que os técnicos do governo precisavam para levantar fraudes à Lista Única de Doadores. Segundo o relatório da CPI, a córnea de Paulinho foi entregue a uma mãe que declarou ter feito uma doação de R$ 500 à MG-Sul Transplantes, dirigida pelo nefrologista Álvaro Ianhez. Ainda de acordo com o texto do relator pastor Pedro Ribeiro, "a Central de Transplantes, denominada MG-Sul Transplantes e comandada por Álvaro Ianhez, era clandestina".

Além de provocar a interdição do hospital Pedro Sanches, a morte de Paulinho abalou a saúde financeira da Santa Casa de Misericórdia, atolada em uma dívida de R$ 3,6 milhões. O escândalo levou o SUS a proibir a instituição de realizar novos transplantes no fim de 2001 e, em 2002, o ministério da Saúde a descredenciou.

O diretor financeiro da Santa Casa, Carlos Henrique Marcondes, começou a ser investigado por improbidade administrativa e, em abril de 2002, seu corpo foi encontrado baleado, dentro do próprio veículo, quando seguia de casa para o trabalho. O revólver do diretor da instituição foi encontrado dentro do carro, que estava parado em uma rua próxima à sua casa. A polícia inicialmente trabalhou com a hipótese de suicídio, mas, para a viúva, sua morte foi "queima de arquivo".

Apesar dos embates com o então ministro da Saúde, os membros da CPI federal não menosprezaram o programa de transplantes brasileiro, apresentado no relatório como o "maior sistema público [de transplantes] do mundo". "Cerca de 90 por cento dos procedimentos realizados no País são feitos pelo Sistema Único de Saúde (SUS)", reconheceu o relator pastor Pedro Ribeiro. "E praticamente todos os transplantados, independentemente da classe social, se beneficiam da medicação fornecida pelo SUS", acrescentou. Em números absolutos, esse programa de saúde ("motivo de orgulho para os brasileiros") só não faria mais transplantes do que os Estados Unidos.

Todos os dados do programa, criado em 1997, apontam para uma saúde a toda prova : os 3.979 transplantes realizados em 1996 haviam pulado para 9.035 em 2003 e os gastos do SUS com essa rubrica tinham saltado de R$ 75 milhões para R$ 334 milhões no mesmo período. Entre 1998 e 2003, o número de transplantes de rim cresceu 72 por cento; o de fígado, 310 por cento; o de pulmão, 530 por cento; o de coração, 198 por cento; o de pâncreas, 800 por cento; o de córnea, 77 por cento; e o de medula óssea, 161 por cento.

Nada menos do que 658 centros transplantadores se espalhavam pelo País em 2004, dos quais 46 por cento eram dedicados a córneas e 22 por cento, a rins. Os mais de 3 mil transplantes renais realizados em 2001 indicavam que, naquela época, o Brasil era o quarto país do mundo nesse tipo de cirurgia.

O autoritarismo no país do "ame-o ou deixe-o" ficou evidente na reação indignada do governo à CPI. Segundo o governo, a divulgação de casos de irregularidades poderia abalar a confiança dos 53.650 brasileiros que aguardavam na fila dos doadores, no momento em que o deputado Neucimar Fraga convocou a comissão.

Algumas semanas depois do seu primeiro pronunciamento na Câmara dos Deputados, o *Fantástico* veiculou matéria tecendo loas ao programa do ministério da Saúde. "Pode acontecer tráfico de órgãos no Brasil", afirmava uma autoridade médica, "mas é uma possibilidade remotíssima. Num centro civilizado como nós temos no Brasil, isso não acontece."

O procurador Samuel Miranda Arruda, um dos principais responsáveis pelo desmonte da quadrilha comandada por Gedalya Gady Tauber, iria lembrar dessa declaração ao receber a denúncia da psicóloga Anália Belisa Ribeiro. A Operação Bisturi foi salva porque, para o procurador, era mais fácil existir tráfico de órgãos do que um pintor de carros da periferia recifense viajar para a África do Sul. E o procurador só precisou de um telefonema para confirmar essa viagem com um agente federal de suas relações.

Quando a Operação Bisturi da Polícia Federal revelou as entranhas da conexão Durban-Recife-Israel, o deputado Neucimar Fraga já havia tomado conhecimento de uma série de casos escabrosos envolvendo a máfia do transplante: o caso Marcos Henrique Cardoso, o caso Taubaté, o caso Franco da Rocha, o caso Athaíde Patreze e o caso da Importação de Córneas. Usara-os, juntamente com o caso Paulo Veronese Pavesi, para fundamentar o requerimento 22/2003, por meio do qual se dirigiu ao então presidente da Câmara dos Deputados, João Paulo da Cunha, para pedir a criação da "Comissão Parlamentar de Inquérito com a finalidade de investigar a atuação de organizações criminosas atuantes no tráfico de órgãos".

Nesse mesmo requerimento, denunciou uma máfia que lucraria de US$ 7 bilhões a US$ 14 bilhões por ano vendendo no "mercado clandestino um coração por R$ 150 mil, uma córnea por R$ 20 mil, um rim por R$ 10 mil e um fígado (...) por até R$ 30 mil".

Nenhum desses casos tinha o frescor e a complexidade da Operação Bisturi, mas, com eles, a CPI acumulava muito mais munição para combater os argumentos do Sistema Nacional de Transplante. O caso Pernambuco era revelador da endêmica miséria da região Nordeste, onde, como diria o mesmo deputado Neucimar Fraga, "o único bem das pessoas é o próprio corpo".

Mas o caso Marcos Henrique Cardoso, uma criança de 9 anos atropelada no dia 2 de março de 2002 e levada para o hospital de Base de Brasília com traumatismo crânio-encefálico, mostra as falhas do sistema. Marcos foi desenganado pelos médicos após passar 24 horas na emergência. A Lei dos Transplantes foi desrespeitada desde os primeiros procedimentos necessários à elaboração do protocolo de declaração de morte encefálica, que foram iniciados sem que a família fosse previamente avisada.

No dia 4 de março, a Central de Captação de Órgãos do Distrito Federal solicitou a doação do fígado, dos rins e das córneas de Marcos Henrique. A mãe consentiu, mas não imaginava que teria de enterrar o filho sem os globos oculares. O fígado não utilizado também não fora reposto no cadáver, em mais uma frontal desobediência à Lei dos Transplantes. A lei determina a total recomposição do cadáver antes de devolvê-lo à família.

Acabava-se ali a paciência de Liliane Elias Cardoso, a mãe do menino. No dia 22 de março, ela entrou com uma representação no Ministério Público do Distrito Federal, argüindo o destino do fígado.

Começaria então a via-crúcis de Liliane por hospitais e repartições públicas, em busca do fígado do filho: hospital de Base, Sistema Nacional de Transplante, secretaria de Saúde do governo do Distrito Federal e Conselho Federal de Medicina. Várias sindicâncias foram abertas e várias foram as respostas obtidas: no hospital de Base, disseram-lhe que o fígado "tinha sido incinerado junto com o resíduo hospitalar"; alguns dias depois, o diretor da mesma instituição afirmou que o órgão fora "encaminhado ao Núcleo de Citopatologia e Anatomia Patológica do Hospital"; em agosto daquele ano de 2002, o ministério da Saúde respondeu ao *e-mail* da mãe de Marcos com a notícia de que "o fígado tinha sido sepultado em cemitério local".

Em outubro de 2003, transcorridos quase dois anos da morte do filho, Liliane encaminhou todos os documentos do caso para uma avaliação jurídica. Ao examinar o laudo cadavérico, ela notou que o pâncreas de Marcos fora retirado sem sua autorização.

Ela desistiria de sua kafkiana jornada pela burocracia em fevereiro de 2004, quando enviou carta para a ouvidoria da secretaria de Saúde do Distrito Federal, "solicitando informações sobre o local de sepultamento do órgão". Nunca responderam.

Embora não tenha sido comprovado tráfico de órgãos no caso Marcos Henrique Cardoso, a CPI federal insistiu nele para denunciar "o verdadeiro caos que grassa nos hospitais deste

País". E de acordo com Volnei Garrafa e Giovanni Berlinguer, autores de *Mercado humano — um estudo bioético da compra e venda de partes do corpo*, os problemas estruturais estão entre as quatro grandes razões para o tráfico de órgãos. "Programas de transplante com deficiências na captação de órgãos e no controle de listas únicas de pacientes" podem "facilitar a mercantilização", afirmam os autores.

Se o sistema de captação fosse mais eficiente, as 4.700 mortes encefálicas registradas em 2003 teriam resultado em um número bem maior do que as doações que viabilizaram os 1.184 transplantes realizados nesse período. Dados do Sistema Nacional de Transplante revelam que entre 60 e 70 por cento das famílias abordadas adequadamente pelo programa autorizam a doação.

Dentre os outros quatro casos investigados pela CPI federal, talvez o que envolva a maior carga de cinismo seja o do radialista Athaíde Patreze. Justificava-se a indignação de Liliane Simão Cardoso, que o denunciou ao Ministério Público de São Paulo. Com o filho aguardando um rim na fila única, ela se interessou pela entrevista do radialista ao programa *Jogo da vida*, transmitido pela TV Bandeirantes no dia 18 de abril de 2004. Era do conhecimento público a crise renal que interrompera uma viagem do famoso apresentador à Bélgica.

A empatia terminou quando Patreze confessou ter recebido a proposta de um médico do hospital Sírio-Libanês, o nefrologista Elias David Neto.

— Não seja bobo — disse-lhe o médico. — No Brasil, só pobre fica na fila, ricos não.

Pela módica quantia de US$ 100 mil, o radialista furou a fila na qual o filho de Liliane esperava desde que seu organismo rejeitara o rim doado pela própria mãe, três anos antes. O radialista repetiu a história em outro programa de televisão de alcance nacional, mas somente em depoimento reservado na CPI confessou a venda de uma BMW e o empréstimo feito a um amigo do peito para levantar o dinheiro.

Em um depoimento carregado de emoção à CPI, Liliane explicou as razões do processo movido contra Patreze. Há dez anos que perdia pelo menos três tardes da semana na Beneficência Portuguesa de São Paulo, acompanhando as sessões de hemodiálise do filho Ricardo. Mas nos corredores do hospital conhecera um sem-número de pessoas que, como ela, tiveram vontade de desistir depois do que consideraram um "descaramento" do radialista.

— Não é só o tráfico de órgãos — disse para os deputados. — São as pessoas que estão na fila, precisando de todo tipo de órgão.

A revelação da existência de "um mercado de órgãos para transplante" seria, no entender de Liliane, a principal razão para que apenas 20 por cento das pessoas em condições de doar concordassem em fazê-lo.

— Vou doar, vão vender os órgãos ou coisa que o valha — desabafou.

Ouvido pela mesma CPI, o nefrologista Elias David Neto negou todas as acusações de Patreze. Em sua defesa, alegou vários argumentos, dentre os quais o fato de que seria "impossível oferecer órgãos" e de que "o sistema [de distribuição de cadáveres] é extremamente transparente".

— Eu jamais o procurei — afirmou o médico para os deputados. — Foi ele que me procurou para saber quanto custavam os honorários profissionais e hospitalares.

O chamado caso Taubaté teve como palco o hospital Santa Isabel das Clínicas, mas foi parar na mesa do então ministro da Saúde Adib Jatene. Ocorrido havia quase duas décadas, e sem julgamento até a CPI presidida pelo deputado Neucimar Rocha, o primeiro ato desse drama foi a nomeação do médico Roosevelt Kalume para a direção da Faculdade de Medicina da Universidade de Taubaté, em 1986.

O novo diretor descobriu então "um programa de transplantes e retirada de órgãos", "que corria de uma maneira escondida". Procurou informar-se com os médicos tidos como responsáveis pelo programa, que negaram sua existência. Kalume pediu então que o reitor abrisse uma sindicância. Não sabia que aquele seria o primeiro capítulo de um drama que, além de ter repercussão nacional, ia introduzir no Código de Ética Médica o conceito de morte cerebral e os princípios de retirada de órgãos. Segundo o relatório do pastor Pedro Ribeiro, data dessa época a primeira legislação sobre transplantes no Brasil.

Convocado pela CPI, Roosevelt Kalume reproduziu o relato do livro que escreveu sobre um processo que poderia ter sido interrompido com a resposta de duas páginas do reitor.

— Na primeira página, ele me elogia do início ao fim — disse o médico aos deputados. — E, no final do ofício, ele me acena com uma possibilidade de punição, caso eu continuasse insistindo naquele assunto.

Kalume recorreu ao Conselho Universitário. Para sua surpresa, o conselho deu um voto de louvor aos médicos denunciados e abriu um processo contra ele.

O médico apelou para o Conselho Regional de Medicina de São Paulo, que lhe pediu a documentação do caso. É nesse ponto que o caso Taubaté deixa de ser administrativo e se torna policial.

— Quando fui pegar a documentação, percebi que os doentes que estavam doando órgãos não estavam em morte cerebral.

A posição do Conselho Regional de Medicina foi ambígua desde sua entrada em cena. Nos bastidores, dava total apoio a Kalume, mas, abertas as cortinas, posicionava-se favoravelmente ao grupo que ficou conhecido como a máfia de Taubaté. Um exemplo: em sua argumentação, Kalume citara três médicos como envolvidos, mas o conselho divulgou a abertura de processo contra onze profissionais.

No entanto, embora quatro dos médicos investigados em Taubaté tenham sido punidos com "censura pública", a relatora Irene Abramovich os inocentou na imprensa. Kalume recebeu a mesma punição dos que estariam envolvidos no comércio de órgãos, por ter infringido o artigo 19 do Código de Ética.

O fio da meada foi puxado de modo quase incidental pelo jornalista Adauto Moreira, que à época trabalhava para a *Folha de S. Paulo*. No dia 30 de novembro de 1988, ele publicou entrevista com Heitor d'Aragona Buzzoni, então presidente do Conselho Regional de Medicina, pautada com base em artigo publicado pelo médico no mesmo jornal. "O presidente do Cremep, Heitor D'Aragona Buzzoni, afirmou que o documento foi emitido em função de *lobbies* poderosos que são a favor da política de transplantes no País."

Nessa mesma matéria, aparecia o nome do nefrologista Emil Sabbaga, "chefe do serviço de transplante renal do hospital das Clínicas e do hospital Oswaldo Cruz". O presidente do Cremep ainda disse que o dr. Adib Jatene era médico de Frias de Oliveira, dono do jornal. "Se você insistir muito nesse caso, poderá acabar perdendo seu emprego. Estou dizendo isso porque sou seu amigo."

A publicação desse estranho diálogo não apenas mostrava a independência do jornal paulista, como também colocava a discussão num novo patamar. A partir dessa entrevista, surgiu a versão de que haveria um "convênio com a Universidade de São Paulo, porque estavam sensibilizadíssimos com a fila de transplantes dos pobrezinhos do hospital das Clínicas que não têm rim".

Sempre segundo o depoimento de Roosevelt Kalume à CPI, o repórter Adauto Moreira procurou Vicente Amato, que à época era diretor do hospital das Clínicas de São Paulo.

— O hospital das Clínicas de São Paulo é o maior pronto-socorro da América do Sul — rebateu o diretor da instituição. — Eu não preciso de rim de Taubaté.

Descobriu-se então que o nefrologista Emil Sabbaga desviava esses rins para o hospital Oswaldo Cruz. De sua propriedade.

Além do uso do público em benefício do privado, a CPI federal descobriu os métodos usados pela equipe do hospital Santa Isabel das Clínicas para obter os órgãos desviados para o que o nefrologista Emil Sabbaga chamaria de "rede de doação", em entrevista publicada no boletim do hospital das Clínicas de São Paulo. As enfermeiras Rita Maria Pereira e Belmira Ângela Bittencourt fariam relatos que não tornariam grosseira a equiparação da equipe médica de Taubaté com os traficantes do Comando Vermelho comandados por Elias Maluco, na Vila Cruzeiro.

Segundo a enfermeira Rita, José Farias Carneiro deu entrada, em um de seus plantões no hospital, com traumatismo craniano. O paciente se debatia muito, narrou para a CPI, obviamente vivo. Mas para sua surpresa entraram na sala os nefrologistas Pedro Henrique Masjuan Torrecillas e Rui Noronha Sacramento, e não um neurocirurgião, como seria indicado. Os dois médicos anunciaram que iriam fazer uma nefrectomia e, apesar de estranharem, Rita e uma outra enfermeira identificada como Gorete no relato começaram a colocar o paciente de lado, na posição adequada.

Mas os doutores Torrecillas e Sacramento fizeram a retirada dos rins com o paciente em decúbito dorsal, cortando-lhe o abdômen e lesando seus intestinos durante a operação. Para completar o quadro, o residente Fernando perguntou aos médicos, que o deixaram com a tarefa de fazer a sutura:

— O que eu faço? — perguntou o médico residente. — Ele não pára!

De acordo com a enfermeira, Torrecillas voltou, pegou o bisturi e disse:

— É tão simples.

Enterrou então o instrumento cirúrgico no coração de José Farias Carneiro.

Esse procedimento pode ter sido o mais emblemático daquela equipe, mas, segundo o relato das duas enfermeiras convocadas pela CPI, era "rotineiro". E não foi à toa que quinze anos depois o delegado Marco Antônio Dario, da Polícia Civil de Franco da Rocha, esbarrou com um dos expoentes dessa suposta máfia, o médico Antônio Aurélio Carvalho Monteiro.

Em dezembro de 2000, Carvalho Monteiro estava trabalhando no Instituto Médico-Legal de Franco da Rocha. Agora como legista, o médico foi acusado de estar vendendo os cadáveres que chegavam a essa repartição pública por até R$ 15 mil. Os cadáveres podiam ser vendidos inteiros ou em parte. A sua clientela era composta basicamente de faculdades de medicina de cidades do interior paulista e mineiro.

O relato do delegado Marco Antônio Dario à CPI teve aspectos macabros. Para chegar a uma quadrilha com ramificações em casas funerárias, cemitérios, hospitais e faculdades de medicina, o delegado exumou diversos cadáveres em Itajubá, São João da Boa Vista e Americana, além de Franco da Rocha. Encontrou-os de diversas formas, ainda que a famosa "morte encefálica" estivesse presente em quase todos eles. Não respeitavam nem mesmo as gestantes, arrancando os fetos de suas entranhas e depositando-os em vidros de formol. Quando os cadáveres se encontravam em avançado estado de putrefação, o grupo os desossava.

A prova técnica de que o delegado Dario precisava para indiciar a quadrilha foi obtida "por um acaso do destino", como o delegado disse à CPI. É que, para despistar a atenção da família, os contrabandistas de órgãos preenchiam a cavidade abdominal dos cadáveres com uma serragem da Companhia Melhoramentos de Caieiras.

— Essa madeira tem uma capacidade de conservar o cadáver — surpreendeu-se Dario. — Por incrível que pareça, todos os cadáveres que exumei estavam conservados.

Outra inusitada pista deixada pela quadrilha foi o saco de lixo dentro do qual haviam sido enterrados os tecidos dos cadáveres desossados.

— Eles fecharam o saco quase que hermeticamente, e o colocaram dentro de um saco do IML.

Esse cuidado criou uma espécie de embalagem a vácuo, que conservou os pedaços de pele a um ponto tal que foi possível reconhecer a tatuagem de uma caveira nas costas de uma das vítimas.

A CPI pernambucana trilharia um caminho bem diferente, quase sociológico. Instalada em 17 de dezembro de 2003, a comissão presidida pelo deputado Raimundo Pimentel realizou seis reuniões ordinárias, doze reuniões internas, coletou dados e checou denúncias, impedindo que o tráfico internacional de órgãos saísse da mídia por um longo período.

— Hoje a sociedade pernambucana tem ampla consciência do problema — orgulha-se o deputado, para quem um dos papéis fundamentais de uma CPI é o de disponibilizar informações que promovam debate acerca dos fatos investigados.

A CPI estadual também traçou o perfil dos doadores.

— São indivíduos socialmente marginalizados, desempregados e endividados, dos quais 95 por cento tiveram o objetivo de vender o rim para alimentar a família.

Na prática, foi esse raciocínio adotado pelo Ministério Público para pedir a absolvição dos quinze doadores indiciados no processo.

Mas, embora se orgulhe dos resultados obtidos, o deputado Raimundo Pimentel se arrepende de não ter convocado o médico William Stanford, do Real Hospital Português. Além das escutas telefônicas a que os deputados tiveram acesso, o representante de vendas Celso Jarbas Calumby admitiu o interesse da quadrilha em realizar os transplantes no Recife e que ele ganharia US$ 2 mil dólares por cada cirurgia realizada pela equipe de Stanford. Convocado a depor na Polícia Federal, o transplantista do Real Hospital Português confessou pelo menos seis encontros com os traficantes em suntuosos jantares nos melhores restaurantes do Recife financiados por Gedalya Gady Tauber.

A CPI pernambucana não produziu relatório.

Capítulo 13

A caçadora

A antropóloga norte-americana Nancy Scheper-Hughes é uma intelectual emblemática destes tempos pós-modernos. Suas pesquisas só poderiam ser feitas em um mundo globalizado, multidisciplinar e *high-tech*. Abrangem diversos temas e se espalham por vários países, ainda que no fundo ela continue a ser a mesma radical de esquerda dos anos rebeldes.

Sua primeira temporada fora de Nova York foi na década de 1960, quando, na condição de missionária cristã, desembarcou na cidade de Timbaúba, na Zona da Mata Pernambucana. Essa experiência será o ponto de partida do livro *Death Without Weeping*, um clássico da antropologia contemporânea.

Tem também intimidade com a África do Sul, país cuja transição democrática acompanhou durante a década de 1990 enquanto foi professora visitante da Universidade de Cape Town. Nesse período, flagrou a cruel aliança entre violência política e tráfico de órgãos. Algumas das suas fotos mais chocantes mostram os cadáveres produzidos pelo Apartheid com as entranhas violadas.

Os estudos sobre o que chama "biopirataria" levou-a, ainda, a favelas de Manilha, mercados árabes de Istambul e a aldeias rurais da Europa Oriental. Por causa desses mesmos estudos, terminou conhecendo o sofisticado hospital Hadassah de Jerusalém, onde nada menos de 106 dos 330 pacientes acompanhados pelo nefrologista Michael Friedlaender tinham comprado um rim no exterior. Suas viagens a Israel serão determinantes para que a polícia chegue à quadrilha comandada por Ilan Perry.

Scheper-Hughes também aprendeu a navegar por diversos campos de conhecimento para identificar, observar e decifrar as sinuosas rotas do mapa do que chama de "turismo para transplante". Como escreveu no ensaio "Parts Unknown", apresentado no seminário Ethnografeast, realizado em Berkeley em 2004, teve que "transgredir antigas distinções entre a antropologia, o jornalismo político, a reportagem científica, a filosofia e a militância pelos direitos humanos", transformando "informantes" em "amigos" e "colaboradores" em "conspiradores". A pesquisa sobre tráfico de órgãos foi feita entre os anos de 1997 e 2006, e abrangeu doze países. Pretendia transformá-la em um livro definitivo sobre o assunto até abril de 2007.

Nesse período, aprendeu a manejar a mais poderosa arma destes tempos "pós-humanos": a mídia. Usou e abusou dos meios de comunicação para tirar o tráfico de órgãos humanos do campo da lenda urbana e colocá-lo no centro dos debates sobre ética científica. Deu "publicidade e transparência" às práticas relativas à caça, venda distribuição de órgãos e tecidos humanos.

Junto com o hoje inimigo Mike Finkel, percorreu o mapa do "comércio infame" para uma matéria de capa da revista *Sunday* do *New York Times* em março de 2001. O tráfico internacional de órgãos ajudou a alavancar a carreira de Finkel no *New*

York Times, jornal do qual ele foi um grande colaborador até descobrirem que era um farsante. Além de cometer algumas imprecisões, Finkel se apossou da pesquisa de Scheper-Hughes. A antropóloga disponibilizou suas informações e contatos porque inicialmente a reportagem seria sobre a Organs Watch, a ONG que ela criou para dar suporte a suas pesquisas.

Em dezembro desse mesmo ano, viajou para a Moldávia, acompanhada da documentarista francesa Catherine Berthillier, a fim de entrevistar um grupo de camponeses de Mingir que haviam vendido o rim para os "neocanibais" do Primeiro Mundo. Em fevereiro de 2002, foi para Istambul com a jornalista canadense Marina Jimenez. Naquela cidade, flagrou o desembarque de migrantes da Europa Oriental em um mercado onde se vende de tudo: vinho tinto, cigarros, sexo e, por que não?, partes do corpo.

A antropóloga ainda foi duas vezes a Manilha e uma vez a Israel acompanhada de jornalistas. Na primeira viagem a Manilha, fez uma parceria com a repórter Kathy Fowler, que resultou em um programa exibido na *ABC News* ainda em 2002. Voltou à capital das Filipinas em maio de 2003, dessa vez para filmar a favela Banong Lupa. Essa favela é a principal fornecedora dos rins que alimentam o turismo para transplante, promovido nos hospitais mostrados no documentário levado ao ar em novembro pela BBC.

Em outubro de 2003, encontrou-se com Brian Kates em Israel para filmar o documentário da BBC sobre a rede de corretores que organizaram "transplantes ilegais para mais de cinqüenta israelenses em hospitais da África do Sul com doadores recompensados traficados da Europa Oriental e do Nordeste do Brasil". Ela começou a investigar a conexão israelense a partir de uma dica da transplantista Judith Bernstein, do NYU Center Medical. Essa informação está registrada em um *e-mail* trocado com Solomon Benataur, professor do departamento de Medicina da Universidade de Cape Town.

Suas descobertas, que a levaram a questões que ultrapassavam as fronteiras da antropologia, impuseram-lhe grande "dilema ético". Desviou-se do rigor da pesquisa acadêmica ao mandar relatórios para autoridades governamentais dos países onde fez o trabalho de campo: "Do primeiro-ministro da Moldávia, a secretários e ministros da Saúde das Filipinas, Turquia, África do Sul, passando por membros do Congresso dos Estados Unidos, parlamentares israelenses e moldavos, bem como por uma CPI em Pernambuco, Brasil", admitiu no mesmo *paper* apresentado no Ethnografeast.

Preservou a identidade dos indivíduos, hospitais e especialistas em transplante que entrevistou, mas apresentou um quadro abrangente sobre o tráfico de órgãos em depoimentos dados ao Congresso dos Estados Unidos, ao Conselho Europeu, à United Network for Organ Sharing, à Eurotransplant e à Organização Mundial de Saúde.

"Os antropólogos não são detetives", disse a seus colegas de profissão. Mas sentiu-se obrigada a romper a confiança que deve permear a relação entre pesquisador e informante, a partir do momento em que a pesquisa lhe revelou "informações sobre práticas criminosas envolvendo o tráfico de pessoas desesperadas". A investigação mais ruidosa de que participou aconteceu na África do Sul em fevereiro de 2004, quando ajudou a Polícia Federal daquele país a mapear a quadrilha de médicos descoberta em novembro do ano anterior na cidade de Durban.

Também não se furtou a compartilhar os dados de que dispunha com os investigadores da Food and Drugs Administration (FDA), Federal Bureau of Investigation (FBI) e Departamento de Estado dos Estados Unidos, quando soube que "trabalhadores russos e da Europa Oriental estavam sendo traficados para os Estados Unidos como vendedores de rim involuntários" e que os "corpos de pessoas pobres estavam sendo estripados em um hospital acadêmico da África do Sul, mandados para a Coréia e, depois de processados, revendidos para empresas de biotecnologia dos Estados Unidos".

A aproximação dos órgãos do governo do seu país foi frustrante. Além de se sentir constrangida nos encontros com inimigos históricos, não conseguiu aprofundar as investigações iniciadas em meados da década de 1990. Ainda hoje desconfia de que essas investigações não foram adiante por causa das descobertas feitas em Israel. Não foi à toa que perdeu o financiamento de George Soros. O megainvestidor foi o principal patrocinador da Organs Watch até sua chegada em Israel.

Quando Scheper-Hughes iniciou suas pesquisas, o tráfico de órgãos apresentava uma feição completamente diferente da que seria constatada no momento em que as polícias brasileira e sul-africana entraram em ação, em dezembro de 2003. Havia ainda a concepção de pessoas seqüestradas por máfias como a que foi descoberta pela missionária brasileira Maria Elilda dos Santos, que denunciou um grupo de sul-africanos radicados em Moçambique. Segundo a missionária, esse grupo matava as pessoas depois de retirar-lhes os órgãos mais bem cotados no mercado internacional. Para Scheper-Hughes, porém, Maria Elilda confundiu a ação entre grupos de extermínio e traficantes de órgãos. A antropóloga norte-americana também fez importantes estudos sobre grupos de extermínio.

O fim do corpo, ensaio publicado pela Editora Sumaré em 2000, mostrava uma espécie de genealogia do genocídio (para usar a expressão atribuída ao título do ensaio publicado em 2003 na revista *Modern Psychoanalysis*). "A linhagem desta pesquisa em andamento remonta a boatos que circulavam entre a gente pobre do interior de Pernambuco na metade dos anos 1980", escreveu. Os primeiros capítulos do livro que está escrevendo são dedicados aos aspectos quase míticos que envolvem o tráfico de órgãos. Esses rumores remontam à Idade Média. Nessa época, os judeus eram acusados de usar sangue de crianças cristãs na preparação da Matzah. Esse suposto tipo de crime entrou para a história como *blood libel*.

A princípio, Nancy interpretou as narrativas sobre corpos infantis encontrados estripados à beira dos canaviais, como um reflexo da "insegurança ontológica e física vivida por estes pobres na face da terra". Mas a leitura de dezenas de artigos publicados em *The Lancet*, *Transplant Proceedings* e *Journal of Healths*, que "reportavam evidências sobre a crescente comercialização de órgãos humanos", fez com que mudasse de idéia — e de campo de pesquisa.

Ainda na década de 1980, tomou conhecimento do "intercâmbio internacional de rins" estabelecido na Índia pelo médico americano H. Barry. A Índia chegou a ser conhecida como "bazar de órgãos". Eram realizados cerca de 2 mil transplantes anuais, com doadores vivos.

Mas naquele momento eram mais comuns histórias como a que ouvira de um médico brasileiro, sobre a equipe de transplantes de um hospital cujo anonimato foi preservado em seu estudo: durante o regime militar, a equipe de transplantes do hospital "transportava órgãos pela Via Dutra escoltada pela polícia de motocicleta, para que chegasse em São Paulo com mais rapidez".

A descrição do médico brasileiro, um dos criadores da Sociedade Brasileira de Nefrologia que pediu para não ser identificado, coincidia com o que Nancy viu mais tarde na África do Sul, quando foi professora visitante da Universidade de Cape Town. Durante o *apartheid*, ouviu relatos trágicos semelhantes ao do líder negro Chris Hani, cujo coração foi comprado por jornalistas investigativos por cerca de US$ 600. "Assim como no Brasil, o tempo destes rumores corresponde à transição democrática, reconstrução nacional e memória viva do autoritarismo militar."

A partir da década de 1990, porém, o tráfico de órgãos só vai se alimentar do horror político durante a guerra étnica da Iugoslávia e na inabalável ditadura chinesa. Entram no campo da exceção episódios como o da clínica psiquiátrica Montes de Oca, cujos médicos extraíam órgãos dos seus pacientes para vendê-los no mercado negro. Nancy pôde comprovar tráfico de córnea e sangue nessa clínica, mas não obteve provas definitivas quanto aos rins. Ela denunciou essa clínica à comunidade internacional, em janeiro de 2000. Montes de Oca fica na periferia de Torres, pequena cidade a algumas horas de carro de Buenos Aires, Argentina.

Seu primeiro observatório foi a pequena força-tarefa internacional, que se reuniu em 1995 e 1996 no Centro de Conferências Rockefeller, em Bellagio, na Itália, com o objetivo de discutir padrões éticos para a prática de doação de órgãos. Suspensa por falta de recursos, a Bellagio Task Force foi substituída pela ONG Organs Watch em 1999. Os estudos etnográficos de

Nancy foram sugeridos no último encontro de Bellagio. De alguma forma, a Lei dos Transplantes brasileira recebeu a influência dessas discussões. Outras legislações de países importantes, como os Estados Unidos e a Índia, foram aprovadas na década de 1990.

Nancy descobriu a mudança de paradigma "seguindo os corpos" — seu método etnográfico básico. Desenvolveu-o de modo quase acidental, à medida que dava consistência ao trabalho que a tornaria internacionalmente conhecida como "Lady Organs Watch". Seu ponto de partida foram as UTIs e os necrotérios dos grandes centros médicos dos Estados Unidos: essa rota mórbida passava pelos institutos de medicina legal, onde flagrou funcionários tentados a remover e vender os órgãos mais cotados no mercado negro. Posteriormente, começou a acompanhar o corpo dos vivos — salas de hemodiálise, turismo médico, vendedores de rim, corretores internacionais e cirurgiões de diversas cidades do mundo, terminando sua viagem no lugar em que começara suas pesquisas antropológicas. O reencontro com a África do Sul lhe soou como coincidência, mas a descoberta da conexão Pernambuco teve um significado quase místico para ela.

Durante esse périplo, chocou-se com as histórias ouvidas em Mingir, aldeia da Moldávia onde 17 jovens camponeses foram aliciados para doação de órgãos. Uma ex-prostituta soube tirar proveito da avassaladora onda migratória do país no fim da década de 1990, em seguida à derrocada da União Soviética. Essa onda migratória, que teve como principais pontos de chegada a própria Rússia, a Ucrânia e a Turquia, se tornou uma obsessão teórica para Nancy. Publicou diversos artigos com análises sobre esses desterrados, perguntando-se que diabo procuravam nesses novos eldorados. Descobriu então que cerca de trezentos camponeses venderam seus rins entre 1999 e 2002.

Um estudo da Organs Watch constatou que 79 por cento dos fornecedores de rim apresentaram problemas de saúde depois do transplante. Mas Nancy foi forçada a admitir que ninguém colocara uma arma contra a cabeça de Niculae Bardan, um dos camponeses arrependidos com a venda de um dos rins por US$ 2,7 mil. A transação ocorreu no mercado das malas em Askaray, Istambul.

Nancy localizou os chamados "motéis do rim", sempre lotados de trabalhadores com baixa qualificação profissional. Em sua maioria, vinham dos "cinturões do rim" da Europa Oriental. O tráfico de órgãos continuava na categoria de tragédia social, que um padre ortodoxo entendeu como um "atentado à cristandade" e o então primeiro-ministro, Vasile Tarlev, como "bioterrorismo". No entanto, as quadrilhas haviam trocado a violência pelo aliciamento.

O mundo só vai ter uma completa noção dessa mudança de paradigma com o desmonte da conexão Recife-Durban-Israel, único caso no mundo em que as três pontas de uma quadrilha internacional foram identificadas e atingidas mortalmente. Mas Nancy já tinha montado uma parte considerável do quebra-cabeça quando o escândalo explodiu, em dezembro de 2003.

Havia percebido, por exemplo, que os "órgãos transitam do Sul para o Norte, dos pobres para os ricos, dos negros para os brancos e das mulheres para os homens". Além de reproduzir a perversa rota do capital, o turismo para transplante deu ao rim o status de padrão ouro das relações entre as nações doadoras e receptoras de órgão. Mas na virada do milênio o mercado de fígados e córneas ganhou um impulso significativo.

Desempenhou um papel importante nessa mudança "uma nova forma de fetichismo da mercadoria demandada por consumidores de medicina em busca de produtos de qualidade — rins frescos e saudáveis comprados de corpos vivos". No artigo *O comércio do corpo em peças avulsas*, a antropóloga discorreu sobre o israelense identificado como Avirham, que aos 71 anos "resplandece vitalidade com o rim de um camponês de 22 anos".

Em geral, Nancy faz uso do arcabouço teórico da bioética, para a qual os "desvios do transplante começam assim que surge um mercado negro de órgãos e tecidos humanos". Mas, para a antropóloga, esses desvios começam "quando um humano frágil e sofredor toma consciência, ao observar seus semelhantes, que o corpo deste outro contém elementos suscetíveis de prolongar sua vida e pensa: 'quero isso que você tem, preciso mais disso do que você'".

O israelense Avirham personificou um dos quatro principais argumentos para que os cidadãos do Primeiro Mundo hoje praticamente ignorem a "fila de espera".

— Tratava-se, então, de um rim praticamente morto. Talvez esmagado sob as rodas de um carro. Eu vi meu doador. Era jovem, saudável, forte. Tinha tudo o que eu queria.

Os estudos da professora de Berkeley identificaram as outras razões alegadas por cidadãos privilegiados para abrirem mão da ética social e comprarem um órgão de "um camponês que não tinha nada", para o qual US$ 5 mil fariam uma grande diferença.

Uma das razões é o estorvo na vida dos pacientes renais, que perdem de três a quatro tardes por semana em debilitantes sessões de hemodiálise. Também desconfiam do sistema de saúde pública, principalmente depois das epidemias de aids e de hepatite C.

— Temem receber um órgão poluído que vá contaminá-los — disse um médico brasileiro a Nancy.

Há ainda o problema da escassez de órgãos e da incapacidade de o sistema monitorar todos os possíveis doadores e providenciar os transplantes legais. Isso provoca a morte de milhares de pessoas, a cada ano.

Surgiram verdadeiros "pacotes" de viagem para levar os pacientes renais crônicos da Europa, América do Norte e Japão para operações clandestinas, em hospitais conhecidos no próprio dia do transplante. Em 1998, essas iniciativas custavam US$ 120 mil e em 2001 estavam em US$ 200 mil. Incluíam a viagem de avião, a comissão de agentes de aduanas e aeroportos, a dupla operação (a extração do rim e o transplante), o aluguel de clínicas privadas e a hospedagem dos familiares.

As operações eram realizadas entre a meia-noite e as primeiras horas da madrugada. Nas situações mais comuns, os pacientes e os médicos israelenses (um cirurgião e um nefrologista) voavam para Istambul ou outra pequena cidade turca, onde os doadores eram recrutados entre os soldados iraquianos e os trabalhadores estrangeiros da Europa Oriental. Os médicos mais ativos nesse período eram Zaki Shapira, em Tel-Aviv, e Yusuf Sonmez, conhecido como "dr. Urubu", em Istambul. O "dr. Urubu" retirava o rim do doador e o dr. Zaki implantava o órgão, por exigência dos receptores, que conheciam o prestígio do cirurgião.

Os médicos que atuam nesse mercado negro se sentem verdadeiros pioneiros, dispostos a enfrentar os conceitos éticos e legais da mentalidade politicamente correta para quebrar velhos tabus. Tratam a compra de um órgão como um direito de pacientes renais crônicos que, além do sofrimento provocado pela hemodiálise, oneram o Estado com um tratamento cujo custo anual gira em torno de US$ 50 mil. O comércio de órgãos é a última fronteira do neoliberalismo.

Um dos baluartes dessa suposta revolução tecnológica a serviço da medicina é Michael Friedlaender, especialista em transplantes renais do hospital Hadassah, em Tel-Aviv.

— Se meus rins falhassem — disse publicamente o médico israelense, em mais de uma ocasião, morto em 2005 — eu optaria pelo transplante de órgão procedente de um doador vivo.

Estudos de Wolfe, Ashby e Milford, publicados em 1999 no *New England Journal of Medicine*, apontam para uma sobrevida de 21,6 anos para o receptor de um rim de doador vivo. É quase o dobro dos 13,8 anos para o receptor de um rim retirado de cadáver, logo após a morte.

Foi nesse contexto que Ilan Perry, dono da corretora de seguro Macabi, foi procurar o médico sul-africano Roderick Kimberley em Durban. Juntos, coordenaram os 107 transplantes realizados no hospital St. Augustine até novembro de 2003. O hospital, um moderno complexo construído em uma encosta de frente para o mar, existe há cerca de cem anos e é tido como um dos dez melhores do mundo em transplantes.

De acordo com Nancy, a África do Sul se tornou um importante pólo dos transplantes por causa de uma tradição que remonta a Christian Barnard, que realizou o primeiro transplante de coração de que se tem conhecimento. Para ela, também tem papel relevante a privatização dos serviços de saúde, depois da queda do *apartheid*. Os médicos da seguradora de saúde NetCare promoveram o turismo para transplantes em Durban, enquanto os receptores de órgão ficavam hospedados no Hotel Holiday Inn.

A quadrilha começou a ser investigada em junho de 2003, depois de um telefonema do ministério da Saúde para o detetive particular Johan Wessels. Ele trabalhou com a equipe do capitão Louis Helberg, o chefe da Divisão de Crimes Comerciais de Durban. Até aquele momento, os policiais sabiam que estavam sendo realizados transplantes ilegais com rins fornecidos por brasileiros, israelenses e nacionais da Europa Oriental. O preço do rim variava de US$ 6 mil a US$ 18 mil.

Também já tinham a informaçao de que dois médicos do hospital St. Augustine estavam envolvidos no esquema e teriam faturado US$ 450 mil em 107 transplantes. Para a polícia, a quadrilha de Durban preenchia onze dos doze critérios utilizados para ser enquadrada na categoria de máfia. Faltava apenas a pistola na cintura para que o tráfico de órgãos tivesse todas as características da máfia siciliana. Até o início do século XXI, não se tinha nenhuma notícia de assassinatos decorrentes da compra e venda de rins. O assassinato de um médico em Manilha, capital das Filipinas, é uma exceção que confirma a regra.

A polícia sul-africana determinou o fim das investigações do modo mais casual possível: momentos antes da cirurgia, pela qual já recebera US$ 18 mil, o israelense Slomo Zohr saiu correndo para o aeroporto. Sushan Meir procurou a polícia, pedindo ajuda para fazê-lo voltar ao hospital em que o também israelense Agania Robel aguardava o rim de Slomo, pelo qual pagara cerca de US$ 45 mil. Mais conhecido como San, Sushan Meir era o coordenador dos receptores. Ele estava para os receptores como Roderick Frank Kimberley estava para os doadores. Roderick Frank Kimberley é o Rody de quem os brasileiros tanto falavam.

Essa discussão de cores surrealistas motivou a invasão policial do hospital, no dia 27 de novembro de 2003. A equipe comandada pelo capitão Louis Helberg tinha um mandado judicial para investigar os registros médicos da instituição. Mas uma placa branca chamou a atenção dos policiais presentes naquela investida: Agania Robel e Rogério Bezerra da Silva.

— Quem são? — Helberg perguntou a Lindy Dickson, coordenadora de transplantes da equipe, que posteriormente seria presa e condenada.

Ela informou que os dois homens eram pacientes e naquele momento estavam na sala de cirurgia, recuperando-se do transplante feito no dia anterior. Robel foi solto depois de pagar uma fiança de US$ 770 e de ter o seu passaporte confiscado. O pernambucano Rogério não foi acusado de nada, mas perdeu os US$ 6 mil pagos por Dalila antes de fugir. A polícia sul-africana não devolveu o dinheiro, que serviu como prova material do crime, ao pintor de automóveis pernambucano.

Também foram presos nesse mesmo dia Roderick Frank Kimberley e Shushan Meir. Roderick trocou uma condenação de seis anos e uma multa de US$ 37 mil por uma delação premiada que incriminaria as enfermeiras Lindy Dickson, Melanie Azor e os médicos Jeff Kallmeyer e Ariff Ahmed Haffejee.

Depois da CPI no Recife, Nancy viajou mais uma vez para a África do Sul. Em Durban, trabalhou com Green Thompson, então secretário de Saúde da província Kwazulu-Natal, e com o detetive Johan Wessels. Conheceu então o capitão Louis Hellberg. O capitão havia acabado de chegar do Recife, para onde viajara atrás de provas que corroborassem a condenação do grupo de médicos que atuavam no hospital St. Augustine.

Foi com o capitão que obteve informações sobre o professor de inglês Gerehmias Belarmino Azevedo Júnior, o Geré. O capitão ficou impressionado com Geré. Geré não apenas fala inglês, como espanhol, francês e um pouco de italiano. Chegou a estudar jornalismo, na Universidade Católica de Pernambuco, mas abandonou o curso no terceiro período e viajou para a França, onde viveu cerca de seis meses até ser flagrado pelo serviço de imigração.

No Recife, o capitão se articulou com o Instituto Médico-Legal e, juntamente com a médica Sueli Arruda, fez a autópsia de cerca de vinte doadores. Comprovou então que todos os transplantados se encontravam num bom estado de saúde. Esses exames também confirmaram que nao passavam de boato os rumores de que os médicos do St. Augustine haviam transplantado um pedaço do fígado dos doadores. Essa operação, segundo os boatos, teria sido feita à revelia das vítimas.

Nancy ligou para Geré antes de voltar para o Recife. Contratou-o como guia de um novo ciclo de entrevistas e para um encontro com os doadores. Referiu-se a esta viagem na resenha publicada na edição de 15 de outubro de 2005 em *The Lancet*. A resenha comentava dois livros que tematizavam o comércio de órgãos humanos: *Stakes and kidneys*, de James Stacey Taylor, e *Kidney for Sale by Owner*, de Mark J. Cherry.

Nessa resenha, descreveu a ansiedade de Alberty José da Silva para saber de notícias de Luanne, a negra nova-iorquina que comprara um de seus rins por US$ 6 mil, em julho de 2003. Chegou a dar US$ 50 para que o falante vigilante pernambucano mais conhecido como Afonso fosse a uma clínica particular, a fim de confirmar o diagnóstico apresentado pela ultra-sonografia tirada nos hospital das Clínicas da Universidade Federal de Pernambuco. Afonso alimentava então a paranóia de que parte de seu fígado fora extraído a sua revelia, durante a cirurgia a que se submetera em Durban.

Além de ter revelado todas as pontas de uma organização criminosa com atuação em diversos países, a descoberta da conexão Recife-Durban-Israel mostrou um doador diferente daqueles até então entrevistados por Nancy. Os depoimentos que colhera na Moldávia e nas Filipinas revelavam homens amargos, que escondiam as cicatrizes e se viam como uma desgraça para a família e o país.

Afonso tem uma história pessoal trágica. Ele "conheceu a fome e a humilhação" em uma infância vivida ao lado dos dez irmãos criados por uma mãe prostituta. Mas ela se surpreendeu com seu desejo de obter notícias de Luanne, a negra nova-iorquina para a qual vendera o órgão.

— Luanne mandou alguma coisa para mim? — perguntou quando se encontrou com Nancy no calçadão de Boa Viagem.

Para Afonso, Luanne era uma irmã de sangue.

Aquela era a segunda vez que Nancy ia ao Recife para observar os doadores pernambucanos. A primeira tinha sido em fevereiro de 2004, quando foi depor na CPI da Assembléia Legislativa de Pernambuco. Nessa ocasião, explicou a importância da ação das polícias pernambucana e sul-africana. Segundo ela, o grupo atuava havia doze anos e tinha realizado pelo menos trezentas cirurgias indiretamente financiadas pelo governo israelense, por intermédio das empresas de seguro-saúde.

Desferiu pesados golpes contra o governo de Israel, que no seu entender teria sido no mínimo condescendente com a máfia do bisturi.

— Eles sabem que o dinheiro [do seguro], muitas vezes, é utilizado para o tráfico, mas o trauma causado pelo Holocausto causou uma perversão social. Em Israel, não importa o que você fez. Se salvou uma vida, tudo bem.

A Embaixada israelense no Brasil publicou nota rechaçando "veementemente" as acusações da pesquisadora. "O seguro de saúde de nosso país não pagaria qualquer transplante, se houvesse a menor suspeita de que se trata de tráfico de órgãos", afirmou a nota oficial da assessoria de imprensa da embaixada.

Mas Nancy não perdeu um minuto dos holofotes acesos com as prisões efetuadas no Recife e em Durban. O esquema montado em Israel, contra-atacou, teria começado a funcionar sob o comando do cirurgião Zacki Shapira, chefe do setor de nefrologia do Bellinson Medical Center de Petah Tiqua, perto de Tel-Aviv. Ironicamente, Shapira foi um dos membros da Bellagio Task Force. A Bellagio Task Force foi um dos primeiros esforços globais no sentido de se criar um código de ética para os transplantes de órgãos.

— Ele iniciou os transplantes ao recrutar doadores entre a população palestina — afirmou Nancy.

Crime perfeito do século XXI, o tráfico de órgãos migraria primeiro para a Turquia e, depois de duas batidas policiais em uma das clínicas clandestinas do dr. Yusef Sonmez, para a África do Sul. Os fornecedores de rim também variavam, juntamente com os preços da matéria-prima. No Iraque, um rim custava no máximo US$ 1 mil. Na África do Sul, o preço do órgão variava de US$ 1 mil a US$ 6 mil. Na Índia, a máfia podia pagar no máximo US$ 1,2 mil. Nas Filipinas, o rim era um pouco mais caro, variando de US$ 1,2 mil a US$ 2 mil. Na Moldávia, ele valia US$ 2,7 mil; no Peru, US$ 8 mil; e nos Estados Unidos, US$ 30 mil.

O maior líder da quadrilha era um empresário chamado Yaakov Dyan, o Kob. Ilan Perry, o homem citado pelos integrantes da quadrilha presos no Brasil, estaria subordinado a Kob.

— Os dois estão metidos em vários escândalos públicos em Israel, mas nunca foram presos — afirmou Nancy. — Eles são os responsáveis pela captação de receptores e doadores para movimentar o esquema montado por Shapira [o chefe do setor de nefrologia do Bellinson Medical Center de Tel-Aviv].

Nancy chegou ao nome de Yaakov Dyan por intermédio de um advogado israelense identificado como JS em seu diário de campo. Ela entrevistou JS em Tel-Aviv, durante o julgamento de uma quadrilha de caçadores de rim liderada por migrantes ligados à máfia russa. Aquela era a primeira vez que a justiça israelense julgava um caso de tráfico de órgãos. Esse julgamento ocorreu no início de 2003. Segundo JS, o chefe dessa máfia seria Yaakov Dyan.

A própria Nancy mudou de idéia com o tempo, rebaixando Kob Dyan para a condição de gerente da conexão Israel e atribuindo a Ilan Perry o título de chefão da quadrilha. No entanto, ela se irritou com Gady quando o major da reserva israelense afirmou não saber da existência de Kob. Para ela, Gady estava protegendo um amigo quando insistiu em dizer que ele não passava de um traficante de drogas. Desde a libertação de Eliezer Ramon, Gady começou a dizer que Ilan e Eva Ramon eram os principais sócios. Segundo Gady, Eva financiava o esquema com o dinheiro herdado pelos pais de Eliezer. Os pais de Eliezer eram banqueiros. Justiça seja feita a Gady: desde a primeira denúncia, circula a informação de que havia o filho de um banqueiro israelense por trás da operação.

Quando a pesquisadora foi apresentada a Afonso, o vigilante pernambucano estava tentando se defender da acusação de que era um dos principais aliciadores do capitão Ivan em Areias. Apesar do nervosismo, não perdeu nem o humor nem o afeto que sentia por Luanne, de quem recebera uma carta em setembro de 2003. Nancy traduziu a carta em que a receptora do rim fala de sua gratidão a Afonso, de quem jamais se esqueceria. “Espero que você não tenha se esquecido de mim, pois eu nunca esqueci que você me devolveu a vida.”

Nancy ajudou-o a escrever e traduzir a resposta de Afonso. "Espero que esteja sã e salva com sua família", ditou ele. "Estou torcendo por você, apesar dos imprevistos causados pela doação do meu rim. Estou tentando resolver umas dificuldades e com a sua ajuda, vou sobreviver." Afonso também fez referências à sua felicidade por saber que sua "irmã de sangue está bem". Sonhava com o dia em que iam "sentar e comer juntos". "Se eu tivesse que fazer tudo de novo, eu faria. Acredito que, com a graça de Deus, um dia vamos nos reunir. Vamos sair voando da Estátua da Liberdade juntos. Vamos andar com as mãos dadas no Central Park, como duas crianças sem uma preocupação no mundo."

Quando Afonso assinou a carta, Nancy lhe perguntou o que aconteceria se ela o ignorasse.

— Vou ter que viver com isso — ele respondeu. — Não sou uma pessoa egoísta. Eu não presto atenção nas coisas materiais. Quando morrer, podem tirar tudo de mim: minha córnea, meus ossos, meu coração, meu fígado, tudo. Vou estar morto mesmo! Aliás, vou até colocar isso no meu testamento.

Afonso voltou a surpreender Nancy quando resolveu "aproveitar os cinco segundos de fama" proporcionados pelo escândalo e anunciou sua candidatura a vereador. Já tinha até um *slogan*, disse-lhe sorrindo.

— Rim por rim, vote em mim!

Embora domine o português, Nancy não conseguiu entender o trocadilho feito a partir da noção que o brasileiro comum tem dos políticos. E fez uma sugestão muito mais poética.

— Vote em mim! Já dei um rim para uma americana, mas pelos brasileiros eu dou o coração!

Afonso também foi o personagem central do ensaio *Cutting Edge: Trans-Atlantic Transplants*. Neste ensaio, a antropóloga mostrou as poucas recordações da viagem do "sonhador" Afonso: o visto no passaporte, uma cicatriz de quarenta centímetros e o par de tênis e o blazer comprados no maior shopping do Recife.

— Gostaria de me desculpar — disse Afonso. — Mas não sei de quê. Não sabia que era um grande crime vender algo que me pertence.

Nancy perguntou então se ele se arrependia. "Afonso pensou um pouco antes de responder", escreveu a antropóloga.

— Não, eu não me arrependo — disse o pernambucano. — Faria tudo de novo. Foi uma grande aventura.

Capítulo 11

A OIA DO MOCHILEIRO

Quando a antropóloga norte-americana Nancy Scheper-Hughes ligou, a vida do misto de professor de inglês, agente de turismo e garçom Gerehmias Belarmino Azevedo Júnior havia voltado à normalidade. O rim esquerdo fora trocado por uma espaçosa casa no Janga e pelas dívidas acumuladas no período imediatamente anterior à viagem para Durban. O processo judicial não passara de um susto, que parecia pertencer ao passado. E o emprego na Navitur era uma garantia de comida na mesa da família, composta por ele, Vera e os três filhos.

— Sou professora da Universidade da Califórnia — disse Nancy em inglês, língua que Gerehmias começou a dominar ainda na adolescência. — Consegui seu telefone com o capitão Louis Helberg.

O capitão Helberg era um oficial da polícia sul-africana. Fora um dos principais responsáveis pelo desmonte da quadrilha de médicos do hospital St. Augustine, em Durban. Estivera no Brasil um mês antes desse telefonema. Interrogou todos os doadores em sua passagem por Recife, em maio de 2005. Gerehmias foi um deles.

Nancy poderia recorrer a Afonso, com quem compartilhara agradáveis momentos na viagem anterior. Mas ele se aproximara em excesso do pessoal da CPI e passou a ser malvisto pela comunidade de vendedores. Nancy queria uma pessoa aberta, inteligente e confiável. Helberg não pensou duas vezes para declinar o nome de Gerehmias. Nancy acredita que uma das razões para essa indicação tenha sido a fluência do inglês de Gerehmias. O inglês de Helberg, um africânder de modos rudes, é pavoroso.

— De que forma posso ajudar? — perguntou Gerehmias no inglês apurado no cursinho do CCAA, pago pela avó Hosana.

Nancy explicou então que estudava o tráfico de órgãos e estava interessada em entrevistar uma série de personagens do Barro, Jardim São Paulo e Areias. O coração de Gerehmias bateu apertado. Deixara aquela região quando estava para fazer quinze anos. Não suportava mais as restrições impostas pelo pai protestante e, principalmente, as surras levadas por causa da sua rebeldia. Fora morar num puteiro da rua Barão de São Borja, na Boa Vista. Trocava um prato de comida e uma cama quente por noites de sexo com dona Rosi, a dona da casa. Gerehmias só ficou três meses no puteiro de Dona Rosi, mas jamais voltou para a casa dos pais.

— Você quer ser meu guia? — perguntou Nancy. — Eu pago pelos seus serviços — acrescentou com objetividade.

Gerehmias aceitou o convite de imediato, embora tivesse perdido o vínculo com a comunidade na qual nascera havia 38 anos. Além de aceitar qualquer bico para reforçar o orçamento familiar, jamais se furtou a fazer um contato com estrangeiros. Gerehmias tem alma de mochileiro. Conhecia a França, a Alemanha, a Suíça e, lógico, a África do Sul. Também fez várias viagens pelo Brasil. Só parou de correr mundo depois da paixão fulminante por Vera. Quando se juntou com ela, a única viagem que fez foi para o Maranhão. Vera é maranhense e seu pai estava querendo conhecer os netos. A esposa tinha a intuição de que o pai estava para morrer e resolveu ir. Sua intuição estava certa. Ver os netos foi o último desejo do pai de Vera.

— Sim, claro — disse Gerehmias. — Será um prazer trabalhar para a senhora.

Gerehmias recebeu um novo telefonema de Nancy uma semana depois desse primeiro contato. Dessa vez, ela estava falando de Salvador, cidade no Nordeste brasileiro na qual tem grandes amigos. Um desses amigos é o reitor da Universidade Federal da Bahia, o médico Naomar de Almeida Filho. Naomar freqüentou um curso de antropologia médica coordenado por Nancy no ano de 1979, em Taos, Novo México. Um dia depois do segundo telefonema, ela desembarcou no Recife. Trazia na bagagem a lista de nomes de ex-vizinhos de Gerehmias, obtida com a delegada Karla Gomes em suas andanças pela Polícia Federal.

Nancy e Gerehmias se encontraram no Hotel Boa Viagem Praia. O hotel fica próximo à agência de turismo em que Gerehmias trabalhava naquela ocasião. Gerehmias apresentou suas limitações de horário. De segunda a sexta, só podia se reunir com ela depois das seis da noite. Aos sábados, só era liberado depois do meio-dia. Deixou os domingos à disposição dela e de Michael, seu marido e companheiro de pesquisa. Queria a oia (conhecida como "bico" no restante do País), mas tinha que ser honesto. Ela aceitou as condições. No horário comercial, ela e o marido Michael reviravam os arquivos da Polícia Federal e principalmente os da CPI, catalogado na categoria de tesouro no diário de campo.

Muitos daqueles números de telefone tinham sido bloqueados, Gerehmias percebeu logo no primeiro dia de trabalho. Mas havia outros problemas, além da estratégia utilizada pelos doadores para evitar a abordagem da imprensa imediatamente em seguida à prisão dos principais envolvidos. Naquele momento, ele só percebeu um dos problemas. O outro, ele só descobriu no último dia de trabalho com Nancy. O segundo problema era bem mais grave e quase bota a oia a perder.

— Oi, aqui quem está falando é o Geré — dizia aos doadores que conseguiu localizar.

Geré é o apelido que o acompanha desde a infância. Até os filhos o chamam de Geré. É razoavelmente famoso no bairro, principalmente por causa do título de professor de inglês que o acompanha. Não foi à toa que seu nome foi parar na televisão, quando os policiais começaram a revelar a identidade das pessoas investigadas pela Operação Bisturi. Geré estava vendo o *NE TV*, o noticiário local da Rede Globo de Televisão, quando disseram que um professor de inglês chamado Gerehmias havia viajado. Com medo de ser preso na frente dos filhos, saiu correndo para a Polícia Federal.

— Sou irmão de Dida e Lice — acrescentava para aqueles que não conseguiam identificar o nome Geré no tempo e no espaço.

Ter irmãs bonitas no subúrbio recifense é um grande trunfo para quem quer fazer amizade. Ele se lembrava disso quase com o mesmo frescor com que se lembrava dos problemas inerentes a esse fato. O pai protestante expulsou a irmã mais velha de casa, que certa noite voltou muito tarde de um programa com o namorado. Alguns anos depois, foi o próprio pai quem saiu, indignado com a instalação do terceiro marido de Dida na casa que ajudou a construir. O terceiro marido de Dida é Pedro Bezerra de Figueiredo, o Pedrinho. Pedrinho também foi para a África do Sul, mas Geré só soube disso na Justiça Federal. Ele viajou em outubro.

— Sou neto da dona Hosana — apelava por fim.

As poucas pessoas que não o identificavam por causa das irmãs terminavam descobrindo quem era por causa da avó. Dona Hosana, além de morar há cerca de sessenta anos nas imediações da praça Carmela Dutra, era parteira. Boa parte da comunidade do Barro conheceu a luz do mundo por intermédio de suas mãos. Esses foram os casos de Pedro Gervásio e Vladimir Gervásio. Os dois estavam em Durban na mesma época que Geré. Dona Hosana deixou o Barro depois que as brigas entre Dida e Pedrinho chamaram a atenção não apenas da vizinhança, mas da polícia. Cansada de ver Pedrinho espancando a neta, dona Hosana foi morar com a filha em São Paulo. A filha é casada com um médico e pode dar a assistência que ela, em mais de oitenta anos de vida, não precisou.

— O que eu vou ganhar com isso? — perguntavam os doadores que enfim associavam o nome à pessoa.

Não foi uma missão nada simples explicar que Nancy Scheper-Hughes era uma importante antropóloga norte-americana, que estudava o tráfico de órgãos em todo o mundo. Seus ex-vizinhos só viam dólar, quando ouviam falar no nome de uma gringa interessada na história deles. Todos ali acompanhavam a movimentação dos correspondentes internacionais pela vizinhança. E sabiam do dinheiro ganho por Afonso e Mirinho. Os dois se tornaram os principais interlocutores da comunidade com o mundo.

Depois de uma semana de tentativas, conseguiu marcar uma entrevista com Paulo César Bezerra. Paulo César, vizinho da mãe do capitão Ivan no Cordeiro, viajou num dos primeiros vôos Recife-Durban promovidos pela quadrilha de Gedalya Gady Tauber.

— Vê se arruma R$ 500 com essa dona aí — disse Paulo César, ao recebê-los em sua casa.

Geré apresentou o pedido de Paulo César a Nancy.

— Dou R$ 50 — Nancy propôs.

Paulo César aceitou dar a entrevista. E mereceu a seguinte descrição no diário de campo de Nancy:

"Inicialmente, Paulo foi um informante relutante. Recebeu-nos (a mim, a Mike e a Gerehmias) em sua casa no Cordeiro, um bairro operário nas imediações da avenida Caxangá e de dois grandes hospitais públicos. (...) Paulo é um pedreiro forte, levemente barrigudo. A ex-mulher mora na Espanha, onde trabalha ilegalmente. A idosa mãe de Paulo acompanha a entrevista sentada a uma mesa próxima ao sofá da sala de estar. A chuva entra por baixo da porta. (...) Uma pequena escada sobe em direção ao que parece ser um quarto no andar de cima. A mãe não dorme na casa, mas vem para cozinhar e lhe fazer companhia."

Nancy ficou frustrada com a dificuldade de entrevistar a comunidade de vendedores. Mas não culpou Geré, dono de uma simpatia tão cativante que logo foi promovido a seu "guarda-costas psicológico". Tinha plena consciência de que Geré jamais havia empunhado uma arma e com seu porte físico não botaria medo nem mesmo em uma criança. Mas se sentia mais protegida naquela periferia tida como violenta ao lado de Geré. Se conhecesse aquelas ruas, repetiria o comportamento quase temerário de pesquisas anteriores, como foi o caso do trabalho sobre grupos de extermínio de Timbaúba. No Recife, porém, não sabia diferenciar um lugar perigoso de um lugar seguro.

Lamentou os resultados obtidos, mas jamais esqueceu os dribles levados até mesmo pelo experiente jornalista norte-americano Larry Rohter em suas tocaias à comunidade de vendedores. Rohter só conseguiu entrevistar Afonso depois que ela o acompanhou até a rua da Caçamba, nas imediações do Mercado Público de Areias. Afonso estava em casa quando o correspondente do *New York Times* desembarcou do táxi, mas não o atendeu. Na verdade, Afonso só deu a entrevista para Nancy por causa das intermediações do deputado Raimundo Pimentel. Afonso atende a todas as solicitações do presidente da CPI do Tráfico dos Órgãos.

A frustração com a comunidade de vendedores foi compensada pelos encontros com o capitão Ivan e principalmente com Gady, apresentado no diário de campo como um "personagem fascinante". Assustaram-se com a agressividade do capitão e com o ódio que dedicava a Geré. Chegou a dizer que estava preso por causa de Geré. O capitão também insistiu na tese de que conhecera Gady nos Estados Unidos, em 1997. Enquanto ouvia seus impropérios, Nancy tirou uma foto do capitão. As fotos são um importante elemento do trabalho da antropóloga. A sensibilidade dos seus olhos já foi elogiada pelos documentaristas com que trabalhou em suas pesquisas. Ela está sempre enxergando um ângulo diferente das coisas.

Na saída do Batalhão de Polícia Montada, Geré e Nancy conversaram sobre aquele estranho personagem. Geré narrou os breves encontros que tiveram no Mar Hotel, quando foi visitar Gady na condição de intérprete de Josué. Geré foi no hotel cerca de dez vezes e em quase todas elas cruzou com o oficial reformado da Polícia Militar de Pernambuco. Para ele, isso era um sinal de que jamais havia ficado fora do jogo.

Geré estava prestes a viajar quando viu o capitão Ivan pela primeira vez. Não lembra se estava lá como intérprete de Josué ou se na sua campanha para conseguir uma oia com Gady. Geré implorou para que Gady lhe desse algum trabalho — fosse "lavando sua roupa, engraxando seus sapatos ou dirigindo seu carro". Naquele momento, lamentou as dificuldades impostas por Gady. Gady lhe disse que só precisava de agenciadores ou de um guarda-costas. O perfil profissional de Geré não era compatível com essas atividades. Só por isso não foi preso.

Quando estavam de saída daquele encontro, Josué disse baixinho para Geré:

— Aquele é o capitão. Pense num cara que não presta.

Talvez Gady reservasse determinados dias para se encontrar com o que Nancy chamava de caçadores e a polícia pernambucana, de aliciadores. Mas o fato é que Ivan estava entrando ou saindo, nas vezes em que Geré apareceu no hotel com Josué. Em uma delas, Geré tinha ido para falar de amenidades. O trio Gady, Josué e capitão haviam saído "para tomar umas cachaças na noite anterior" e Josué pediu que Geré o ajudasse a discutir "uma questão de mulher". Essa mulher havia participado da farra. Josué parecia bastante interessado nela.

— Vem cá — disse Geré, ao voltar na garupa da moto de Josué até a avenida Agamenon Magalhães. — Você não disse que não falava com o capitão?

— Em negócio, você sabe como é — respondeu Josué. — A gente faz briga, a gente faz amizade. Tem que levar todo mundo numa boa.

À parte as saudações trocadas por pura educação, Geré só conversou com o capitão Ivan em duas ocasiões.

— É você que fala inglês? — perguntou o capitão enquanto Geré se sentava para conversar com Gady, em um dos sofás do amplo *lobby* do Mar Hotel.

— É, sou eu — respondeu Geré de modo monossilábico.

Houve um outro contato, dessa vez mais demorado. Esse contato começou com uma carona pedida por Josué, na saída do mesmo Mar Hotel. Josué foi até um ponto de Boa Viagem em que pudesse pegar um ônibus para Jardim São Paulo. Geré foi naquele bonde porque o capitão estava indo para o Círculo dos Oficiais. O Círculo dos Oficiais ficava nas imediações da avenida Agamenon Magalhães. Da Agamenon Magalhães, podia pegar um ônibus direto para o Janga. Os ônibus para o Janga são muito caros. Esta é uma rubrica no orçamento de Geré, em que toda economia é bem-vinda.

Foi durante essa carona que Geré soube da ira do capitão, que havia passado o dia levando Fernanda para cima e para baixo.

— Gady é doido — disse o capitão. — Como é que ele gasta mais de R$ 15 mil numa pancada só, pra dar pra uma puta? E ele ainda me disse: "vê o que você tem de dinheiro. Quando a grana chegar, eu te pago."

Quando chegaram na Agamenon Magalhães, o capitão convidou-o para tomar uma cervejinha no Círculo dos Oficiais.

Achou que seria uma desfeita recusar o convite, mas não demorou muito. As crianças estavam esperando em casa com fome — ele aceitara o convite de Josué porque nunca voltava das oias para o ferroviário com menos de R$ 30 no bolso. Isso fazia uma diferença e tanto no seu orçamento. Ficava rezando para que Josué ligasse.

Por mais que procurasse, não via nenhuma razão para ser odiado pelo capitão. Até tentara cavar um lugar de intérprete para a quadrilha de Gady, mas não aceitou a única proposta que lhe fizeram. Queriam que assumisse o lugar de Filipe, que voltara para o Brasil com crise de consciência.

— Você vai por US$ 500? — perguntou Gady.

— Isso é muito pouco para eu morar longe da minha família — respondeu Geré. — Mas, por US$ 1 mil, eu vou.

— Vamos deixar essa conversa para quando você voltar da África — disse Gady.

O encontro com Gady foi muito mais interessante tanto para Nancy quanto para Geré. Depois daquele dia no Batalhão Henrique Dias, passou a visitar o major da reserva israelense pelo menos duas vezes por mês. Já foi preso num país estrangeiro e sabe o quanto é ruim esse tipo de situação. Geré foi preso quando estava em Bergerac, cidade no litoral francês mais conhecida por causa do narigudo Cyrano. Geré estava com o passaporte vencido ao ser abordado por um policial e foi deportado para o Brasil, no remoto ano de 1989.

— Eu passei um dia e quase fui à loucura — disse o professor de inglês. — Imagina ele, que estava ali há mais de um ano.

Só deixou de ir depois que perdeu o emprego na Navitur e voltou a esbarrar no velho problema da passagem. Uma viagem de ida e volta do Janga até Jaboatão dos Guararapes não saía por menos de R$ 10.

— Gady que me perdoe.

Nancy e Geré tiraram várias fotos com Gady. Geré percebeu as marcas do tempo em Gady. Apresentava pelo menos duas sensíveis diferenças em relação ao período em que morava no hotel: tornara-se uma pessoa menos sisuda e envelhecera bastante com a perda dos dentes e a adoção de um par de óculos "sambados".

— Ele era um coroa vistoso — disse Geré. — Fazia sucesso com as mulheres.

Gady sempre lhe dispensara um tratamento no mínimo educado. Mas era um cara fechado. Tinha um "olho de tubarão". Não passava nenhum tipo de emoção enquanto conversava com as pessoas.

— Acho que foi treinado pelo Mossad — disse para Vera, quando chegou em casa vindo do primeiro encontro com o major da reserva israelense.

— O que é Mossad? — perguntou a mulher.

— A polícia secreta de Israel — explicou Geré. — É uma das mais bem treinadas do mundo.

— Então ele deve ser muito perigoso — disse a mulher.

Geré manteve essa opinião até reencontrá-lo no batalhão, ainda que desde o começo o tivesse tomado como um grande amigo. Chegou a perguntar a Gady se ele de fato trabalhava para o Mossad.

— É óbvio que ele negou — disse depois. — Nem um policial secreto português revelaria sua identidade.

Muitas pessoas criticaram Geré quando disse que Gady foi a única pessoa a estender a mão, na hora em que mais precisou. Mas sustentou sua opinião inclusive diante das autoridades policiais.

— Ele ajudou por interesse — disse a delegada Karla Gomes, no dia em que se apresentou na Polícia Federal. — Fez isso por ele.

— Pode ter feito por ele — respondeu, convicto. — Mas mesmo fazendo por ele sobrou uma babinha pra mim.

Comparou o que desde sempre consideraria uma ajuda de Gady à Caixa Econômica Federal, que não liberou os R$ 3 mil do seu FGTS porque a "instituição financeira do país" em que nasceu não empresta dinheiro para quitar dívidas.

— Até encontrar Gady, eu só fiz ouvir "não" na cara.

Travou um diálogo filosófico com a delegada, que de alguma forma se assemelhava com os embates que teve com o pai protestante. O pai sempre lhe disse que o corpo é a morada do Senhor. Era em nome desse axioma que exigia que o filho estivesse sempre de roupa social e de cabelo cortado rente. Geré saiu de casa antes de começar a beber e fumar, mas com certeza seria espancado pelo pai se fosse flagrado conspurcando o templo de Jesus Cristo com uma vida de prazeres. Seu Gerehmias jamais concordaria com aquela música do Cazuza, que diz que "eu não posso fazer mal nenhum a não ser a mim mesmo". Geré sempre pensa nessa música quando precisa explicar a decisão que tomou.

Depois de se certificar de que o depoimento havia acabado, Geré propôs uma escolha de Sofia cuja radicalidade a delegada jamais compreenderia. Na verdade, só a entenderia uma pessoa que fez macaco na luz, jacaré na água e por fim recebeu uma ordem de despejo.

— Vamos dizer que a senhora tenна um filho e uma bala está vindo na direção dele — formulou Geré. — A única saída que a senhora tem para salvar a vida do seu filho é pular na frente daquela bala — continuou. — A senhora pularia?

— Mas aí é outra coisa — defendeu-se Karla.

— Estou propondo uma situação extrema: a bala ia na direção do seu filho ou na direção do seu coração. Qual dos dois a senhora ia querer?

— Mas eles não corriam risco de morte — defendeu-se a delegada.

— Mas corriam risco de vida — rebateu. — Eles podiam viver uma vida miserável, embaixo de uma ponte. E naquele momento eu não tive governo, eu não tive Justiça, eu não tive família para recorrer. A única coisa que eu pude fazer foi vender meu rim.

O silêncio da delegada o encorajou a continuar a defesa do seu gesto.

— Não desejaria para ninguém a vida que meus filhos estavam levando. Eu os amo. Pelo conforto dos meus filhos, eu seria capaz de qualquer coisa. Se me dissessem que meus filhos iriam ter uma boa vida, mas que eu ia morrer daqui a cinco anos, eu ia aproveitar pra curtir bem meus filhos nesses cinco anos.

Geré pensou nisso tudo quando a irmã Dida lhe falou dos amigos que tinham vendido o rim na África do Sul. Ela lhe falou isso justamente num dia em que ele tinha ido até o Barro só para pegar uma cesta básica com a avó. Naquela época, chegou a ir pelo menos duas vezes a pé do Janga até a casa da avó, caminhando cerca de cinco horas para levar um pouco de comida para a família. Estava tão desesperado que seria capaz de dar o coração, se isso resolvesse o problema.

— Eu daria uma mão, uma perna, um olho — disse, entre lágrimas.

— Você daria um rim? — perguntou Dida, num tom de galhofa.

— Lógico, eu tenho dois — respondeu sem pensar. — Posso muito bem viver só com um.

— Pois eu conheço um pessoal que vendeu o rim — disse ela com ar de mistério. — Eles tiveram que viajar para longe, mas pegaram uma grana massa.

— O que é que você chama de uma grana massa?

— Uma faixa de US$ 10 mil.

— Onde é que eu consigo isso? — perguntou. — Com quem eu tenho que falar?

Dida deu o nome de Josué e a marcenaria de João e Zinho, na rua Ator Elpídio Câmara. Essa rua, praticamente na fronteira entre Areias e Jardim São Paulo, fica próxima à Primeira Igreja Batista de Areias. Vê-se a sua torre de cerâmica marrom da Estação Werneck. Geré passou a infância brincando naquelas imediações, enquanto os pais e os avós oravam.

Geré procurou Josué no mesmo dia. Deixou recado com Zinho, que o reconheceu da escola José Mariano. Geré estudou na José Mariano da primeira à sétima séries, mas não o reconheceu. Zinho era um pouco mais velho do que ele. Na verdade, Zinho lembrava dele por causa das irmãs. Havia várias pessoas na área que só sabia quem ele era por causa delas.

Falou com Josué naquele mesmo dia. Apresentou todas as credenciais — dona Hosana, as irmãs Dida e Lice, a infância compartilhada com Zinho na José Mariano. Mas não conseguiu sensibilizar o coração de Josué para sua causa. Era novembro e naquele primeiro momento a única coisa que conseguiu foi fazer com que Josué anotasse o número do orelhão perto da sua casa.

Passou pelo menos dois meses martelando para em janeiro ter direito a fazer os exames de sangue e de urina, na clínica São Paulo. A clínica São Paulo, embora tenha sido citada pelo capitão Ivan nos seus vários depoimentos, jamais foi incomodada. Era para lá que Josué mandava os seus agenciados.

O sangue de Geré era O positivo e não estava podre, como diziam na marcenaria de João e Zinho sobre os portadores de alguma doença capaz de impedir o transplante. Mas a urina acusava alguns cristais que podiam vetá-lo não aqui, mas em Durban. Esses cristais sinalizavam uma predisposição para cálculos renais, segundo lhe disse Josué com ar de professor. Os médicos se recusavam a fazer transplantes com pacientes com esse tipo de problema. Geré só não entrou em desespero porque Josué lhe deu um remédio para dissolver os tais cristais.

— No fim de janeiro, a gente faz um novo exame — propôs o ferroviário aposentado.

Apesar de tranqüilizá-lo, Josué demorava muito a ligar. Geré dava voltas em torno do orelhão, impacientava-se com as adolescentes que iam namorar por telefone. No auge da inquietação, mandava-se para Jardim São Paulo.

— Josué taí? — perguntava na marcenaria, na maioria das vezes para Zinho.

— Não — respondia o marceneiro.

— Diz pra ele que Geré teve aqui. Diz pra ele ligar pra mim.

A vida de Geré ficou bem mais fácil depois que conquistou o número do celular de Josué. Ele ligava do orelhão, esperava dar um toque ou dois e desligava. Logo em seguida, Josué retornava.

Passou a vida a limpo enquanto esperava a fila andar. Tinha curtido muito desde o dia em que saiu do Barro e foi morar num puteiro, na rua Barão de São Borja. Viajou o Brasil inteiro de carona, rodou pela Europa, aprendeu línguas e dormiu com mulheres maravilhosas. Sabe por experiência própria que o queijo camembert tem mais fama do que paladar. Nada mal para um menino protestante do Barro, que era espancado pelo pai se fosse flagrado jogando bola com os amigos na rua. A rua era o que os protestantes chamam de mundo. Os protestantes vivem na palavra. O mundo é dos ímpios.

Uma noite, pegou um trem em Paris e passou a noite toda fazendo amor com uma francesa linda que entrou na sua cabine, perguntou quem ele era e disse que jamais havia transado com um brasileiro. Essa mesma mulher lhe propôs casamento quando soube que ele estava sendo deportado da França. Queria que fugissem do aeroporto Charles de Gaulle. Casariam e depois se apresentariam à justiça. O amor poderia fazer dele um cidadão do primeiro mundo.

Quando retornou ao Brasil, decidiu conhecer o País. O cabelo no meio das costas estava tão *démodé* quanto os artesanatos que fazia e o violão que trazia nas costas. Mas não impediram que viajasse do Maranhão ao Rio Grande do Sul, sempre de carona. Ainda hoje lamenta não ter enveredado pelo Centro-Oeste e pela região amazônica, mas seu coração armazenou doces recordações desse período.

Nunca se considerou um artista, mas o violão que aprendeu a tocar ouvindo os novecentos discos que já teve era uma garantia de que jamais lhe faltaria uma cerveja para beber ou um prato de feijão para comer. Bastava encostar num balcão e tirar as primeiras notas. Logo alguém se aproximava e perguntava se não sabia tocar “Detalhes”, por exemplo. Não demorava duas músicas para que lhe oferecessem um copo ou um tira-gosto, que podia se tornar um almoço caso aproveitasse o ensejo para revelar que não comera nada até aquele momento.

Percebeu a grande diferença ente o Norte e o Sul do País pelo nível cultural. Com as hospitaleiras famílias gaúchas, pôde trocar impressões sobre Andrômeda sem que ninguém lhe perguntasse que gosto tinha. Com essas mesmas famílias, pôde compartilhar as experiências na Europa. Em Curitiba, as mulheres entendiam quando lhes falava que a Suíça só não era um país mais maravilhoso porque não se consegue carona nas estradas e é praticamente impossível vender artesanato no meio da rua.

Teve uma passagem mais demorada em São Paulo, onde começou a carreira de professor de inglês no mesmo CCAA em que se formara. A porta de entrada para essa profissão foi, como sempre, uma mulher. Mas o namoro acabou juntamente com a falência da franquia aberta pela namorada e ele resolveu voltar para o Recife no início da década de 1990. Foi a partir de então que começou a alternar empregos de recepcionista de hotel, garçom e professor de inglês. Um dos hotéis em que trabalhou foi o Mar Hotel em que Gady se hospedaria nos anos 2000.

Na série infindável de oias, também cruzou com um outro lugar identificado no mapa das investigações contra o amigo Gady. Trata-se da boate Sampa, da qual foi garçom pouco antes do longo período de desemprego que culminaria com a venda do rim. Segundo o agente federal Fernandes Antônio Vilanova de Albuquerque, foi lá que Gady conheceu Fernanda Callado. Geré só veio a ver Fernanda na piscina do Mar Hotel, em um dia em que foi lá com Josué. Gady havia subido para o quarto, a fim de pegar um dinheiro para o ferroviário aposentado.

— Vida boa é esta — disse-lhe Josué, enquanto aguardavam no *lobby*. — Mora num hotel como esse. Tem uma namorada que é advogada e irmã de juiz. E tem a outra namoradinha, que é aquela ali que está na piscina. A primeira é o poder. A segunda é o foder.

Quando Geré se virou, ela estava deitada em uma espreguiçadeira na piscina. Não lembrava da cara dela, ainda que tenham trabalhado na Sampa na mesma época, caso seja verdadeira a afirmação do policial. Na Sampa, trabalhavam as melhores meninas da noite recifense. As meninas que queriam trabalhar lá preenchiam uma ficha, na qual davam toda sua folha corrida. Depois ganhavam uma carteira, que apresentavam na porta. Quem tinha essa carteira entrava de graça e a qualquer hora. Quem não tinha só podia entrar acompanhada de um homem. Os homens pagavam uma consumação de R$ 25.

As meninas não podiam entrar malvestidas na boate. Se chegavam de porre, também eram barradas. Uma puta velha ensinava-lhes a fazer *strip* — a partir da meia-noite, elas se revezavam num pequeno palco no centro do salão. A carteira seria suspensa se dessem algum ganho em cliente. Geré trabalhou seis meses na Sampa.

A Sampa foi o último emprego que teve antes de começar sua *débâcle*. Trabalhou antes no Royal Vip Club, também em Boa Viagem. O Royal Vip Club era um clube de jogatina freqüentado pela elite pernambucana, cuja segurança era feita pela própria Polícia Militar. Antes do Royal Vip Club, foi garçom da Soparia. A Soparia ficava no Pina. Foi o *point* mais badalado do Recife na década de 1990. Foi lá que ganhou forma e expressão o movimento mangue beat. Geré conheceu toda a rapaziada. De

Chico Science a Fred 04. O grande símbolo do mangue beat foi o caranguejo. O símbolo foi adotado em homenagem ao sociólogo Josué de Castro, autor do clássico *Geografia da fome*. Homem e caranguejo travavam uma estranha simbiose em meio à lama do rio Capibaribe.

Geré conheceu Gady no início de fevereiro, no mesmo dia em que tirou a segunda via do passaporte na Polícia Federal. Estava acompanhado de Josué, o agenciador da venda do seu rim.

— Quando é que finalmente eu vou conhecer o Gady? — perguntou mais uma vez.

Josué pegou o celular e ligou para Gady. O coração de Geré bateu apressado quando Josué lhe entregou o aparelho. Insistia naquele encontro desde que soubera da existência de um gringo por trás da rapaziada do Barro. Apostava numa seqüência de acontecimentos quase mágica: pegaria a grana do rim, pagaria as dívidas, compraria uma casa e ainda por cima arrumaria um emprego.

— Ele disse que a gente podia ir lá — vibrou Geré, devolvendo o celular para Josué.

Montaram na moto de Josué e partiram em direção a Boa Viagem. O processo de conquista foi lento e gradual, mas Geré não desistiu. Mostrou-se à disposição a cada telefonema de Josué para o orelhão próximo a sua casa.

— Preciso falar com Gady — ele dizia, depois de testemunhar sua *performance* com o idioma diante do oficial da reserva israelense. — Quebra esse galho pra mim.

— Beleza — dizia Geré.

Em geral, os dois se encontravam na Agamenon Magalhães. Foram poucas as vezes em que Josué foi buscá-lo em casa. Também foram poucas as vezes em que Geré foi direto para o Mar Hotel.

O capitão pode ter superestimado seu trabalho como intérprete para Gady, pois só foi para a África do Sul na condição de doador. No entanto, teve importância capital no processo de independência de Josué em relação a Ivan. Graças ao seu inglês, Josué pôde explicar a Gady "quando é que fulano estava indo ou se já tinha saído o resultado dos exames de sicrano". Josué se submeteria às idiossincrasias do capitão se não tivesse um interlocutor junto a Gady.

Quando trabalha como intérprete, Geré não se fixa no conteúdo das conversas que está traduzindo. Age como uma espécie de telefone, viabilizando um diálogo que de outro modo seria impossível. É uma espécie de código de ética da profissão.

— Eles falavam sobre passagens, exames médicos e dias de pagamento — generalizou Geré. — É óbvio que falavam de nomes, mas eu não sou bom para essas coisas.

Em um desses encontros, testemunhou uma tensa conversa entre Gady e Josué. Gady estava irritado por causa de um casal que viajara sem sua autorização. Gady soube dessa traição na hora de pagar a conta na Mapa Mundi. O embarque só fora possível porque o agente de viagens Moisés tinha o número do cartão de crédito de Gady. Ele tinha autorização de emitir todos os bilhetes solicitados pelos agenciadores da quadrilha. Josué tentou ganhar um dinheiro a mais, levando um casal por fora. Por pouco não foi afastado dos negócios. Coincidentemente ou não, essa foi a última oia que Geré fez para Josué.

Quando teve certeza de que a viagem era apenas uma questão de marcar a passagem, Geré pediu US$ 500 a título de adiantamento. Mas Gady não atendeu à solicitação. No começo dos negócios, Gady era mais mão-aberta. Mas ele recaiu na famosa avareza dos judeus depois das seguidas desistências de doadores para os quais fizera esse empréstimo. E passou a liberar o dinheiro em cima da viagem.

— Preciso da grana toda para comprar uma casa para meus filhos — disse Geré para Gady. — Pode ter certeza de que não vou fugir com o adiantamento.

— Os outros disseram a mesma coisa — respondeu Gady, encerrando o assunto.

Geré só conseguiu algum dinheiro no dia 18 de março, dia em que pegou a passagem na Mapa Mundi. A Mapa Mundi fica na Praça de Boa Viagem, que os recifenses chamam de Praça da Sacanagem devido ao número de prostitutas que a freqüentam. O Mar Hotel fica a cerca de cem metros da praça.

Josué, que o pegara de moto em casa e de moto o levara até Boa Viagem, pediu o dinheiro a Gady. Mas ele só arrumou US$ 200. O valor do adiantamento havia caído de US$ 500 para US$ 200 devido ao número de pessoas que voltavam sem fazer a operação. Um pouco antes da viagem de Geré, um dos doadores encheu a cara de cocaína e não pôde fazer a cirurgia. Outro doador também teve que voltar depois de levar uma prostituta para o *flat*. Uma das recomendações mais importantes para os doadores dizia respeito a sexo na África do Sul. Os coordenadores da conexão Durban temiam contaminar os receptores com o vírus da aids, que está dizimando o povo africano.

Feliz com a proximidade da viagem, Geré aceitou a *long neck* oferecida por Gady no bar da piscina. Foi a primeira vez que Geré tomou uma bebida alcoólica na frente de Gady. Todas as pessoas com algum tipo de ligação com Gady enchiam a cara naquelas visitas ao hotel. Mas Geré insistia na sua mineral com gás. Continuava seriamente empenhado em conseguir uma oia com Gady. Queria impressionar o futuro patrão.

O papo estava bom e a cerveja, no ponto. Mas Geré não ficou o tempo que gostaria. As horas estavam correndo e ele queria passar no Restaurante do Leite, talvez o mais tradicional da cidade. O restaurante, que fica na Praça Joaquim Nabuco, tem uma casa de câmbio em suas dependências. A casa de câmbio funciona desde o início da década de 1960. Quando era parteira em Timbaúba, Nancy trocava seus dólares no Restaurante do Leite. Naquela época, o câmbio era uma atividade proibida.

Depois das entrevistas com o capitão e Gady, Nancy resolveu mudar a estratégia de pesquisa. A decisão foi tomada durante uma conversa com Geré, na qual lhe falou que em outros países os doadores estavam se reunindo em torno de ONGs para cobrar indenizações do governo sul-africano. Desde que entrara nesse universo, conseguiu harmonizar essas duas facetas aparentemente inconciliáveis: a de antropóloga e a de militante radical. As grandes denúncias do tráfico internacional de órgãos foram feitas por ela, à medida que aprofundava as pesquisas. Uma coisa alimentava a outra.

Geré ficou empolgado com a idéia. Sabia que a única coisa capaz de mobilizar aqueles homens com alma de mascate era a possibilidade de descolar um troco. Quem tinha ido até a África do Sul para vender um rim teria a maior boa vontade para participar de uma reunião num hotel em Boa Viagem. Começava a surgir ali a Associação dos Doadores Desiludidos — ou desencantados. Na verdade, a associação foi implodida antes mesmo de ter um nome.

Geré voltou para o telefone, dessa vez com muito mais esperança de obter resultados mais concretos. Mas depois de muitas tentativas só conseguiu reunir cinco doadores no salão do hotel em que Nancy e Michael estavam hospedados. Um desses cinco doadores era ele mesmo. Descobriria nesse dia a razão para o caranguejo ser o grande símbolo do homem pernambucano. Os caranguejos são os maiores inimigos dos caranguejos. Os caranguejos não conseguem fugir da panela em que serão cozinhados porque aqueles que estão na borda são puxados para baixo pelos demais caranguejos. O povo pernambucano pode ser aguerrido, mas não é um povo solidário.

O grande caranguejo daquele encontro foi Gerson Luiz Ribeiro de Oliveira, o Telinho. Ele chegou de última hora no hotel. Estava na feira da praia da Boa Viagem. Aos domingos, funciona uma feira de artesanato na praça onde a mãe de Telinho tem uma barraca. O hotel Boa Viagem Praia fica a cerca de quinhentos metros da praça.

Teoricamente, Telinho estava naquela reunião na condição de observador. Tinha vendido o rim, mas, além de ter se tornado um agenciador de Gady, ainda não tinha se livrado da Justiça. Até mesmo Nancy o considerava uma vítima da quadrilha comandada por Ilan Perry, lá de Israel. Mas seria no mínimo estranho que a associação fosse liderada por um fora-da-lei. Telinho podia ser uma vítima, mas não deixava de ter problemas com a lei.

Telinho chegou ali com uma missão: desencorajar as pessoas a participar da associação por intermédio da qual Nancy uniria sua metade pesquisadora a sua metade ativista política. Fez discursos veementes. Dizia que ninguém ali era viado. Todos tinham ido por vontade própria. O corpo era deles, faziam o que bem quisessem e entendessem com o rim, o fígado, o coração.

— Por que a gente vai dar uma de vítima agora? — perguntou Telinho, no fim de sua explanação.

Na verdade, era assim que Geré pensava. Foi isso o que tentou explicar para a delegada, quando lhe disse que via Gady como um amigo. Sabia que agira movido pelo desespero, mas o Brasil era um país tão estúpido que desprezava até seu desespero. Mas essa mesma estupidez brasileira havia envenenado o discurso de Telinho. Talvez essa tenha sido uma das descobertas mais duras em toda a existência de Geré.

— Fiquei transtornado quando entendi por que Telinho estava ali — disse Geré.

A ficha demorou a cair. Só depois de muita falação deitada por Telinho foi que ele entendeu a razão não apenas para que ele estivesse ali, mas para que tivesse enfrentado tanta dificuldade durante toda oia para Nancy. Na verdade, estava sendo boicotado pelos caranguejos do Barro.

Tudo havia começado na sua volta da África do Sul. Sua irmã, a quem ele realmente devia um lugar de honra na fila dos fornecedores do açougue de Durban, pediu uma participação no seu rim.

— Compra uma twister pra mim — disse ela, na primeira visita de Geré ao Barro depois da operação. Twister é um modelo de moto fabricado pela Honda.

— Pra tu? — surpreendeu-se Geré. — Não vou comprar pra mim!?

Geré refez para a irmã o discurso apresentado a quem questionou sua viagem: vendera o rim para comprar uma casa para os filhos. Passou meses temendo o dia em que a polícia chegaria na sua casa, para despejá-lo juntamente com a mulher e os três filhos. Foi a possibilidade de morar embaixo da ponte que o levou a ser tão insistente com Josué. Não compraria um cigarro antes de ter a certeza de que jamais levaria um susto como aquele de novo. Geré, que chegou no Brasil no dia 10 de abril, só se mudou para a casa nova no dia 30 de junho. Passou dois meses dormindo em cima do rim.

Toda família tem seu lado caranguejo — ao longo da história, muitos impérios ruíram por causa da rivalidade entre irmãos. Geré sempre se viu como um esteio da família, tendo comprado para Dida e Lice as roupas ousadas que o pai não as deixava usar. Mas isso foi num passado remoto, que remonta à década de 1980. As coisas mudaram muito desde que largara o emprego na Varig e o curso de jornalismo na Católica. Ele mesmo, que no começo se via como uma pessoa que ia até o Barro para prover, passou a ir lá para roer a despensa da avó.

Não importa se quem veio primeiro foi a panela ou caranguejo. O que importa é que desde o dia em que se negou a dar a moto para a irmã, passou a correr à boca pequena no bairro que Geré tinha entrado com um processo na Justiça. Esse processo tinha como objetivo tomar a casa de Dida e Pedrinho. Aos olhos do povo, o processo se tornava ainda mais grave porque, juntamente com este boato, corria a notícia de que Geré havia investido o rim numa empresa e estava muito bem de vida, obrigado.

— A sua sorte — disse Telinho, traduzindo o sentimento do povo — foi que você nunca mais botou os pés no Barro. Porque se ninguém fizesse nada, eu seria capaz de quebrar sua cara. Nem te conhecia. Mas estava morrendo de raiva de você.

Geré pensou em explicar o absurdo da situação. Ainda que de fato estivesse cheio do ouro e em sua insaciabilidade pensando em se apossar da casa em que a irmã morava, dona Hosana estava viva, seus legítimos herdeiros eram os dois filhos que ela tinha. Juraram-no de morte por uma coisa que nem se quisesse poderia fazer.

Fazia um ano que Geré não ia ao Barro. Deixara de ir desde que a avó se mudara para São Paulo, cansada com os escândalos protagonizados por Dida e Pedrinho. Dona Hosana era uma mulher ativa, que até os oitenta anos vestia um *training* todas as tardes e ia malhar na academia. Continuava freqüentando a Primeira Igreja Batista de Areias. Ia sozinha para o mercado fazer sua feira semanal. Para não dizer que era totalmente independente, pagava um rapaz para ele levar as compras até a casa. Geré não suportou visitar o passado sem o seu grande bastião.

A última visita ao bairro da infância ficou como um emblema daquela terra de caranguejos. Quando chegou na casa da irmã, os sobrinhos o receberam com festa e o convidaram para almoçar.

— Tio Geré, vem comer aqui com a gente — disse o mais velho dos dois filhos de Dida.

Geré tem um grande carinho pelo menino, ariano do dia 12 de abril. O menino tem um longo histórico de sofrimento. Foi massacrado pelo segundo marido de Dida. Dida batia nele para que chamasse o padrasto de pai. O padrasto o surrava quando o menino atendia as ordens da mãe. Geré sempre o levava para passar temporadas em sua casa. Também aproveitava esses períodos para levar o sobrinho até a casa dos seus pais. Quando voltava para o Barro, o menino dizia que havia visitado o lobo mau e a bruxa malvada. Dida chamava os pais de lobo mau e bruxa malvada desde que eles se mudaram para o Detran. O Detran é uma favela por trás da Iputinga, um dos bairros do Recife profundo. Ele apanhava da mãe quando dizia que tinha visto o lobo mau e a bruxa malvada na favela do Detran.

— Deixa que eu esquento — disse Geré, abrindo a geladeira da casa da irmã.

Estava com fome, como na maioria das vezes em que chegava ao Barro. Talvez por isso tenha ficado enjoado com o cheiro de azedo que exalou da panela, quando a abriu para tirar o feijão. Procurou a origem do cheiro pela casa. Quando percebeu que ele provinha da própria panela, ficou indignado. Jogou a comida fora, pegou os dois meninos pelo braço e foi até a casa da avó, no mesmo terreno.

— Vó, os meninos estão sem comer desde a hora do almoço. Tava tudo azedo lá.

Nesse mesmo dia, Dida chegou em casa feliz da vida. E pediu para que o irmão a acompanhasse até o Jordão. O Jordão fica naquelas imediações. É, porém, um bairro mais popular e fundamentalmente mais violento do que o Barro. Geré estranhou o convite, mas não se fez de rogado.

— Primeiro a gente vai dar um pulinho em Afogados disse Dida, quando ele estranhou o fato de ela pegar o metrô e não o ônibus que faz a integração entre a estação do Barro e o Jordão.

O estranhamento só fez crescer quando a irmã entrou na Caixa Econômica e sacou R$ 800 do caixa eletrônico. A irmã jamais o chamara para fazer o supermercado, mas não conseguiu pensar em nenhuma outra possibilidade. A prioridade de uma descendente de dona Hosana sempre seria botar comida na mesa. Nunca tinha ouvido falar, porém, de um supermercado no Jordão. O mistério só foi resolvido quando ela entrou numa sinistra oficina do Jordão.

— Vim comprar meu carro — disse Dida, entrando em um fusca surrado.

Geré teve vontade de "deixar a rapariga ali, no meio da mundiça". Além de ela não ser uma motorista experiente, o carro não estava confiável. Indignava-o o fato de não haver um pacote de leite em casa e mesmo assim ter sacado R$ 800 no banco e se comprometido a pagar outros R$ 400 no mês seguinte. Se fosse seu pai, partia a cara dela ao meio. Mas ele era o Geré, o filho rebelde e porra-louca. Tirou a irmã daquele fim de mundo, mas nunca mais voltou ao Barro.

Rio de Janeiro, 30 de setembro de 2006

Este livro foi composto na tipologia Aldine 401
BT, em corpo 11/16, e impresso em papel
off-white 80g/m² no Sistema Cameron da Divisão
Gráfica da Distribuidora Record.